Klartext

Esther und Jochen Gerz

DAS 20. JAHRHUNDERT

1. Auflage Mai 1996
Ausstattung und Satz: Klartext Verlag
Lithographie: Digiprint, Erfurt
Druck und Bindung: Druckhaus Dresden
© Klartext Verlag, Essen 1996
Alle Rechte vorbehalten
ISBN 3-88474-495-X

DAS 20. JAHRHUNDERT

„Wenn das 20. Jahrhundert noch einmal stattfände, was würden Sie ändern?" Diese Frage stellten Esther und Jochen Gerz im März und April 1996 den Menschen in Oberhausen, Mülheim und Marl. Im *Abend Blatt* veröffentlichten sie in jeder Woche eine ganzseitige Anzeige mit unterschiedlichen thematischen Bildmotiven aus dem Ruhrgebiet, aber mit der immer gleichen Frage zum 20. Jahrhundert. Fast 250 Menschen beteiligten sich an der Aktion und die Antworten waren entsprechend vielfältig. Von Änderungswünschen bei Fußballergebnissen über „herzlichere Politiker" bis hin zur Umgestaltung historischer Abläufe reichten die eingegangenen Wünsche.

Das Ziel von Esther und Jochen Gerz war es, die Zeitungsleser zum Sprechen zu bringen. Die Menschen haben die Chance genutzt, selbst Autor zu werden. Die Antworten zeigen, daß es den Menschen nicht mehr ausreicht zu konsumieren, sondern daß sie auch sich selbst zum Ausdruck bringen wollen. In Zeiten von Datenautobahn und Internet ist diese Form von Dialog zwischen Zeitung und Leser wegweisend. Die neuen Technologien bauen darauf auf, daß der Leser Autor wird und umgekehrt.

In „ICH – PHOENIX", einer Ausstellung, die im Gasometer den Wandel vom industriellen ins mediale Zeitalter zum Thema hat, ist diese Form der interaktiven Kunst programmatisch und zugleich der Brückenschlag zwischen Kunst und Welt.

Schon vor Beginn von „DAS 20. JAHRHUNDERT" sagten Esther und Jochen Gerz im *Abend Blatt:* „Die Menschen sind heute verunsichert. Sie sehen nur das, was verschwindet, was nicht wiederkommt. Was verloren ist. Und nicht, daß es nötig ist, Platz zu schaffen, daß man etwas vergessen können muß, um sich an etwas anderes zu erinnern. Der Verlust, den man hat, wenn die Zeit vergeht, der macht Platz für Neues. Die Arbeit soll ein bißchen Freude am Neuen wecken."

Die Frage nach der Vergangenheit, das zeigt diese Arbeit, ist immer auch die Frage nach der Zukunft.

Gabriele Bruckschen, Abend Blatt

Installation: DAS 20. JAHRHUNDERT, Gasometer, Oberhausen 1996

LACHEN

UMARMT   SCHÄMEN

GERUCH   HEIZEN   ANGEBEN   ESSEN   MUT

LANGEWEILE   GEGESSEN   VERRAT   LÄRM   JUDE

GEKRATZT   EINSAMKEIT   MORD   GERNE

ANGST

WENN DAS 20. JAHRHUNDERT NOCH EINMAL STATTFÄNDE, WAS WÜRDEN SIE ÄNDERN?

SCHLUSS

ARBEITEN   NASS   STÄRKER

NEID   GEHÖRT

HILFLOSIGKEIT

ZERSTÖRT

FREMDE

KALT

VERLOREN   NACKT   SUPPE   GELB

SEHNSUCHT   WEINEN

IMMER

LEID   UMSONST   LEIDENSCHAFT   FAMILIE   AUFWACHEN

SPRECHEN   VOLL   GESCHMOLZEN   GELD

EIFERSUCHT

GELD   WIEDERGEFUNDEN   GETRÄUMT   FUSSBALL

ALLEIN

VERGESSEN

Können Sie diese Frage beantworten? Dann schicken Sie Ihre Antwort direkt an uns.

Was ich ändern würde: *Ich würde den Nationalismus, den Haß und die Intoleranz ächten und Faschismus, wie Aberglauben durch menschliche Erziehung bekämpfen. Das Recht auf Zukunft wäre ein Grundrecht! Die Reichen, die bekannten Politiker und Prominente werden in meinem Jahrhundert keine Sonderrechte genießen, sondern* HUT *sind ganz besonders der Gesellschaft gegenüber verpflichtet!*

Name: *Frank-Peter Gebbers*

Straße: *Wilmsstr. 43*

PLZ/Ort: *46049 Oberhausen*

Möchten Sie, daß auch andere Menschen Ihre Meinung kennenlernen? Wir stellen alle Antworten in der Ausstellung ICH PHOENIX im Gasometer Oberhausen aus. Ihre Zeitungsseite erhalten Sie nach der Ausstellung von den Künstlern signiert zurück.
Das 20. Jahrhundert
© 1996 Esther und Jochen Gerz

ZUSAMMEN   HERZEN

LIEBLOSIGKEIT

VERKAUFT   NIE WIEDER

TOT

SCHNELLER

UMARMT   LACHEN   SCHÄMEN

HEIZEN   ANGEBEN   ESSEN   MUT

GERUCH   LÄRM   JUDE

LANGEWEILE   GEGESSEN   VERRAT   EINSAMKEIT   MORD

GEKRATZT   GERNE

ANGST

WENN DAS 20. JAHRHUNDERT NOCH EINMAL STATTFÄNDE, WAS WÜRDEN SIE ÄNDERN?

SCHLUSS

ARBEITEN   NASS   STÄRKER

NEID   GEHÖRT   HILFLOSIGKEIT

ZERSTÖRT

SORGE

ALKOHOL

FREMDE

KALT

VERLOREN   NACKT   SUPPE   GELB

SEHNSUCHT

WEINEN

LEID   UMSONST   IMMER

LEIDENSCHAFT

FAMILIE   AUFWACHEN

1901

SPRECHEN   VOLL   GESCHMOLZEN   GELD   EIFERSUCHT

GELD   WIEDERGEFUNDEN   GETRÄUMT   FUSSBALL

ALLEIN   VERGESSEN

Können Sie diese Frage beantworten? Dann schicken Sie Ihre Antwort direkt an uns.

Was ich ändern würde: *Ich würde dafür sorgen, daß möglichst viele Menschen die GUTE NACHRICHT von JESUS CHRISTUS hören und verstehen. Kirchenzugehörigkeit oder irgendeine Religion reichen nicht aus. Vielmehr brauchen die Menschen eine lebendige Beziehung zu dem wahren GOTT. Wenn wir mit unserer Schuld zu Jesus kommen, vergibt er jede Sünde und schenkt ein neues Leben. Auf diese Weise werden Menschen verändert. (2. Korinther 5,17: Wer zu Christus gehört, ist ein neuer Mensch geworden.) — Wenn sich mehr Menschen für Jesus öffneten, würde es heller, schöner, gerechter auf dieser Erde werden!*

Name: *Joachim Fock*

Straße: *Rombacher Str. 5 e*

PLZ/Ort: *46049 Oberhausen, Tel. (0208) 855207*

ZUSAMMEN   HERZEN

LIEBLOSIGKEIT

Möchten Sie, daß auch andere Menschen Ihre Meinung kennenlernen? Wir stellen alle Antworten in der Ausstellung ICH PHOENIX im Gasometer Oberhausen aus. Ihre Zeitungsseite erhalten Sie nach der Ausstellung von den Künstlern signiert zurück.
© 1996 Esther und Jochen Gerz
Das 20. Jahrhundert

VERKAUFT   NIE WIEDER   SCHNELLER

TOT

LACHEN

UMARMT

SCHÄMEN

HEIZEN   ANGEBEN   ESSEN   MUT

GERUCH

LANGEWEILE   LÄRM   JUDE

GEGESSEN   VERRAT

GEKRATZT   EINSAMKEIT   MORD

GERNE

ANGST

WENN DAS 20. JAHRHUNDERT NOCH EINMAL STATTFÄNDE, WAS WÜRDEN SIE ÄNDERN?

SCHLUSS

ARBEITEN   NASS

STÄRKER

GEHÖRT

NEID

HILFLOSIGKEIT

ZERSTÖRT

ALKOHOL

SORGE

FREMDE

VERLOREN   NACKT   SUPPE   GELB   KALT

SEHNSUCHT

WEINEN

IMMER

UMSONST

LEID   LEIDENSCHAFT

FAMILIE   AUFWACHEN

1901

SPRECHEN   GELD

VOLL   GESCHMOLZEN

EIFERSUCHT

WIEDERGEFUNDEN   GETRÄUMT

GELD   FUSSBALL

ALLEIN

VERGESSEN

Können Sie diese Frage beantworten? Dann schicken Sie Ihre Antwort direkt an uns.

Was ich ändern würde: _Stärkers globales Denken der einzelen Staaten, weg von Lokalen, engstirnigen "Mir geht es gut, der Rest ist egal" Denken. Das gewisse Leute, Gruppen und was auchimmer nicht so viel Macht und Einfluss bekommen. Denn heranwachsenden Generationen bessere Perspektiven geben. Sensibilisieren der Menschen für Recht und Unrecht._ **HUT** _Nicht alles machen was Technisch möglich scheint, auch die Spätfolgen versuchen zu erkennen._

Name: _Karl-Heinz Thews-Kollmorgen_

Straße: _Jägerstr. 21_

PLZ/Ort: _46149 Oberhausen_

Möchten Sie, daß auch andere Menschen Ihre Meinung kennenlernen? Wir stellen alle Antworten in der Ausstellung ICH PHOENIX im Gasometer Oberhausen aus. Ihre Zeitungsseite erhalten Sie nach der Ausstellung von den Künstern signiert zurück. Das 20. Jahrhundert © 1996 Esther und Jochen Gerz

ZUSAMMEN   HERZEN

LIEBLOSIGKEIT

VERKAUFT

NIE WIEDER   SCHNELLER

TOT

LACHEN

UMARMT   SCHÄMEN

HEIZEN   ANGEBEN   ESSEN   MUT

GERUCH

LANGEWEILE   LÄRM   JUDE

GEGESSEN   VERRAT

GEKRATZT   EINSAMKEIT   MORD

GERNE

ANGST

WENN DAS 20. JAHRHUNDERT NOCH EINMAL STATTFÄNDE, WAS WÜRDEN SIE ÄNDERN?

SCHLUSS

ARBEITEN   NASS

STÄRKER

GEHÖRT

NEID   HILFLOSIGKEIT

ZERSTÖRT

FREMDE

VERLOREN   KALT

SEHNSUCHT

WEINEN

LEID   IMMER

AUFWACHEN

SPRECHEN

VOLL   GELD

GESCHMOLZEN

EIFERSUCHT

GELD   WIEDERGEFUNDEN   GETRÄUMT

FUSSBALL

ALLEIN

VERGESSEN

Können Sie diese Frage beantworten? Dann schicken Sie Ihre Antwort direkt an uns.

Was ich ändern würde: _____

- mehr auf die Umwelt achten - Tier-/Pflanzenleben einbeziehen
- Müll vermeiden - überflüssige Verpackungen weglassen
- kein Rassismus aufkommen lassen
- Arbeitslosigkeit massiv bekämpfen
- aktivierung der Nachbarschaftshilfe

HUT

Name: _Christina Ernesti_

Straße: _Girondelle 31_

PLZ/Ort: _46045 Oberhausen_

Möchten Sie daß auch andere Menschen Ihre Meinung kennenlernen?
Wir stellen alle Antworten in der Ausstellung ICH PHOENIX im Gasometer Oberhausen aus.
Ihre Zeitungsseite erhalten Sie nach der Ausstellung von den Künstlern signiert zurück.
© 1996 Esther und Jochen Gerz
Das 20. Jahrhundert

ZUSAMMEN

HERZEN

LIEBLOSIGKEIT

VERKAUFT

NIE WIEDER

SCHNELLER

TOT

LACHEN

UMARMT
SCHÄMEN

HEIZEN　　　　　ANGEBEN　　　　　ESSEN　　　　　　MUT
GERUCH　　　　　　　　　　　　　　　LÄRM
LANGEWEILE　　　　　　　　　　　　　　　　　　　　　　　　　JUDE
GEGESSEN　　　VERRAT
GEKRATZT　　　　　　　EINSAMKEIT　　　MORD
GERNE

ANGST

SCHLUSS

WENN DAS 20. JAHRHUNDERT NOCH EINMAL STATTFÄNDE,
WAS WÜRDEN SIE ÄNDERN?

ARBEITEN　　　　　　　　　　　　　　　　　　　　　　　　　　NASS
STÄRKER
GEHÖRT

NEID
HILFLOSIGKEIT

ZERSTÖRT

FREMDE

KALT

VERLOREN
SEHNSUCHT
WEINEN
IMMER
LEID

AUFWACHEN

SPRECHEN
VOLL　　　　　　　　　　　　　　　GELD
GESCHMOLZEN
EIFERSUCHT

GELD　　　WIEDERGEFUNDEN　　　GETRÄUMT　　　　　　FUSSBALL
ALLEIN
VERGESSEN

Können Sie diese Frage beantworten? Dann schicken Sie Ihre Antwort direkt an uns.

Was ich ändern würde: _keinen Krieg, keine Lügen, Arbeit für jeden!_
Familien zusammenhalt, Liebe und Freundschaft unter den Mitmenschen,
Die Jugend das Alter zu respektieren.

HUT

Name: _Alfred Engel_

Straße: _Bergstr. 165_

PLZ/Ort: _46119 Oberhausen_

ZUSAMMEN
HERZEN
LIEBLOSIGKEIT

VERKAUFT
NIE WIEDER

TOT

SCHNELLER

LACHEN

UMARMT   SCHÄMEN

HEIZEN   ANGEBEN   ESSEN   MUT

GERUCH   LÄRM

LANGEWEILE   GEGESSEN   VERRAT   EINSAMKEIT   JUDE

GEKRATZT   MORD

GERNE

ANGST

WENN DAS 20. JAHRHUNDERT NOCH EINMAL STATTFÄNDE, WAS WÜRDEN SIE ÄNDERN?

SCHLUSS

ARBEITEN   NASS   STÄRKER

GEHÖRT

NEID   HILFLOSIGKEIT

ZERSTÖRT

FREMDE

KALT

VERLOREN   GELB

SEHNSUCHT   WEINEN

UMSONST   IMMER

LEID   LEIDENSCHAFT

FAMILIE   1901   AUFWACHEN

SPRECHEN   VOLL   GELD

GESCHMOLZEN

EIFERSUCHT

WIEDERGEFUNDEN   GETRÄUMT

GELD   FUSSBALL

ALLEIN   VERGESSEN

(within photo: ALKOHOL, NACKT, SUPPE, SORGE, FAHREN, VORHER, BRANDNEU)

Können Sie diese Frage beantworten? Dann schicken Sie Ihre Antwort direkt an uns.

Was ich ändern würde: _Ich würde den Kolonien mehr Mut machen, ihren eigenen Lebensstil als ein Modell unter anderen Entwicklungsmodellen in einer multikulturellen Welt zu propagieren und auszuleben_

HUT

Name: _Christoph Wilmer_

Straße: _Nienhausenstr. 20_

PLZ/Ort: _45326 Essen_

ZUSAMMEN

LIEBLOSIGKEIT   HERZEN

VERKAUFT

NIE WIEDER

SCHNELLER

TOT

LACHEN

UMARMT   SCHÄMEN

HEIZEN   ANGEBEN   ESSEN   MUT

GERUCH   LÄRM   JUDE

LANGEWEILE   GEGESSEN   VERRAT   EINSAMKEIT   MORD

GEKRATZT   GERNE

ANGST

SCHLUSS

WENN DAS 20. JAHRHUNDERT NOCH EINMAL STATTFÄNDE, WAS WÜRDEN SIE ÄNDERN?

ARBEITEN   NASS   STÄRKER

NEID   GEHÖRT

HILFLOSIGKEIT

ZERSTÖRT

FREMDE

KALT

VERLOREN   NACKT   SUPPE   GELB

SEHNSUCHT   WEINEN

IMMER

LEID   UMSONST   LEIDENSCHAFT

FAMILIE   AUFWACHEN

SORGE   ALKOHOL   1901

SPRECHEN   VOLL   GESCHMOLZEN   GELD   EIFERSUCHT

GELD   WIEDERGEFUNDEN   GETRÄUMT   FUSSBALL   ALLEIN   VERGESSEN

Können Sie diese Frage beantworten? Dann schicken Sie Ihre Antwort direkt an uns.

Was ich ändern würde: So im nachhinein ist es immer einfach, die gesamte Bandbreite einer Handlungsauswirkung (im einzelen wie im allgemeinen) zu erkennen. Im gegenwärtig gelebten Augenblick ist dies nur bedingt möglich !? Wir wissen heute soviel „allumfassendes" durch die Medien, trotzdem passiert vieles einfach weiter ,,, **HUT** Ein 20. Jahrhundert ohne 1. u. 2. Weltkrieg, Atomkernspaltung, Auschwitz, Solingen, Ozonloch, Tiertransport...

Name: Claudia Hühnerbach - Kniep

Straße: Bahnhofstr. 47

PLZ/Ort: 46145 Oberhausen

Möchten Sie, daß auch andere Menschen Ihre Meinung kennenlernen? Wir stellen alle Antworten in der Ausstellung ICH PHOENIX im Gasometer Oberhausen aus. Ihre Zeitungsseite erhalten Sie nach der Ausstellung von den Künstlern signiert zurück.
Das 20. Jahrhundert
© 1996 Esther und Jochen Gerz

ZUSAMMEN   HERZEN

LIEBLOSIGKEIT

VERKAUFT

NIE WIEDER   SCHNELLER

TOT

LACHEN

UMARMT
SCHÄMEN

HEIZEN   ANGEBEN   ESSEN   MUT

GERUCH   LÄRM   JUDE
LANGEWEILE
GEGESSEN   VERRAT   EINSAMKEIT   GERNE
GEKRATZT   MORD

ANGST

WENN DAS 20. JAHRHUNDERT NOCH EINMAL STATTFÄNDE, WAS WÜRDEN SIE ÄNDERN?

SCHLUSS

ARBEITEN   NASS   STÄRKER

GEHÖRT

NEID   HILFLOSIGKEIT

ZERSTÖRT

FREMDE

KALT

VERLOREN
SEHNSUCHT   WEINEN
IMMER

LEID   AUFWACHEN

SPRECHEN   GELD
VOLL   GESCHMOLZEN   EIFERSUCHT

GETRÄUMT
GELD   WIEDERGEFUNDEN   FUSSBALL
ALLEIN   VERGESSEN

Können Sie diese Frage beantworten? Dann schicken Sie Ihre Antwort direkt an uns.

Was ich ändern würde: *Ich würde dafür sorgen, daß sich die Geschehnisse des 3. Reiches niemals wiederholen würden, daß die Menschheit keine Sorgen mehr hat und daß Investitionen in die 3. Welt mehr Erfolg haben. Auch würde ich dafür sorgen, daß die Umwelt nicht mehr zerstört wird und daß die Menschen in Frieden* HUT *leben. Aber auch die Arbeitslosigkeit würde ich durch frühzeitige Maßnahmen zu verhindern suchen.*

Name: *Brinkmann, Axel*

Straße: *Einbleckstr. 19*

PLZ/Ort: *46117 Oberhausen*

ZUSAMMEN
LIEBLOSIGKEIT   HERZEN

VERKAUFT
NIE WIEDER

TOT

SCHNELLER

UMARMT

SCHÄMEN

LACHEN

HEIZEN   ANGEBEN

GERUCH   ESSEN   MUT

LANGEWEILE   LÄRM   JUDE

GEGESSEN   VERRAT   EINSAMKEIT

GEKRATZT   MORD

GERNE

ANGST

SCHLUSS

ARBEITEN   NASS   STÄRKER

NEID   GEHÖRT

HILFLOSIGKEIT

ZERSTÖRT

FREMDE

KALT

VERLOREN   NACKT   SUPPE   GELB

SEHNSUCHT

WEINEN

IMMER

LEID   UMSONST   LEIDENSCHAFT

FAMILIE

AUFWACHEN

SPRECHEN

VOLL   GELD

GESCHMOLZEN

EIFERSUCHT

GELD   WIEDERGEFUNDEN   GETRÄUMT   FUSSBALL

ALLEIN

VERGESSEN

WENN DAS 20. JAHRHUNDERT NOCH EINMAL STATTFÄNDE, WAS WÜRDEN SIE ÄNDERN?

Können Sie diese Frage beantworten? Dann schicken Sie Ihre Antwort direkt an uns.

Was ich ändern würde: ICH WÜRDE IN DEUTSCHLAND EIN GENERELLES ALKOHOLVERBOT EINFÜHREN. BEGIN 1909 - 1989 UND DIE JUDEN VERNICHTUNG IN DEN KONZENTRATIONS LAGERN UND GAS KAMMERN NICHT STATTFINDEN LASSEN

HUT

Name: RAINER EICHMANN

Straße: KLEISTSTRABE 8

PLZ/Ort: 46047 OBERHAUSEN

ZUSAMMEN   HERZEN

LIEBLOSIGKEIT

Möchten Sie, daß auch andere Menschen Ihre Meinung kennenlernen? Wir stellen alle Antworten in der Ausstellung ICH PHOENIX im Gasometer Oberhausen aus. Ihre Zeitungsseite erhalten Sie nach der Ausstellung von den Künstlern signiert zurück. Das 20. Jahrhundert © 1996 Esther und Jochen Gerz

An das Oberhausener Abendblatt, Im Lipperfeld 25, 46047 Oberhausen

Ja, ich habe geantwortet. Ich nehme an der Verlosung von 200 Freikarten für das Kunstereignis ICH PHOENIX im Gasometer Oberhausen teil.

VERKAUFT

NIE WIEDER

SCHNELLER

TOT

UMARMT   SCHÄMEN   LACHEN

GERUCH   HEIZEN   ANGEBEN   ESSEN   MUT

LANGEWEILE   LÄRM   JUDE

GEGESSEN   VERRAT   EINSAMKEIT   MORD

GEKRATZT   GERNE

ANGST

SCHLUSS

WENN DAS 20. JAHRHUNDERT NOCH EINMAL STATTFÄNDE, WAS WÜRDEN SIE ÄNDERN?

ARBEITEN   NASS   STÄRKER

NEID   GEHÖRT

HILFLOSIGKEIT

ZERSTÖRT

VORHER

FREMDE

ALKOHOL   SORGE   FAHREN

KALT

VERLOREN   NACKT   SUPPE   GELB

SEHNSUCHT   WEINEN

LEID   BRANDNUSS   UMSONST   IMMER

LEIDENSCHAFT

FAMILIE   AUFWACHEN

1901

SPRECHEN   VOLL   GELD

GESCHMOLZEN

EIFERSUCHT

GELD   WIEDERGEFUNDEN   GETRÄUMT   FUSSBALL

ALLEIN   VERGESSEN

Können Sie diese Frage beantworten? Dann schicken Sie Ihre Antwort direkt an uns.

Was ich ändern würde: Die Mobilitätsentwicklung würde ich in andere Bahnen lenken wollen, nicht in die Richtung von IMMER SCHNELLER, IMMER WEITER, IMMER INDIVIDUELL bis zum automobilen Mobilitätswahn, sondern bis zur .... HUT

Name: Kai Böhme

Straße: Dresdener Str. 41

PLZ/Ort: 44139 Dortmund

ZUSAMMEN

LIEBLOSIGKEIT   HERZEN

VERKAUFT

NIE WIEDER   SCHNELLER

TOT

LACHEN

UMARMT   SCHÄMEN

HEIZEN   ANGEBEN   ESSEN   MUT

GERUCH   LÄRM   JUDE

LANGEWEILE   GEGESSEN   VERRAT   EINSAMKEIT   MORD

GEKRATZT   GERNE

ANGST

SCHLUSS

WENN DAS 20. JAHRHUNDERT NOCH EINMAL STATTFÄNDE, WAS WÜRDEN SIE ÄNDERN?

ARBEITEN   NASS   STÄRKER

GEHÖRT

NEID   HILFLOSIGKEIT

ZERSTÖRT   BIER!

ALLES WÄR AUCH LUSTIGER

FAHREN   VORHER   SORGE   ALKOHOL   NACKT   SUPPE   GELB   VERLOREN   BRANDNEU   UMSONST   LEIDENSCHAFT   FAMILIE

1901

FREMDE

KALT

SEHNSUCHT   WEINEN

IMMER

LEID   AUFWACHEN

SPRECHEN   VOLL   GELD

GESCHMOLZEN   EIFERSUCHT

WIEDERGEFUNDEN   GETRÄUMT   FUSSBALL

GELD   ALLEIN   VERGESSEN

Können Sie diese Frage beantworten? Dann schicken Sie Ihre Antwort direkt an uns.

Was ich ändern würde: _Ich würde eine gesetzlich festgelegte Mindesthaltbarkeit von Socken verordnen. Jeder Sockenfabrikant müßte demnach eine LOCHLOS-GARANTIE von 20 Jahren auf seine Socken geben._

HUT

Name: _Kerstin Schmidt_
Straße: _Dresdener Str. 41_
PLZ/Ort: _44 139 Dortmund_

ZUSAMMEN   HERZEN

LIEBLOSIGKEIT

Möchten Sie, daß auch andere Menschen Ihre Meinung kennenlernen? Wir stellen alle Antworten in der Ausstellung ICH PHOENIX im Gasometer Oberhausen aus. Ihre Zeitungsseite erhalten Sie nach der Ausstellung von den Künstlern signiert zurück. Das 20. Jahrhundert © 1996 Esther und Jochen Gerz

← is nich nötich!

TOT

VERKAUFT   NIE WIEDER

SCHNELLER

LACHEN

UMARMT   SCHÄMEN

HEIZEN   ANGEBEN   ESSEN   MUT

GERUCH   LÄRM   JUDE

LANGEWEILE   GEGESSEN   VERRAT   EINSAMKEIT

GEKRATZT   MORD   GERNE

ANGST

WENN DAS 20. JAHRHUNDERT NOCH EINMAL STATTFÄNDE, WAS WÜRDEN SIE ÄNDERN?

SCHLUSS

ARBEITEN   NASS   STÄRKER

GEHÖRT

NEID   HILFLOSIGKEIT

ZERSTÖRT   FREMDE

(Bildbeschriftungen: ALKOHOL · SORGE · NACKT · SUPPE · GELB · FAHREN · VORHER · HUT · BRANDNIS · FAMILIE · LEIDENSCHAFT · UMSONST · 1991)

KALT

VERLOREN

SEHNSUCHT   WEINEN   IMMER

LEID   AUFWACHEN

SPRECHEN   VOLL   GESCHMOLZEN   GELD   EIFERSUCHT

GELD   WIEDERGEFUNDEN   GETRÄUMT   FUSSBALL

ALLEIN   VERGESSEN

Können Sie diese Frage beantworten? Dann schicken Sie Ihre Antwort direkt an uns.

Was ich ändern würde: *(handschriftlich)* Die beiden Weltkriege hätten nicht stattgefunden. Menschen jüdischen Glaubens wohnten gemeinsam mit uns in unseren Städten. Der Holocaust hätte nie stattgefunden. Es gäbe keinen Rechtsradikalismus, keine Fremdenfeindlichkeit, ... Toleranz, Mitmenschlichkeit und Verständnis für einander bestimmten die Beziehungen der Menschen zu einander. Es gäbe keine Arbeitslosigkeit. **HUT** Die Menschen teilten sich die Arbeit, alle bekämen einen Mindestlohn. Hand- und Kopfarbeit würde nicht unterschiedlich bezahlt. Bei Umstrukturierungen wären die entscheidenden ...

Name: Dr. T. Lessing

Straße: Witt... str. 117

PLZ/Ort: 44267 Dortmund

(weiterer handschriftlicher Text) ... Die Menschen ... ; Drum sei dem Leben ... allen Menschen, der Umwelt ...

Die Menschen lebten in überschaubaren Lebens- und Arbeitsformen. Es gäbe keine Computer- und Mediengesellschaft. Die Kommunikation besteht zwischen den Menschen. Die Frauen wären an allen Prozessen in Kirche und Gesellschaft gleichberechtigt beteiligt, Männer und Frauen, Kinder und Jugendliche schaffen eine lebenswerte Welt.

ZUSAMMEN   HERZEN

LIEBLOSIGKEIT

VERKAUFT   NIE WIEDER

TOT   SCHNELLER

LACHEN

UMARMT
SCHÄMEN

ANGEBEN

HEIZEN ESSEN MUT

GERUCH
LANGEWEILE LÄRM JUDE
GEGESSEN VERRAT
GEKRATZT EINSAMKEIT
MORD
GERNE

ANGST

SCHLUSS

WENN DAS 20. JAHRHUNDERT NOCH EINMAL STATTFÄNDE, WAS WÜRDEN SIE ÄNDERN?

ARBEITEN NASS
STÄRKER
GEHÖRT

NEID

HILFLOSIGKEIT

ZERSTÖRT

FREMDE

KALT

VERLOREN

SEHNSUCHT
WEINEN
IMMER

LEID
AUFWACHEN

SPRECHEN
VOLL GELD
GESCHMOLZEN
EIFERSUCHT

GELD WIEDERGEFUNDEN GETRÄUMT FUSSBALL
ALLEIN
VERGESSEN

Können Sie diese Frage beantworten? Dann schicken Sie Ihre Antwort direkt an uns.

Was ich ändern würde: *Ich würde ein neues Polizei und Justizwesen aufbauen. Was wir täglich in den Medien erleben an Entführungen, Vergewaltigungen, Mord und Überfällen, das ist so schlimm, daß sich kein Mensch mehr im Straßenverkehr sicher fühlt, geschweige denn abends und nachts.*

HUT

Demokratie ist das beste System der Welt, doch das, was wir besitzen, stimmt vorne und hinten nicht!

Name: *Manfred Stasik, Am Förderturm 6*
Straße:
PLZ/Ort: *46049 Oberhausen*

ZUSAMMEN
HERZEN
LIEBLOSIGKEIT

VERKAUFT
NIE WIEDER
SCHNELLER

TOT

LACHEN

UMARMT

SCHÄMEN

ANGEBEN

GERUCH   HEIZEN   ESSEN   MUT

LANGEWEILE   LÄRM   JUDE

GEGESSEN   VERRAT

GEKRATZT   EINSAMKEIT   MORD

GERNE

ANGST

WENN DAS 20. JAHRHUNDERT NOCH EINMAL STATTFÄNDE, WAS WÜRDEN SIE ÄNDERN?

SCHLUSS

ARBEITEN   NASS

STÄRKER

NEID   GEHÖRT

HILFLOSIGKEIT

ZERSTÖRT

FREMDE

KALT

VERLOREN

SEHNSUCHT

WEINEN

IMMER

LEID

AUFWACHEN

SPRECHEN   VOLL   GESCHMOLZEN   GELD

EIFERSUCHT

WIEDERGEFUNDEN   GETRÄUMT

GELD   FUSSBALL

ALLEIN   VERGESSEN

Können Sie diese Frage beantworten? Dann schicken Sie Ihre Antwort direkt an uns.

Was ich ändern würde: *Wenn das 20. Jahrhundert noch einmal beginnen würde, dann wünschte ich, daß es unter Umständen ohne Krieg auskommen könnte. Ich weiß natürlich nicht, wie eine ständig wachsende Bevölkerung (in der Anzahl aber auch in ihren Ansprüchen) ein geordnetes Leben und innerhalb einer Demokratie führen kann. Die bekannten Beispiele einer Diktatur sind nicht erstrebenswert. Die sog. "natürliche Veränderung durch Kriege" kann nicht das Weisheit letzter Schluß*

Name: *Wolfgang Schulz*

Straße: *Ruhrstr. 113*

PLZ/Ort: *44869 Bochum*

ZUSAMMEN

LIEBLOSIGKEIT   HERZEN

Wie aber bekommen wir das v.g. "Anspruchsdenken" in den Griff.
Ferner würde ich, auch hinsichtlich des entstandenen innovativen Fortschrittes (auch bedingt durch Kriege?!)
VERKAUFT
keine Veränderung von Nöten halten.   NIE WIEDER

TOT

An das Oberhausener Abendblatt, Im Lipperfeld 25, 46047 Oberhausen

Ja, ich habe geantwortet. Ich nehme an der Verlosung von 200 Freikarten für das Kunstereignis ICH PHOENIX im Gasometer Oberhausen teil.

SCHNELLER

LACHEN

UMARMT

SCHÄMEN

HEIZEN   ANGEBEN   ESSEN   MUT

GERUCH   LÄRM

LANGEWEILE   JUDE

GEGESSEN   VERRAT   EINSAMKEIT

GEKRATZT   MORD

GERNE

ANGST

SCHLUSS

ARBEITEN   NASS   STÄRKER

GEHÖRT

NEID   HILFLOSIGKEIT

ZERSTÖRT

FREMDE

KALT

VERLOREN

SEHNSUCHT

WEINEN

LEID   IMMER

AUFWACHEN

SPRECHEN

VOLL   GELD

GESCHMOLZEN

EIFERSUCHT

WIEDERGEFUNDEN   GETRÄUMT

GELD   FUSSBALL

ALLEIN

VERGESSEN

WENN DAS 20. JAHRHUNDERT NOCH EINMAL STATTFÄNDE, WAS WÜRDEN SIE ÄNDERN?

Können Sie diese Frage beantworten? Dann schicken Sie Ihre Antwort direkt an uns.

Was ich ändern würde: *KEINE POLITIK OHNE DIE GLEICHBERECHTIGUNG VON FRAUEN! UND ZWAR AUF ALLEN EBENEN*

HUT

Name: *M. KROLL*

Straße: *RADHOFFSTR. 2*

PLZ/Ort: *45326 ESSEN*

ZUSAMMEN   HERZEN

LIEBLOSIGKEIT

Möchten Sie, daß auch andere Menschen Ihre Meinung kennenlernen? Wir stellen alle Antworten in der Ausstellung ICH PHOENIX im Gasometer Oberhausen aus. Ihre Zeitungsseite erhalten Sie nach der Ausstellung von den Künstlern signiert zurück.

© 1996 Esther und Jochen Gerz
Das 20. Jahrhundert

An das Oberhausener Abendblatt, Im Lipperfeld 25, 46047 Oberhausen

Ja, ich habe geantwortet. Ich nehme an der Verlosung von 200 Freikarten für das Kunstereignis ICH PHOENIX im Gasometer Oberhausen teil.

VERKAUFT

NIE WIEDER

TOT

SCHNELLER

LACHEN

UMARMT　　　　SCHÄMEN

　　　　　　　HEIZEN　　　　　ANGEBEN　　　　　　ESSEN　　　　　　　MUT
GERUCH
LANGEWEILE　　　　　　　　　　　　　　LÄRM　　　　　　　　　　　　　　JUDE
　　　　GEGESSEN　　　　　VERRAT
　　　　　　　　　GEKRATZT　　　　　　　EINSAMKEIT　　　MORD
　　　　　　　　　　　　　　　　　　　　　　　　　　　　　GERNE

ANGST

SCHLUSS

WENN DAS 20. JAHRHUNDERT NOCH EINMAL STATTFÄNDE, WAS WÜRDEN SIE ÄNDERN?

ARBEITEN　　　　　　　　　　　　　　　　　　　　　NASS
　　　　　　　　　　　　　　　　　　　　　　　　　　　　　STÄRKER
　　　　　　　　　　　　　　　　　　　　　GEHÖRT
NEID

　　　　　　　　　　　　　　　　　　　　　　　HILFLOSIGKEIT

ZERSTÖRT

　　　　　　　　　　　　　　　　　　　　　　　FREMDE

　　　　　　　　　　　　　　　　　　　　　　　KALT
VERLOREN
SEHNSUCHT
　　　　　　　　　　　　　　　　　　　　　　　　WEINEN
　　　　　　　　　　　　　　　　　　　　IMMER
LEID

　　　　　　　　　　　　　　　　　　　　　AUFWACHEN

SPRECHEN
　　　　　　　VOLL　　　　　　　　　　　　　　GELD
　　　　　　　　　　GESCHMOLZEN
　　　　　　　　　　　　　　　　　　　　　　　　EIFERSUCHT
　　　　　　　　　　　GETRÄUMT
GELD　　　WIEDERGEFUNDEN　　　　　　　　　　FUSSBALL
　　　　　　　　　　　　　　　　　　　　ALLEIN
　　　　　　　　　　　　　　　　　　　　　　　　VERGESSEN

Können Sie diese Frage beantworten? Dann schicken Sie Ihre Antwort direkt an uns.

Was ich ändern würde: _Wenn mir derartige Fragen gestellt werden, dann fällt mir spontan das Wort „Zusammenleben" ein. Die Gesellschaft des 20. Jahrhunderts und frühere zeichneten sich aber dadurch aus, daß sie zwar alle zusammen ein Gebiet bevölkerten, aber immer nur gegeneinander lebten. Die Vergangenheit ändern kann ich nicht, aber ich kann gegenwärtig und zukünftig das meine dazu tun, daß wir wirklich zusammenleben und nicht ständig gegeneinander._

Name: _Michael Haase_

Straße: _Helmholtzstr. 96_

PLZ/Ort: _46045 Oberhausen_

Möchten Sie, daß auch andere Menschen Ihre Meinung kennenlernen? Wir stellen alle Antworten in der Ausstellung ICH PHOENIX im Gasometer Oberhausen aus. Ihre Zeitungsseite erhalten Sie nach der Ausstellung von den Künstlern signiert zurück.
© 1996 Esther und Jochen Gerz
Das 20. Jahrhundert

ZUSAMMEN
　　　　LIEBLOSIGKEIT　　　　　　HERZEN

VERKAUFT
　　　　　　　　NIE WIEDER
　　　　　　　　　　　　　　　　　　　　　SCHNELLER

TOT

UMARMT

SCHÄMEN

LACHEN

GERUCH

HEIZEN

ANGEBEN

ESSEN

MUT

LANGEWEILE

GEGESSEN

LÄRM

JUDE

GEKRATZT

VERRAT

EINSAMKEIT

MORD

GERNE

ANGST

WENN DAS 20. JAHRHUNDERT NOCH EINMAL STATTFÄNDE,
WAS WÜRDEN SIE ÄNDERN?

SCHLUSS

ARBEITEN

NASS

STÄRKER

GEHÖRT

NEID

HILFLOSIGKEIT

ZERSTÖRT

FREMDE

KALT

VERLOREN

SEHNSUCHT

WEINEN

IMMER

LEID

UMSONST

AUFWACHEN

SPRECHEN

VOLL

GESCHMOLZEN

GELD

EIFERSUCHT

GELD

WIEDERGEFUNDEN

GETRÄUMT

FUSSBALL

ALLEIN

VERGESSEN

Können Sie diese Frage beantworten? Dann schicken Sie Ihre Antwort direkt an uns.

Was ich ändern würde: Wenn ich die Möglichkeit hätte etwas in diesem Jahrhundert zu ändern, würde ich wohl die Ideen zur Atomenergie aus den Köpfen der Physiker streichen. Ich denke zwar das dieses etwas anderes ins rollen bringen würde, aber den Versuch wäre es wert. Tschernobyl, Hiroschima usw. sprechen für sich und so gegen die Atomenergie.

Name: Manou Brandt

Straße: Brassertstr. 129

PLZ/Ort: 45768 Marl

Möchten Sie, daß auch andere Menschen Ihre Meinung kennenlernen? Wir stellen alle Antworten in der Ausstellung ICH PHOENIX im Gasometer Oberhausen aus. Ihre Zeitungsseite erhalten Sie nach der Ausstellung von den Künstlern signiert zurück.
© 1996 Esther und Jochen Gerz
Das 20. Jahrhundert

ZUSAMMEN

HERZEN

LIEBLOSIGKEIT

An das Oberhausener Abendblatt, Im Lipperfeld 25, 46047 Oberhausen
Ja, ich habe geantwortet. Ich nehme an der Verlosung von 200 Freikarten für das Kunstereignis ICH PHOENIX im Gasometer Oberhausen teil.

VERKAUFT

NIE WIEDER

SCHNELLER

TOT

LACHEN

UMARMT   SCHÄMEN

GERUCH   HEIZEN   ANGEBEN   ESSEN   MUT

LANGEWEILE   LÄRM   JUDE

GEGESSEN   VERRAT

GEKRATZT   EINSAMKEIT   MORD

GERNE

ANGST

SCHLUSS

WENN DAS 20. JAHRHUNDERT NOCH EINMAL STATTFÄNDE, WAS WÜRDEN SIE ÄNDERN?

ARBEITEN   NASS   STÄRKER

NEID   GEHÖRT

HILFLOSIGKEIT

ZERSTÖRT

FAHREN — VORHER — SORGE — ALKOHOL — NACKT — SUPPE — GELB — BRANDNEU — UMSONST — FAMILIE — LEIDENSCHAFT — 1901

FREMDE

KALT

VERLOREN

SEHNSUCHT   WEINEN

IMMER

LEID

AUFWACHEN

SPRECHEN   VOLL   GESCHMOLZEN   GELD

EIFERSUCHT

GELD   WIEDERGEFUNDEN   GETRÄUMT   FUSSBALL   ALLEIN   VERGESSEN

Können Sie diese Frage beantworten? Dann schicken Sie Ihre Antwort direkt an uns.

Was ich ändern würde: _____

Am 1. September 1941 die Deutsche Schreibschrift nicht abschaffen!

HUT

Name: *G. Huber*

Straße: *Jp.-Paulus 21*

PLZ/Ort: *10825 Berlin*

Möchten Sie, daß auch andere Menschen Ihre Meinung kennenlernen? Wir stellen alle Antworten in der Ausstellung ICH PHOENIX im Gasometer Oberhausen aus. Ihre Zeitungsseite erhalten Sie nach der Ausstellung von den Künstlern signiert zurück.
© 1996 Esther und Jochen Gerz
Das 20. Jahrhundert

ZUSAMMEN

LIEBLOSIGKEIT   HERZEN

VERKAUFT

NIE WIEDER

TOT

An das Mülheimer Abendblatt, Reichstraße 37 · 39 · 45479 Mülheim

Ja, ich habe geantwortet. Ich nehme an der Verlosung von 200 Freikarten für das Kunstereignis ICH PHOENIX im Gasometer Oberhausen teil.

SCHNELLER

LACHEN

UMARMT   SCHÄMEN

HEIZEN   ANGEBEN   ESSEN   MUT

GERUCH   LÄRM   JUDE

LANGEWEILE   GEGESSEN   VERRAT   EINSAMKEIT   MORD

GEKRATZT   GERNE

ANGST

SCHLUSS

ARBEITEN   NASS   STÄRKER

GEHÖRT

NEID   HILFLOSIGKEIT

ZERSTÖRT

FREMDE

KALT

VERLOREN

SEHNSUCHT   WEINEN

IMMER

LEID   AUFWACHEN

SPRECHEN   VOLL   GESCHMOLZEN   GELD   EIFERSUCHT

GELD   WIEDERGEFUNDEN   GETRÄUMT   FUSSBALL   Geld

ALLEIN   VERGESSEN

WENN DAS 20. JAHRHUNDERT NOCH EINMAL STATTFÄNDE, WAS WÜRDEN SIE ÄNDERN?

(Words overlaid on photograph: ALKOHOL, NACKT, SUPPE, SORGE, FAHREN, VORHER, GELB, BRANDNEU, FAMILIE, LEIDENSCHAFT, UMSONST, 1901)

Können Sie diese Frage beantworten? Dann schicken Sie Ihre Antwort direkt an uns.

Was ich ändern würde: _____

Ich würde vor allen Dingen ändern, daß "Geld", wie heutzutage leider immer mehr zu beklagen ist, im Mittelpunkt des menschlichen Lebens steht. Sollte nicht jeder, sei es "Stephie Graf, Schuhmacher usw." begreifen lernen, daß man sich nur satt essen kann, und daß das Leben letztendlich höchstens 70" (siebzig) Jahre währt! ×× Abzügl. Kindheit und Alter doch nur eine lächerlich kurze Zeit. !

Name: *Günter Danzen*

Straße: *Düppelstr. 18*

PLZ/Ort: *45476 Mülheim / R.*

ZUSAMMEN

LIEBLOSIGKEIT   HERZEN

VERKAUFT

NIE WIEDER   Geld   SCHNELLER

TOT

LACHEN

UMARMT

SCHÄMEN

ANGEBEN

HEIZEN

ESSEN

MUT

GERUCH

LÄRM

JUDE

LANGEWEILE

GEGESSEN

VERRAT

EINSAMKEIT

MORD

GEKRATZT

GERNE

ANGST

SCHLUSS

WENN DAS 20. JAHRHUNDERT NOCH EINMAL STATTFÄNDE, WAS WÜRDEN SIE ÄNDERN?

ARBEITEN

NASS

STÄRKER

GEHÖRT

NEID

HILFLOSIGKEIT

ZERSTÖRT

SORGE

VORHER

ALKOHOL

FREMDE

KALT

NACKT

SUPPE

GELB

VERLOREN

SEHNSUCHT

WEINEN

UMSONST

IMMER

LEID

LEIDENSCHAFT

FAMILIE

1901

AUFWACHEN

SPRECHEN

VOLL

GELD

GESCHMOLZEN

EIFERSUCHT

WIEDERGEFUNDEN

GETRÄUMT

GELD

FUSSBALL

ALLEIN

VERGESSEN

Können Sie diese Frage beantworten? Dann schicken Sie Ihre Antwort direkt an uns.

Was ich ändern würde: DIE GRUNDLAGEN DER BEVÖLKERUNG (IN WIRTSCHAFT / SOZIALEN bzw. BILDUNGSBEREICH) SO ZU VERÄNDERN DAß JEGLICHE FORM EXTREMER WELTANSCHAUUNGEN DER NÄHRBODEN ENTZOGEN WIRD

HUT

Name: HARTMUT REINER

Straße: BOTTENBRUCH 57

PLZ/Ort: 45075 MÜLHEIM AN DER RUHR

Möchten Sie, daß auch andere Menschen Ihre Meinung kennenlernen? Wir stellen alle Antworten in der Ausstellung ICH PHOENIX im Gasometer Oberhausen aus. Ihre Zeitungsseite erhalten Sie nach der Ausstellung von den Künstlern signiert zurück. Das 20. Jahrhundert. © 1996 Esther und Jochen Gerz.

ZUSAMMEN

HERZEN

LIEBLOSIGKEIT

VERKAUFT

NIE WIEDER

TOT

An das Mülheimer Abendblatt, Reichstraße 37 · 39 · 45479 Mülheim

Ja, ich habe geantwortet. Ich nehme an der Verlosung von 200 Freikarten für das Kunstereignis ICH PHOENIX im Gasometer Oberhausen teil.

SCHNELLER

UMARMT

SCHÄMEN

LACHEN

GERUCH

HEIZEN

ANGEBEN

ESSEN

MUT

LANGEWEILE

GEGESSEN

LÄRM

JUDE

GEKRATZT

VERRAT

EINSAMKEIT

MORD

GERNE

ANGST

SCHLU

ARBEIT

NEID

ZERST

SEHNSU

LEI

SPRE

GELD

TOT

NDE,

RKER

KEIT

EINEN

HT

UMARMT

GERUCH

LANGEWEILE

ANGST

SCHLUSS

ARBEITEN

NEID

ZERSTÖRT

VERLOREN

SEHNSUCHT

LEID

SPRECHEN

GELD

Können S

Was ich ä

Name:

Straße:

PLZ/Ort:

IND.-KAUFMANN

Düppelstraße 18 · 45476 Mülheim/Ruhr 11 · Tel. 02 08 / 40 77 89
45476

den 4. März 1996

An das
Mülheimer Abendblatt
Reichstr. 37-39
45479 Mülheim/Ruhr
==================

Betr.: "Ich Phoenix" im Gasometer Oberhausen

Sehr geehrte Damen und Herren,
Als gebürtiger "Oberhausener" (Jahrgang 1932) aber seit 42 (in Worten:
zweiundvierzig),Jahren in Mülheim verheiratet und in Styrum wohnend
bin ich immer an den "Gasometer Oberhausen" und sein Schicksal interessiert gewesen, zumal mich hiermit eine persönliche Freundschaft
verbindet.
Ich darf mich wohl damit rühmen, einer der einzigsten Privatpersonen
zu sein, der den Oberhausener Gasometer, allerdings, "den Alten ",von
Aussen bestiegen hat. Leider bin ich nicht so berühmt geworden wie
Reinhold Messner, obwohl meine Besteigung ebenso gefährlich und abe-
teuerlich war, wie eine seiner Bergbesteigungen.
Und nun zur eigentlichen Geschichte; Im Jahre 1945 oder 1946 sind mein
Vetter, der in der Nähe des Gasometers wohnte und ich im jugendlichen
Leichtsinn und ohne uns der Lebensgefahr, in der wir uns begarben, be-
wusst zu werden, durch Drahtzäune und über Mauern, alles war ja s.Zt.
irgendwie zerstört auf das Gebiet des Gasometers geklettert. Die
Außenleitern sowie der gesamte Gasometer-Körper waren durch Kriegseinwirkungen, direkten Beschuss und Splitter, vollkommen durchlöchert
und die Aussenleitern hingen zum Teil garnicht oder nur noch lose
in ihren Verankerungen, streckenweise fehlten auch die Leiter ganz.
Ungeachtet der Gefahr begannen wir trotzdem den Aufstieg und wollten
auf das Dach des Gasometers. Nach vielen Mühen, wobei wir immer wieder
einzelne Leiterstufen überspringen mussten gelangten wir bis auf das
Dach des Gasometers. Von hier aus genossen wir zum Einen die herrliche
Aussicht über Gesamt-Oberhausen mit seiner Umgebung und zum Anderen
konnten wir einen Blick in das Innere des Gasometers werfen und
sahen u.a. auch die riesige Gas-Druckplatte am Boden liegen.
Unter entsprechenden Mühen begannen wir dann unseren Abstieg.

Im weiteren Verlauf, weil mich der Gasometer immer interessierte,
kann ich mich daran erinnern, dass dieser Gasometer, also der "Alte"
in späteren Jahren abgerissen und durch einen neuen, ca. 10 Meter
höheren, ersetzt wurde.
Gerne würde ich heute , nach ca. 50 Jahren, mit meiner Frau, erneut
einen Blick vom "Panorama-Dach" auf Oberhausen werfen, aber bei meine
geringen Rente (DM ca. 1.4oo,- ./. Dm ca. 850.- Miete usw.) ist mir der
Aufstiegspreis leider zu teuer ++ und eine erneute Außenbesteigung. ,
wenn auch heutzutage bedeutend sicherer als vor ca. 50 Jahren,
würde ich mir heute mit fast 64 Jahren nicht mehr zumuten.

++ Vielleicht können die Künstler des Objektes "Ich Phoenix" einen
   Stadthonoratioren weniger zur Eröffnung einladen und dafür die
   Karten an mich versenden. Nur ein kleiner Vorschlag von mir, den
Sie als die mir nahestehende Zeitung sicherlich aufgreifen werden.

                    Ich hoffen von Ihnen zur gegebener Zeit
                    zu hören und verbleiben mit den
                    besten Grüßen an Sie und Ihr gesamtes
                    Team
                      Ihr "Gasometer-Besteiger"

MUT

JUDE

GERNE

STÄRKER

RT

HILFLOSIGKEIT

FREMDE

KALT

WEINEN

MMER

WACHEN

EIFERSUCHT

VERGESSEN

STATTFÄNDE,

TOT

HNELLER

LACHEN

UMARMT

SCHÄMEN

ANGEBEN

HEIZEN

ESSEN

MUT

GERUCH

LÄRM

LANGEWEILE

JUDE

GEGESSEN

VERRAT

GEKRATZT

EINSAMKEIT

MORD

GERNE

ANGST

WENN DAS 20. JAHRHUNDERT NOCH EINMAL STATTFÄNDE, WAS WÜRDEN SIE ÄNDERN?

SCHLUSS

ARBEITEN

NASS

STÄRKER

GEHÖRT

NEID

HILFLOSIGKEIT

ZERSTÖRT

SORGE

VORHER

ALKOHOL

FREMDE

KALT

NACKT

SUPPE

GELB

VERLOREN

SEHNSUCHT

WEINEN

UMSONST

IMMER

LEID

BRANDNEU

LEIDENSCHAFT

AUFWACHEN

FAMILIE

1901

SPRECHEN

VOLL

GELD

GESCHMOLZEN

EIFERSUCHT

WIEDERGEFUNDEN

GETRÄUMT

GELD

FUSSBALL

ALLEIN

VERGESSEN

Können Sie diese Frage beantworten? Dann schicken Sie Ihre Antwort direkt an uns.

Was ich ändern würde:

[handschriftlicher Text] Am 3. Januar 1941 die deutschen Druckschriften Gotisch, Fraktur (!) und Schwabacher nicht als „Judenlettern" zur Geheimsache verdammen und verbieten.

HUT

Name: *G. Huber*

Straße: *Ap.-Paulus 21*

PLZ/Ort: *10825 Berlin*

ZUSAMMEN

HERZEN

LIEBLOSIGKEIT

GELD

SPRECHEN

VERKAUFT

VOLL

NIE WIEDER

TOT

SCHNELLER

LACHEN

UMARMT   SCHÄMEN

HEIZEN   ANGEBEN   ESSEN   MUT

GERUCH   LÄRM   JUDE

LANGEWEILE   GEGESSEN   VERRAT   EINSAMKEIT

GEKRATZT   MORD   GERNE

ANGST

SCHLUSS

WENN DAS 20. JAHRHUNDERT NOCH EINMAL STATTFÄNDE, WAS WÜRDEN SIE ÄNDERN?

ARBEITEN   NASS   STÄRKER

NEID   GEHÖRT

HILFLOSIGKEIT

ZERSTÖRT

FREMDE

KALT

VERLOREN

SEHNSUCHT   WEINEN

IMMER

LEID

AUFWACHEN

SPRECHEN   VOLL   GESCHMOLZEN   GELD   EIFERSUCHT

GELD   WIEDERGEFUNDEN   GETRÄUMT   FUSSBALL   ALLEIN   VERGESSEN

(Bildbeschriftungen: ALKOHOL, BRANDNEU, NACKT, SUPPE, FAMILIE, LEIDENSCHAFT, UMSONST, GELB, SORGE, FAHREN, VORHER, 1901)

Können Sie diese Frage beantworten? Dann schicken Sie Ihre Antwort direkt an uns.

Was ich ändern würde: "Bin ich ein Träumer, dann ändere ich das Geschehene, das nicht mehr zu ändern ist. Dann hat es keine psychische und physische Gewalt gegeben. Dann würden alle Erfindungen, Forschungen und Entwicklungen zur Freude des Lebens verwendet. Dann wäre die ganze Welt eine Nation. Dann ... NEIN das ist nicht möglich, denn DANN WÄRE DIE WELT DAS PARADIES. ÄNDERN???

HUT

Wenn ich könnte, würde ich den Menschen ÄNDERN.

Name: SCHMITZ CORNELIA

Straße: PLATANENALLEE 27

PLZ/Ort: 45478 MÜLHEIM an der Ruhr

Möchten Sie, daß auch andere Menschen Ihre Meinung kennenlernen?
Wir stellen alle Antworten in der Ausstellung ICH PHOENIX im Gasometer Oberhausen und Ihre Zeitungsseite schalten Sie nach der Ausstellung von den Künstlern signiert zurück.
Das 20. Jahrhundert.
© 1996 Esther und Jochen Gerz

ZUSAMMEN   HERZEN

LIEBLOSIGKEIT

VERKAUFT   NIE WIEDER   SCHNELLER

TOT

LACHEN

UMARMT   SCHÄMEN

HEIZEN   ANGEBEN   ESSEN   MUT

GERUCH   LÄRM   JUDE

LANGEWEILE

GEGESSEN   VERRAT   EINSAMKEIT   MORD

GEKRATZT   GERNE

ANGST

WENN DAS 20. JAHRHUNDERT NOCH EINMAL STATTFÄNDE, WAS WÜRDEN SIE ÄNDERN?

SCHLUSS

ARBEITEN   NASS   STÄRKER

NEID   GEHÖRT

HILFLOSIGKEIT

zu viele Menschen

ZERSTÖRT

FREMDE

VERLOREN   KALT   *zu wenig*

SEHNSUCHT   *Schöpfer-Kreaturen*   WEINEN

LEID   IMMER

AUFWACHEN

SPRECHEN   VOLL   GESCHMOLZEN   GELD   EIFERSUCHT

fast alle Probleme beseitigen mit:

GELD   WIEDERGEFUNDEN   GETRÄUMT   FUSSBALL

Können Sie diese Frage beantworten? Dann schicken Sie Ihre Antwort direkt an uns.   ALLEIN   VERGESSEN

Was ich ändern würde: _Eine Förderung zur Einsicht einer Geburtenkontrolle
in allen Nationen. Zur Beseitigung aller Probleme der „Lebenden"
und der gequälten Natur. — Wir sind zu zahlreich und verursachen:_
z.B.: _Müll u. Umweltverschmutzung, Öl-Katastrofen, Emmisionsbelastung u. Ozonverlust,
Rentenfinanzierung durch weniger Kinder, da arbeitslose nicht einzahlen können
und nichtmal als Panzerfahrer „gebraucht" werden, da auch die
Waffentechnik weniger Menschen benötigt; ---- siehe ✱Frankreich.!✱_

Name: _Hans Riebartsch_   „Wasserstreitigkeiten"

Straße: _Kardinal Gr. Galen Str. 24_   „Bodenüberdüngungen"

PLZ/Ort: _45468 Mülheim-Ruhr_   „Kinderverwahrlosungen"

ZUSAMMEN   ✱ = _Abschaffung der Wehrpflicht_

LIEBLOSIGKEIT   HERZEN

VERKAUFT

Eine Ansicht ohne gefälligen Zeitopertunismus   NIE WIEDER _Krieg_

TOT

SCHNELLER

LACHEN

UMARMT

SCHÄMEN

HEIZEN   ANGEBEN   ESSEN   MUT

GERUCH

LANGEWEILE   GEGESSEN   VERRAT   LÄRM   JUDE

GEKRATZT   EINSAMKEIT   MORD

GERNE

ANGST

WENN DAS 20. JAHRHUNDERT NOCH EINMAL STATTFÄNDE, WAS WÜRDEN SIE ÄNDERN?

SCHLUSS

ARBEITEN   NASS   STÄRKER

GEHÖRT

NEID   HILFLOSIGKEIT

ZERSTÖRT

FREMDE

KALT

VERLOREN

SEHNSUCHT   WEINEN

IMMER

LEID   AUFWACHEN

SPRECHEN   GELD

VOLL   GESCHMOLZEN

EIFERSUCHT

GELD   WIEDERGEFUNDEN   GETRÄUMT   FUSSBALL

ALLEIN   VERGESSEN

Können Sie diese Frage beantworten? Dann schicken Sie Ihre Antwort direkt an uns.

Was ich ändern würde:

STELLEN wir uns lieber die Frage" Wie könnte eine Welt,mit und
nicht gegen uns Sein?"nun sollten maximal 2oo Lebewesen auf
ca 2o qkm Existieren.Keine Namen,die Sprache rein als MUSIK.
Alles gehört allem,Pronto,Das verglaste Rad als Wohneinheit,
außen Ruhe und reinigungs GLAS,innen die Narbe essen und sonstiges Glas.
Die Speichen sind Pflanzenwege,sinn Generationen leben beieinander,Presto
Nahrung würde selbst gepflanzt,keine Messer keine Waffen keine Tiere
töten.Irgendein Produkt erzeugt jedes dieser Räder für das Rad der Räder.
Andante,
und so lebten liebten sie neue T-Räume.Das **HUT**haus und andere
Mutationen gab es Nie mehr

Name: Walter Sahbach

Straße: Arndtstr. 27

PLZ/Ort: 45473 Mülheim an der Ruhr

ZUSAMMEN

HERZEN

LIEBLOSIGKEIT

VERKAUFT

NIE WIEDER

SCHNELLER

TOT

UMARMT
LACHEN
SCHÄMEN
GERUCH
HEIZEN
ANGEBEN
ESSEN
MUT
LANGEWEILE
LÄRM
JUDE
GEGESSEN
VERRAT
EINSAMKEIT
GEKRATZT
MORD
GERNE
ANGST

WENN DAS 20. JAHRHUNDERT NOCH EINMAL STATTFÄNDE, WAS WÜRDEN SIE ÄNDERN?

SCHLUSS

ARBEITEN
NASS
STÄRKER
GEHÖRT

NEID
HILFLOSIGKEIT

ZERSTÖRT

FREMDE

KALT
VERLOREN
SEHNSUCHT
WEINEN
IMMER
LEID
AUFWACHEN

SPRECHEN
VOLL
GELD
GESCHMOLZEN
EIFERSUCHT
GELD
WIEDERGEFUNDEN
GETRÄUMT
FUSSBALL
ALLEIN
VERGESSEN

Können Sie diese Frage beantworten? Dann schicken Sie Ihre Antwort direkt an uns.

Was ich ändern würde: *Die rücksichtslose Industrialisierung und die vergiftung der Flüsse.*

Name: *Karlheinz Braun*

Straße: *Hiesfelder Str. 101*

PLZ/Ort: *46147 Oberhausen*

Möchten Sie, daß auch andere Menschen
Ihre Meinung kennenlernen?
Wir stellen alle Antworten in der Ausstellung
ICH PHOENIX im Gasometer Oberhausen aus.
Ihre Zeitungsseite erhalten Sie nach der
Ausstellung von den Künstlern signiert zurück.
© 1996 Esther und Jochen Gerz
Das 20. Jahrhundert

ZUSAMMEN
LIEBLOSIGKEIT
HERZEN

VERKAUFT
NIE WIEDER

TOT

An das Oberhausener Abendblatt, im Lipperfeld 25, 46047 Oberhausen

Ja, ich habe geantwortet. Ich nehme an der
Verlosung von 200 Freikarten für das Kunstereignis
ICH PHOENIX im Gasometer Oberhausen teil.

LACHEN

UMARMT   SCHÄMEN

GERUCH   HEIZEN   ANGEBEN   ESSEN   MUT

LANGEWEILE   LÄRM   JUDE

GEGESSEN   VERRAT   EINSAMKEIT   MORD

GEKRATZT   GERNE

ANGST

SCHLUSS

ARBEITEN

NEID

ZERSTÖRT

VERLOREN

SEHNSUCHT

LEID

SPRECHEN

WENN DAS 20. JAHRHUNDERT NOCH EINMAL STATTFÄNDE, WAS WÜRDEN SIE ÄNDERN?

NASS   STÄRKER

GEHÖRT

HILFLOSIGKEIT

FAHREN

VORHER

SORGE

FREMDE

ALKOHOL

NACKT   SUPPE   GELB   KALT

UMSONST   IMMER   WEINEN

BEAMTHEIT   LEIDENSCHAFT

FAMILIE   AUFWACHEN

1901

VOLL   GESCHMOLZEN   GELD   EIFERSUCHT

WIEDERGEFUNDEN   GETRÄUMT   FUSSBALL

GELD   ALLEIN   VERGESSEN

Können Sie diese Frage beantworten? Dann schicken Sie Ihre Antwort direkt an uns.

Was ich ändern würde: _Anstelle von zwei Kriegen mit allen Folgen und dem rasanten, rücksichtslosen Wachstum nach dem 2. Weltkrieg, wäre eine langsame behutsame Anwendung der stets fortschreitenden Technologien angesagt, ein fairer Austausch mit den weniger entwickelten Ländern der Welt statt Ausbeutung, Schonung der Umwelt statt Ausplünderung der Ressourcen. Auf der HUT müßten wir sein vor Kräften, die uns allen leichte und eindeutige Lösung der Probleme versprechen._

Name: _Gisela Hermann_

Straße: _Goethestr. 10_

PLZ/Ort: _45468 Mülheim_

Möchten Sie, daß auch andere Menschen
Ihre Meinung kennenlernen?
Wir stellen alle Antworten in der Ausstellung
ICH PHOENIX im Gasometer Oberhausen aus.
Ihre Zeitungsseite erhalten Sie nach der
Ausstellung von den Künstlern signiert zurück.
© 1996 Das 20. Jahrhundert
Esther und Jochen Gerz

ZUSAMMEN   HERZEN

LIEBLOSIGKEIT

VERKAUFT

NIE WIEDER

TOT

SPRECHEN

VOLL

GESCHMOLZEN

GELD

EIFERSUCHT

GELD   WIEDERGEFUNDEN   GETRÄUMT

FUSSBALL

ALLEIN

Können Sie diese Frage beantworten? Dann schicken Sie Ihre Antwort direkt an uns.

VERGESSEN

Was ich ändern würde: *In Europa - Nationalitäten abschaffen. Nur der Geburtsort (Stadt)*
ist für jeden in Dokumenten niedergeschrieben.
Demokratie - aber Politiker die Unrecht tun bzw. gegen Gesetze verstoßen und gegen
gute Sitten - werden unverzüglich abgelöst und wie Arbeitslose behandelt.
Mißbrauch von Kindern strenger bestrafen - Arrestanten zur Arbeit verpflichten.
Feiertage: Tag der Arbeit und Tag des Nachbarn. Alle anderen Feiertage = Sonntags

Name: *Franz Schmitz*

Straße: *Lützowstr. 55*

PLZ/Ort: *46147 Oberhausen*

ZUSAMMEN

LIEBLOSIGKEIT   HERZEN

VERKAUFT

NIE WIEDER

TOT

LACHEN

UMARMT SCHÄMEN

HEIZEN ANGEBEN ESSEN MUT

GERUCH LÄRM JUDE

LANGEWEILE GEGESSEN VERRAT

GEKRATZT EINSAMKEIT MORD

GERNE

ANGST

SCHLUSS

WENN DAS 20. JAHRHUNDERT NOCH EINMAL STATTFÄNDE, WAS WÜRDEN SIE ÄNDERN?

ARBEITEN NASS

STÄRKER

GEHÖRT

NEID

HILFLOSIGKEIT

ZERSTÖRT

FREMDE

KALT

VERLOREN

SEHNSUCHT WEINEN

IMMER

LEID

AUFWACHEN

SPRECHEN GELD

VOLL GESCHMOLZEN

EIFERSUCHT

GETRÄUMT

GELD WIEDERGEFUNDEN FUSSBALL

ALLEIN VERGESSEN

Können Sie diese Frage beantworten? Dann schicken Sie Ihre Antwort direkt an uns.

Was ich ändern würde: —

- Die zwei Weltkriege hätten sich nicht ereignet — keine Kriege mehr —
- Es müßten keine Menschen hungern —
- Es gäbe Arbeit + Lohn für jeden —
- Wir hätten mehr Zeit für unsere Kinder —
- Die Menschen würden miteinander leben, nicht gegeneinander —

Name: _Thelen_

Straße: _Moritzstr. 50_

PLZ/Ort: _45476 Mülheim_

HUT

Möchten Sie, daß auch andere Menschen Ihre Meinung kennenlernen? Wir stellen alle Antworten in der Ausstellung ICH PHOENIX im Gasometer Oberhausen aus. Ihre Zeitungsseite erhalten Sie nach der Ausstellung von den Künstlern signiert zurück.
© 1996 Esther und Jochen Gerz
Das 20. Jahrhundert

ZUSAMMEN

LIEBLOSIGKEIT HERZEN

VERKAUFT

NIE WIEDER

TOT

SCHNELLER

LACHEN

UMARMT

SCHÄMEN

HEIZEN ANGEBEN ESSEN MUT

GERUCH LÄRM JUDE

LANGEWEILE GEGESSEN VERRAT

GEKRATZT EINSAMKEIT MORD GERNE

ANGST

WENN DAS 20. JAHRHUNDERT NOCH EINMAL STATTFÄNDE, WAS WÜRDEN SIE ÄNDERN?

SCHLUSS

ARBEITEN NASS

STÄRKER

NEID GEHÖRT

HILFLOSIGKEIT

ZERSTÖRT

SORGE VORHER

FREMDE

ALKOHOL

KALT

NACKT SUPPE GELB

VERLOREN

SEHNSUCHT WEINEN

IMMER

BRANDNEU UMSONST

LEID LEIDENSCHAFT

FAMILIE 1901

AUFWACHEN

SPRECHEN

VOLL GELD

GESCHMOLZEN EIFERSUCHT

WIEDERGEFUNDEN GETRÄUMT

GELD FUSSBALL

ALLEIN VERGESSEN

Können Sie diese Frage beantworten? Dann schicken Sie Ihre Antwort direkt an uns.

Was ich ändern würde: Alle kriegsgeile Militärs, Politiker auf eine einsame Insel, wo sie ihre „Nach-Vorne-Verteidigung" u. ähnliches an sich u. nur an sich üben können. – Banken u. Versicherungen die Macht u. Möglichkeit nehmen, Menschen zu manipulieren u. Existenzen zu vernichten. – Die Diäten d. Politiker wörtlich nehmen u. die „Diät" bei ihnen ansetzen u. nicht bei den sozial Schwächsten. Manager, die Firmen ruinieren haftbar machen anstatt mit Millionenabfindungen wegzuloben.

Name: Syri, Gerd

Straße: Kleiner Werth 4

PLZ/Ort: 42275 Wuppertal

Möchten Sie daß sich andere Menschen Ihre Meinung kennenlernen?
Wir stellen alle Antworten in der Ausstellung
ICH PHOENIX im Gasometer Oberhausen aus.
Ihre Zeitungsseite erhalten Sie nach der
Ausstellung von den Künstlern signiert zurück.
Das 20. Jahrhundert
© 1996 Esther und Jochen Gerz

ZUSAMMEN

HERZEN

LIEBLOSIGKEIT

VERKAUFT

NIE WIEDER

SCHNELLER

TOT

LACHEN

UMARMT   SCHÄMEN

HEIZEN   ANGEBEN   ESSEN   MUT

GERUCH   LÄRM   JUDE

LANGEWEILE   GEGESSEN   VERRAT   EINSAMKEIT   MORD

GEKRATZT   GERNE

ANGST

WENN DAS 20. JAHRHUNDERT NOCH EINMAL STATTFÄNDE,
WAS WÜRDEN SIE ÄNDERN?

SCHLUSS

ARBEITEN   NASS   STÄRKER

GEHÖRT

NEID   HITZE   HILFLOSIGKEIT

GERUCH   FAHREN

ZERSTÖRT   SORGE   VORHER

ALKOHOL   FREMDE

NACKT   KALT

GELB

VERLOREN

SEHNSUCHT   WEINEN

FAMILIE   UMSONST   IMMER

LEID   LEIDENSCHAFT

LÜGE   AUFWACHEN

SPRECHEN

VOLL   GESCHMOLZEN   GELD   EIFERSUCHT

UMARMT   BRANDNEU

GETRÄUMT   1917

GELD   WIEDERGEFUNDEN   FUSSBALL   ALLEIN   VERGESSEN

Können Sie diese Frage beantworten? Dann schicken Sie Ihre Antwort direkt an uns.

Was ich ändern würde: Den Urgrund aller Übel," die menschliche Dummheit ", im und als Jahrhundertwerk zu beseitigen. Für menschliche Dummheit gibt es nur zwei Gründe: 1.=" Die Unwissenheit über Wahrheit und Richtigkeit:, 2.= Das Bewußtsein zu stärken in Gleichheit zu Rechten und Pflichten, bei Aufzeigung der Macht des Volkes gegen jede Art von Unterdrückung und Ausbeutung durch einzelne Menschen, Gruppen und Lobbyvereinigungen". Dem Volk muß die Wahrheit in voller Klarheit vor Augen geführt werden, denn: Alle Parteien und jede Art von Kirchen und Religionen sind die Brutstätten aller Verbrechen dieser Erde gegen das Volk. Das, oder jedes Volk besteht nur aus gleichen Menschen in gewissen ethischen, aber allen ethnischen Formen ihrer eigenen Kultur. Obrigkeiten gibt es nicht, sie haben sich nur selbst dazu erhoben um Volksausbeutung und Unterdrückung zu rechtfertigen. Jeder Mensch hat sein eigenes "Ich" und seine eigene "Persönlichkeit" in die Gesamtmasse des Volkes als eine Gesamtheit des Rechtes einzubringen. Selbsterhobene Obrigkeiten jeder Art sind Parasiten in der Haut des Volkes. Ein Leben in Freiheit und Demokratie (grch.=Volksherrschaft)= Anmerkung dazu: Volksgemeinschaft wäre mein Ziel.) regelt von sich aus alle angestrebten Ziele von selbst. Also: Wissen ist Macht, wer das Wissen des Volkes stärkt, der dient der Gesamtheit des Volkes. Erheben wir uns und schaffen eine Demokratie, noch ist es nicht zu spät! Es lebe das Volk, es lebe eine Demokratie mit guter Zukunft! Dieses würde ich noch jetzt ändern zur Bildung einer guten Grundlage für das 21. Jahrhundert, fassen wir es an, Gemeinsamkeit ist unsere Stärke!

ELTERN

Name:

Straße:

PLZ/Ort:

ZUSAMMEN

LIEBLOSIGKEIT   HERZEN

VERKAUFT
Norbert Stevens
Simrockstr. 40
46149 Oberhausen

NIE WIEDER

TOT

SCHNELLER

LACHEN

UMARMT

SCHÄMEN

HEIZEN　　　ANGEBEN

GERUCH　　　　　　　　　　　　　　　ESSEN　　　　　MUT

LANGEWEILE　　　　　　　　　　　　LÄRM　　　　　　　　　　　　JUDE

GEGESSEN　　　　VERRAT

GEKRATZT　　　　　　　EINSAMKEIT　　　MORD

GERNE

ANGST

WENN DAS 20. JAHRHUNDERT NOCH EINMAL STATTFÄNDE, WAS WÜRDEN SIE ÄNDERN?

SCHLUSS

ARBEITEN　　　　　　　　　　　　　　　　　　　　　　　　　NASS

STÄRKER

NEID　　　　　　　　　　　　　HITZE　　　GEHÖRT

HILFLOSIGKEIT

GERUCH

ZERSTÖRT　　　　　　　　　　　　　FAHREN

VORHER

SORGE

ALKOHOL

FREMDE

NACKT

KALT

VERLOREN　　　　　　　　　　　　　　　　GELB

SEHNSUCHT

WEINEN

UMSONST　　IMMER

LEID　　　　　　　　　　FAMILIE

LÜGE　　　　　　　　　　　　　　LEIDENSCHAFT

AUFWACHEN

SPRECHEN　　　　　　　　　　　　　　　　　　GELD

VOLL　　　　　GESCHMOLZEN

UMARMT　　　　　　　　　　　　EIFERSUCHT

GETRÄUMT　　　　　　　BRANDNEU

GELD　　WIEDERGEFUNDEN

FUSSBALL

ALLEIN　　VERGESSEN

1917

Können Sie diese Frage beantworten? Dann schicken Sie Ihre Antwort direkt an uns.

Was ich ändern würde: *Frauen sollten gleichberechtigt sein. Keine Kinderarbeit.*
Keinen Hitler an die Macht lassen.

ELTERN　*Und sich immer wieder für den Frieden in der Welt stark machen.*
Daran täglich denken: Wir sind alle Kinder Gottes! Auf der ganzen
Welt.

Name: *Stilkerig Ilse*

Straße: *Weselerstr. 146*

PLZ/Ort: *46149 Oberhausen*

ZUSAMMEN

LIEBLOSIGKEIT　　　　　　HERZEN

VERKAUFT

NIE WIEDER

SCHNELLER

TOT

LACHEN
UMARMT   SCHÄMEN
HEIZEN   ANGEBEN   ESSEN   MUT
GERUCH   LÄRM
LANGEWEILE   GEGESSEN   VERRAT   EINSAMKEIT   JUDE
GEKRATZT   MORD   GERNE

ANGST

SCHLUSS

WENN DAS 20. JAHRHUNDERT NOCH EINMAL STATTFÄNDE, WAS WÜRDEN SIE ÄNDERN?

ARBEITEN   NASS   STÄRKER
NEID   GEHÖRT
   HITZE   HILFLOSIGKEIT
GERUCH   FAHREN
ZERSTÖRT   SORGE   VORHER
ALKOHOL   FREMDE
NACKT   KALT
VERLOREN   GELB
SEHNSUCHT   UMSONST   WEINEN
   FAMILIE   IMMER
LEID   LÜGE   LEIDENSCHAFT   AUFWACHEN
SPRECHEN   VOLL   GESCHMOLZEN   GELD   EIFERSUCHT
   UMARMT   BRANDNEU
GELD   GETRÄUMT   1917
WIEDERGEFUNDEN   FUSSBALL   ALLEIN   VERGESSEN

Können Sie diese Frage beantworten? Dann schicken Sie Ihre Antwort direkt an uns.

Was ich ändern würde: _Ich würde Wirtschaftsasylanten ohne wenn und aber ausweisen._
Die Gefängnisse in Deutschland müßten abschreckend wirken und nicht umgekehrt.
ELTERN _Wünschen würde ich mir, daß ich Abends wieder, ohne Angst auf der Straße gehen könnte._
Egal wer regiert !

Name: _Rudolf Berberich_
Straße: _Bebelstr. 151_
PLZ/Ort: _46049 Oberhausen_

ZUSAMMEN   HERZEN
LIEBLOSIGKEIT

An das Oberhausener Abendblatt, Im Lipperfeld 25, 46047 Oberhausen

Ja, ich habe geantwortet. Ich nehme an der Verlosung von 200 Freikarten für das Kunstereignis ICH PHOENIX im Gasometer Oberhausen teil.

VERKAUFT   NIE WIEDER   SCHNELLER

TOT

GELD   WIEDERGEFUNDEN

FUSSBALL

ALLEIN

VERGESSEN

Können Sie diese Frage beantworten? Dann schicken Sie Ihre Antwort direkt an uns.

Was ich ändern würde: NIE-WIEDER-VERRAT-ANGST-LEID
WEINEN-MORD-TOT-JUDE-FREMDE-SORGE-Familie-
IMMER-MUT-ZUSAMMEN-SPRECHEN-LACHEN.
GELD-ALLEIN-ANGEBEN-NEID-LIEBLOSIGKEIT-EIFERSUCHT
VERGESSEN-AUFWACHEN-SCHLUSS-EINSAMKEIT
HILFLOSIGKEIT-ZERSTÖRT.

ELTERN

Name: HILDEGARD KÖSTERS

Straße: FROMBERGFELD 10

PLZ/Ort: 45481 MÜLHEIM-RUHR

ZUSAMMEN

LIEBLOSIGKEIT

HERZEN

VERKAUFT

NIE WIEDER

TOT

LACHEN

UMARMT   SCHÄMEN

HEIZEN   ANGEBEN   ESSEN   MUT

GERUCH   LÄRM   JUDE
LANGEWEILE   GEGESSEN   VERRAT   EINSAMKEIT
                                            GEKRATZT   MORD
                                                                                                                GERNE

ANGST

WENN DAS 20. JAHRHUNDERT NOCH EINMAL STATTFÄNDE, WAS WÜRDEN SIE ÄNDERN?

SCHLUSS

ARBEITEN   NASS   STÄRKER

NEID   HITZE   GEHÖRT

                                            GERUCH   FAHREN   HILFLOSIGKEIT

ZERSTÖRT   SORGE   VORHER

                                    ALKOHOL   FREMDE

                        NACKT   KALT
VERLOREN   GELB
SEHNSUCHT   WEINEN
                                                                            FAMILIE   UMSONST   IMMER
LEID   LEIDENSCHAFT
                            LÜGE
                                                                                                AUFWACHEN
SPRECHEN
                        VOLL   GESCHMOLZEN   GELD
                                UMARMT   BRANDNEU   EIFERSUCHT
GELD   WIEDERGEFUNDEN   GETRÄUMT
                                                                        FUSSBALL   ALLEIN   VERGESSEN

1917

Können Sie diese Frage beantworten? Dann schicken Sie Ihre Antwort direkt an uns.

Was ich ändern würde: Weniger : Weinen, Kalt, Verloren, Leid, Verrat, Einsamkeit, Hilflosigkeit, Sorge, Leid, Zerstört, Angst, Lärm, Mord und Eifersucht
Mehr : Lachen, Mut, Umarmt, geträumt, Familie, Leidenschaft, Vergessen, HERZ
Nie wieder LIEBLOSIGKEIT
Erst der TOD ist tot. Erst dann ist er tot, der TOD

Name: Peter Krüger

Straße: Lücksstr. 2

ELTERN

PLZ/Ort: 46149 OBERHAUSEN   0208/640772

ZUSAMMEN   HERZEN

                LIEBLOSIGKEIT

VERKAUFT

                NIE WIEDER   SCHNELLER

TOT

UMARMT   SCHÄMEN   LACHEN

GERUCH   HEIZEN   ANGEBEN   ESSEN   MUT

LANGEWEILE   LÄRM   JUDE

GEGESSEN   VERRAT   EINSAMKEIT   MORD

GEKRATZT   GERNE

ANGST

SCHLUSS

ARBEITEN

NEID

ZERSTÖRT

VERLOREN

SEHNSUCHT

nach Frieden

SPRECHEN

GELD

ELTERN

NASS   STÄRKER

GEHÖRT

HILFLOSIGKEIT

FREMDE

KALT

WEINEN

IMMER

UMSONST

AUFWACHEN

EIFERSUCHT

VERGESSEN

WENN DAS 20. JAHRHUNDERT NOCH EINMAL STATTFÄNDE, WAS WÜRDEN SIE ÄNDERN?

(Bildbeschriftungen: HITZE, FAHREN, GERUCH, SORGE, VORHER, ALKOHOL, NACKT, GELD, FAMILIE, UMSONST, LÜGE, LEIDENSCHAFT, VOLL, GESCHMOLZEN, UMARMT, GELD, GETRÄUMT, WIEDERGEFUNDEN, 1917, BRANDNEU, FUSSBALL, ALLEIN)

Können Sie diese Frage beantworten? Dann schicken Sie Ihre Antwort direkt an uns.

Was ich ändern würde: _nie wieder schneller fahren, sonst immer Leid + tot (umsonst), zusammen sprechen + Arbeiten, Angst vergessen, Schluß mit der Hilflosigkeit, aufwachen, Mut wiedergefunden Fremde sprechen, Sorge für die Familie im Herzen._

Name: _Elisabeth Olynicsak_

Straße: _Testagenstr. 29_

PLZ/Ort: _46045 Oberhausen_

ZUSAMMEN

LIEBLOSIGKEIT   *im*   HERZEN

VERKAUFT

NIE WIEDER

TOT

SCHNELLER *nun*

UMARMT   SCHÄMEN   LACHEN

GERUCH   HEIZEN   ANGEBEN   ESSEN   MUT

LANGEWEILE   GEGESSEN   LÄRM   JUDE

GEKRATZT   VERRAT   EINSAMKEIT   MORD   GERNE

ANGST

SCHLUSS

WENN DAS 20. JAHRHUNDERT NOCH EINMAL STATTFÄNDE, WAS WÜRDEN SIE ÄNDERN?

ARBEITEN   NASS   STÄRKER

NEID   GEHÖRT

HILFLOSIGKEIT

ZERSTÖRT   VORHER

FREMDE

KALT

VERLOREN

SEHNSUCHT   WEINEN

IMMER

LEID   UMSONST

AUFWACHEN

SPRECHEN   GELD

EIFERSUCHT

GELD   BRANDNEU

WIEDERGEFUNDEN   FUSSBALL   ALLEIN

HITZE · GERUCH · FAHREN · SORGE · ALKOHOL · NACKT · GELB · FAMILIE · LÜGE · LEIDENSCHAFT · VOLL · GESCHMOLZEN · GELD · UMARMT · GETRÄUMT · 1917

Können Sie diese Frage beantworten? Dann schicken Sie Ihre Antwort direkt an uns.

Was ich ändern würde: *Nichts, denn wir Menschen haben nicht den Überblick über das Leben, das immer variert.*

ELTERN *Aus den entstandenen Problemen, müssen wir immer wieder neue Lösungen suchen. Dieser Umstand macht die „Würze" des Lebens aus und fordert immer wieder unseren Menschenverstand heraus (Fehler führen zu neuem*

Name: MARIETTA BLISS *Denken) ....*

Straße: BECKERSTR. 80 *und die Kunst ist ein Helfer*

PLZ/Ort: 46047 OB *um kreativ Neues zu ~~erproben~~!*
entdecken!

ZUSAMMEN   HERZEN

LIEBLOSIGKEIT

VERKAUFT   NIE WIEDER   SCHNELLER

TOT

Amsterdam

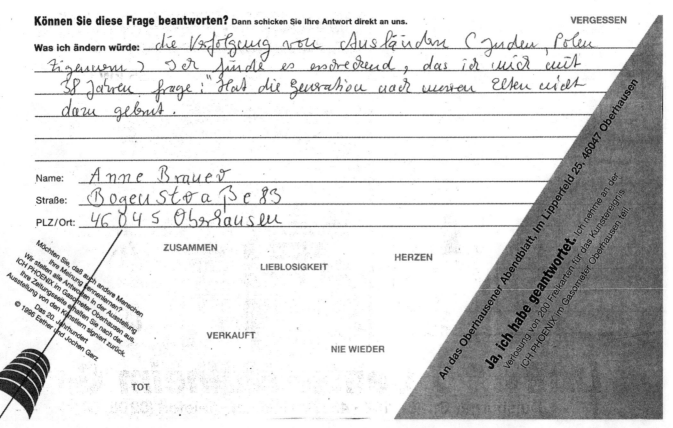

Was ich ändern würde: die Verfolgung von Ausländern (Juden, Polen
Zigeunern) Ich finde es erschreckend, das ich mich mit
38 Jahren frage: "Hat die Generation nach meinen Eltern nicht
dazu gelernt.

Name: Anne Brauer

Straße: Bogenstraße 83

PLZ/Ort: 46045 Oberhausen

ZUSAMMEN

LIEBLOSIGKEIT

HERZEN

VERKAUFT

NIE WIEDER

TOT

LACHEN

UMARMT   SCHÄMEN

GERUCH   HEIZEN   ANGEBEN   ESSEN   MUT

LANGEWEILE   LÄRM   JUDE

GEGESSEN   VERRAT   EINSAMKEIT   GERNE

GEKRATZT   MORD

ANGST

WENN DAS 20. JAHRHUNDERT NOCH EINMAL STATTFÄNDE,
WAS WÜRDEN SIE ÄNDERN?

SCHLUSS

ARBEITEN   NASS   STÄRKER

NEID   GEHÖRT

HITZE   HILFLOSIGKEIT

ZERSTÖRT   GERUCH   FAHREN

VORHER

SORGE

ALKOHOL   FREMDE

NACKT   KALT

VERLOREN   GELB

SEHNSUCHT   WEINEN

FAMILIE   UMSONST   IMMER

LEID   LÜGE   LEIDENSCHAFT

AUFWACHEN

SPRECHEN   VOLL   GESCHMOLZEN   GELD   EIFERSUCHT

UMARMT   BRANDNEU

GETRÄUMT   1917

GELD   WIEDERGEFUNDEN   *Wenn es möglich wäre*   FUSSBALL

ALLEIN   VERGESSEN

Können Sie diese Frage beantworten? Dann schicken Sie Ihre Antwort direkt an uns.

Was ich ändern würde: *Daß, wir wieder Politiker, mit Kopf und Hirn hätten, wie in den Jahren 1945 – 1985 und das jeder* ~~ELTERN~~ *in Deutschland, nach einem Delikt, gleich bestraft und behandelt wird.*

Name: *Heinz Müller*

Straße: *Franzenkamp 13*

PLZ/Ort: *46049 Oberhausen*

ZUSAMMEN   ...ZEN

> Deutschland ist wie ein schöner, weidlicher Hengst, der Futter und alles genug hat, was er bedarf. Es fehlt ihm aber an einem Reiter.
>
> Martin Luther

VERKAUFT   NIE WIEDER

TOT

An das Oberhausener Abendblatt, im Lipperfeld 25, 46047 Oberhausen

Ja, ich habe geantwortet. Ich nehme an der Verlosung von 200 Freikarten für das Kunstereignis ICH PHOENIX im Gasometer Oberhausen teil.

SCHNELLER

Können Sie diese Frage beantworten? Dann schicken Sie Ihre Antwort direkt an uns.

VERGESSEN

Was ich ändern würde: _____

AAWARENESS A W A R E N E S S

AWARENESSawareness aware
awarenessawarenessawarenessawarenessawarekessawaretessawarenessaw
areness a

awareness w e s s A & HUT & boys

awareness r e r e W and girs

awareness AwArEnEsS aware AWARE AaWaReNeSs

Name: _____ R

Straße: _____

AWARENESS AWARENESSawarenessawarenessawarenessawaE

 N Ssh (sf)

PLZ/Ort: bernd steinkamp, körnerstr. 42-44 E S S

ZUSAMMEN

LIEBLOSIGKEIT HERZEN

VERKAUFT

NIE WIEDER

TOT

An das Oberhausener Abendblatt, Im Lipperfeld 25, 46047 Oberhausen

Ja, ich habe geantwortet. Ich nehme an der
Verlosung von 200 Freikarten für das Kunstereignis
ICH PHOENIX im Gasometer Oberhausen teil.

SCHNELLER

LACHEN

UMARMT　　SCHÄMEN

HEIZEN　　　　ANGEBEN　　　ESSEN　　　　MUT

GERUCH　　　　　　　　　　　　LÄRM　　　　　　　　　　JUDE

LANGEWEILE　　GEGESSEN　　　　VERRAT　　EINSAMKEIT　　MORD

GEKRATZT　　　　　　　　　　　　　　　　　GERNE

ANGST

WENN DAS 20. JAHRHUNDERT NOCH EINMAL STATTFÄNDE, WAS WÜRDEN SIE ÄNDERN?

SCHLUSS

ARBEITEN　　　　　　　　　　　　　　　　　　　　　NASS　　STÄRKER

NEID　　　　　　　　　　　　　　　　　　　　GEHÖRT

HITZE　GERUCH　FAHREN　HILFLOSIGKEIT

ZERSTÖRT　SORGE　VORHER

ALKOHOL　FREMDE

NACKT　KALT

GELB

VERLOREN

SEHNSUCHT　　　　　　　　　　　　　　　　UMSONST　WEINEN

FAMILIE　IMMER

LEID　　LÜGE　LEIDENSCHAFT　AUFWACHEN

SPRECHEN　VOLL　GELD

UMARMT　GESCHMOLZEN　BRANDNEU　EIFERSUCHT

GETRÄUMT　1917

GELD　　WIEDERGEFUNDEN　FUSSBALL　ALLEIN　VERGESSEN

Können Sie diese Frage beantworten? Dann schicken Sie Ihre Antwort direkt an uns.

Was ich ändern würde: *Anstatt mit dem Säbel zu raseln, hätte ich Anfang der Jahrhundertwende ein freundschaftliches Verhältnis mit allen unseren Nachbarstaaten aufgebaut. Somit wäre der 1. Weltkrieg und zwangsläufig auch der 2. Weltkrieg vermieden worden. Alle Folgen*

ELTERN　*dieser unvernünftigen Armenpolitik u. die verschwendeten 713 Milliarden Betröge hätte ich dann in den Umweltschutz u. i. die Forschung für ein besseres Leben der europäischen Bevölkerung investiert. Es ging uns allen bedeutend besser!*

Name:　*Heinrich Vondergagen　75 Jahre alt*

Straße:　*Kniestr. 50*

PLZ/Ort:　*46117　Oberhausen*

ZUSAMMEN

LIEBLOSIGKEIT　　　HERZEN

VERKAUFT

NIE WIEDER　　SCHNELLER

TOT

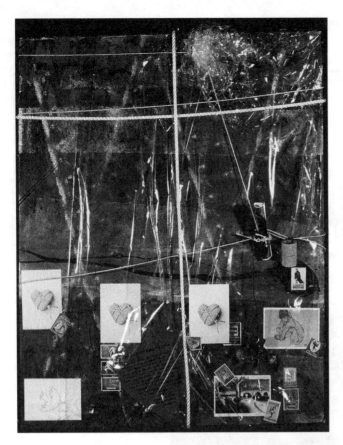

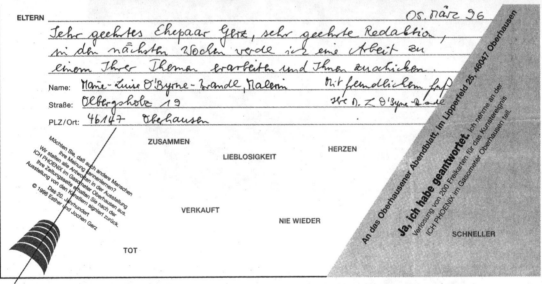

ELTERN

05. März 96

Sehr geehrtes Ehepaar Gerz, sehr geehrte Redaktion,
in den nächsten Wochen werde ich eine Arbeit zu
einem Ihrer Themen erarbeiten und Ihnen zuschicken.

Name: Marie-Luise O'Byrne-Brandl, Malerin   Mit freundlichem Gruß
Straße: Olbergshöhe 19   Ihre M. L. O'Byrne-Brandl
PLZ/Ort: 46147 Oberhausen

Möchten Sie, daß auch andere Menschen
Ihre Meinung kennenlernen?
Wir stellen alle Antworten in der Ausstellung
ICH PHOENIX im Gasometer Oberhausen aus.
Ihre Zeitungsseite erhalten Sie nach der
Ausstellung von den Künstlern signiert zurück.
© 1996 Esther und Jochen Gerz
Das 20. Jahrhundert

ZUSAMMEN

LIEBLOSIGKEIT   HERZEN

VERKAUFT

NIE WIEDER

TOT

An das Oberhausener Abendblatt, Im Lipperfeld 25, 46047 Oberhausen

Ja, ich habe geantwortet. Ich nehme an der
Verlosung von 200 Freikarten für das Kunstereignis
ICH PHOENIX im Gasometer Oberhausen teil.

SCHNELLER

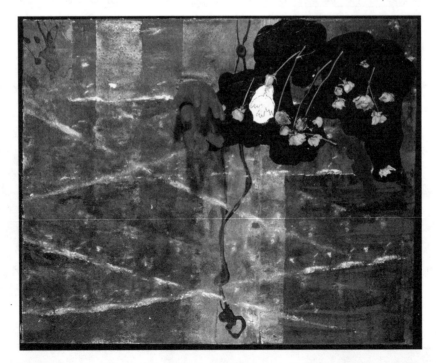

LACHEN

UMARMT   SCHÄMEN

GERUCH   HEIZEN   ANGEBEN   ESSEN   MUT

LANGEWEILE   LÄRM   JUDE

GEGESSEN   VERRAT   EINSAMKEIT   MORD

GEKRATZT   GERNE

ANGST

WENN DAS 20. JAHRHUNDERT NOCH EINMAL STATTFÄNDE
WAS WÜRDEN SIE ÄNDERN?

SCHLUSS

ARBEITEN   NASS   STÄRKER

NEID   GEHÖRT

HILFLOSIGKEIT

ZERSTÖRT

FREMDE

KALT

VERLOREN

SEHNSUCHT   WEINEN

SONST   IMMER

LEID

AUFWACHEN

SPRECHE   EIFERSUCHT

GELD   BRANDNEU

WIEDERGEFUNDEN   FUSSBALL   ALLEIN   VERGESSEN

Können Sie diese Frage beantworten? Dann schicken Sie Ihre Antwort direkt an uns.

Was ich ändern würde: _Wenn das 20 Jahrhundert normal stattfände, würde ich mir wünsche_

daß der Nationalsozialismus in diesem neuen Jahrhundert nicht existiere, sollte. (1933-45)

ELTERN _Die wissenschaftliche, technischer Fortschritte sollte nicht so rapide, extrem vorankomme, do sie_

viel schrumpel (Hiroshima und Dugassie) Probleme "mitbringe" (z.B Auto - CO₂ Auswurf). Keine krieg sollte in diese Jh.

stattfinde, ausbrechen (heute: o In 30 Länder der Erde herrscld Kriese). In diese 20th neue Jah-
hundert sollte es außerfriede Lasthaus, Liebe, kein Kapitalismus sowie keine dlute sudern nicht zu gäben

Name: _Ali Özdede_

Straße: _Friesenstr. 25_

PLZ/Ort: _46149 Oberhausen_

ZUSAMMEN

LIEBLOSIGKEIT   HERZEN

VERKAUFT   NIE WIEDER   SCHNELLER

TOT

LACHEN

UMARMT   SCHÄMEN

HEIZEN   ANGEBEN   ESSEN   MUT

GERUCH   LÄRM   JUDE

LANGEWEILE   GEGESSEN   VERRAT   EINSAMKEIT   MORD

GEKRATZT   GERNE

ANGST

SCHLUSS

WENN DAS 20. JAHRHUNDERT NOCH EINMAL STATTFÄNDE, WAS WÜRDEN SIE ÄNDERN?

ARBEITEN   NASS   STÄRKER

NEID   GEHÖRT   HILFLOSIGKEIT

ZERSTÖRT

GERUCH   HITZE   FAHREN   VORHER   SORGE   ALKOHOL   NACKT   GELB   FAMILIE   LEIDENSCHAFT   LÜGE   VOLL   UMARMT   GESCHMOLZEN   GELD   GETRÄUMT   1917

FREMDE   KALT

VERLOREN   SONST   WEINEN

SEHNSUCHT   IMMER

LEID   AUFWACHEN

SPRECHE   BRANDNEU   EIFERSUCHT

GELD   WIEDERGEFUNDEN   FUSSBALL   ALLEIN   VERGESSEN

Können Sie diese Frage beantworten? Dann schicken Sie Ihre Antwort direkt an uns.

Was ich ändern würde: _alleine könnte ich nur mein eigenes Leben ändern, bzw. anders gelebt haben. Aber das ist, unser Weltbild retrospektiv gesehen, sehr wenig. Nach der 2. Hälfte des Jahrhunderts geboren, kann ich auch nur für diese Zeit sprechen. Ich würde Gesetzesgrundlagen stabiler gestalten, und daß die Ausübung dieser konsequent durchdacht wären, daß nicht letztendlich "die kleinen Leute" nur die Folgen tragen. Ich würde das Zufluggesetz konsolidieren. Aber letztendlich müssen sich die Denkweisen bei uns Menschen ändern für mehr Miteinander u. Fairness statt Gegeneinander._

ELTERN

Name: _FRINTROP RIA_

Straße: _DANZIGERSTR. 57_

PLZ/Ort: _46045 OBERHAUSEN_

ZUSAMMEN   HERZEN

LIEBLOSIGKEIT

VERKAUFT   NIE WIEDER   SCHNELLER

TOT

UMARMT   LACHEN   SCHÄMEN

GERUCH   HEIZEN   ANGEBEN   ESSEN   MUT

LANGEWEILE   LÄRM   JUDE

GEGESSEN   VERRAT   EINSAMKEIT   MORD

GEKRATZT   GERNE

ANGST

SCHLUSS

WENN DAS 20. JAHRHUNDERT NOCH EINMAL STATTFÄNDE, WAS WÜRDEN SIE ÄNDERN?

ARBEITEN   NASS   STÄRKER

NEID   GEHÖRT

HILFLOSIGKEIT

HITZE GERUCH FAHREN SORGE VORHER ALKOHOL NACKT FAMILIE LEIDENSCHAFT UMSONST VOLL UMARMT GESCHMOLZEN GELD GETRÄUMT 1917

ZERSTÖRT

VERLOREN   FREMDE

SEHNSUCHT   KALT

LEID   WEINEN   IMMER

SPRECHEN   AUFWACHEN

GELD   EIFERSUCHT   BRANDNEU

WIEDERGEFUNDEN   FUSSBALL   ALLEIN

VERGESSEN

Können Sie diese Frage beantworten? Dann schicken Sie Ihre Antwort direkt an uns.

Was ich ändern würde: *Das jeder eine Arbeit haben sollte! Das alle die gearbeitet haben eine gleiche Rente beziehen! Das armut auf der ganzen Welt gestopt wird. Das Politiker + Fabrik besitzer im Rahmen gehalten werden, sie brauchen keine Millionen! Das mehr für die Umwelt getan würde auf der ganzen Welt. Danke!*

ELTERN

Name: *Friedrich Stadon*

Straße: *Gertrudstr. 30*

PLZ/Ort: *46049 Oberhausen. 0208/804979. Telefon.*

ZUSAMMEN   HERZEN

LIEBLOSIGKEIT

VERKAUFT   NIE WIEDER   SCHNELLER

TOT

LACHEN

UMARMT

SCHÄMEN

GERUCH   HEIZEN   ANGEBEN   ESSEN   MUT

LANGEWEILE   LÄRM   JUDE

GEGESSEN   VERRAT

GEKRATZT   EINSAMKEIT   MORD

GERNE

ANGST

WENN DAS 20. JAHRHUNDERT NOCH EINMAL STATTFÄNDE, WAS WÜRDEN SIE ÄNDERN?

SCHLUSS

ARBEITEN   NASS   STÄRKER

NEID   GEHÖRT

HITZE

HILFLOSIGKEIT

GERUCH   FAHREN

ZERSTÖRT   SORGE   VORHER

ALKOHOL   FREMDE

NACKT   KALT

VERLOREN   GELB

SEHNSUCHT   UMSONST   WEINEN

FAMILIE   IMMER

LEID   LÜGE   LEIDENSCHAFT

AUFWACHEN

SPRECHEN   VOLL   GESCHMOLZEN   GELD

UMARMT   EIFERSUCHT

GETRÄUMT   BRANDNEU

GELD   WIEDERGEFUNDEN   1917

FUSSBALL   VERGESSEN

ALLEIN

Können Sie diese Frage beantworten? Dann schicken Sie Ihre Antwort direkt an uns.

Was ich ändern würde: *Gar nichts!*

Denn alle Leiden, alle Freuden gehören zum Leben. Wer sich diesen verschließt, sagt auch „Nein" zum Leben.

ELTERN

Leben heißt Nichtwissen und immer wieder die Entscheidung für eine von unzähligen Möglichkeiten.

Name: *Bertram Wiand*

Straße: *Köpersh. 37*

PLZ/Ort: *46149 Oberhausen - Sterkrade*

Möchten Sie, daß auch andere Menschen Ihre Meinung kennenlernen? Wir stellen alle Antworten in der Ausstellung ICH PHOENIX im Gasometer Oberhausen aus. Ihre Zeitungsseite erhalten Sie nach der Ausstellung von den Künstlern signiert zurück.

Das 20. Jahrhundert
© 1996 Esther und Jochen Gerz

ZUSAMMEN   HERZEN

LIEBLOSIGKEIT

An das Oberhausener Abendblatt, Im Lipperfeld 25, 46047 Oberhausen

Ja, ich habe geantwortet. Ich nehme an der Verlosung von 200 Freikarten für das Kunstereignis ICH PHOENIX im Gasometer Oberhausen teil.

VERKAUFT

NIE WIEDER

SCHNELLER

TOT

LACHEN
UMARMT   SCHÄMEN
HEIZEN   ANGEBEN   ESSEN   MUT
GERUCH   LÄRM   JUDE
LANGEWEILE
GEGESSEN   VERRAT   EINSAMKEIT   MORD
GEKRATZT   GERNE

ANGST

SCHLUSS

WENN DAS 20. JAHRHUNDERT NOCH EINMAL STATTFÄNDE, WAS WÜRDEN SIE ÄNDERN?

ARBEITEN   NASS   STÄRKER
NEID   GEHÖRT   HITZE   HILFLOSIGKEIT
GERUCH   FAHREN
ZERSTÖRT   SORGE   VORHER
ALKOHOL   FREMDE
NACKT   KALT
VERLOREN   GELD
SEHNSUCHT   UMSONST   WEINEN
IMMER
LEID   FAMILIE   LEIDENSCHAFT
AUFWACHEN
SPRECHEN   LÜGE   VOLL   GESCHMOLZEN   GELD   EIFERSUCHT
UMARMT   BRANDNEU
GELD   GETRÄUMT   1917
WIEDERGEFUNDEN   FUSSBALL   ALLEIN   VERGESSEN

Können Sie diese Frage beantworten? Dann schicken Sie Ihre Antwort direkt an uns.

Was ich ändern würde: _Ich würde gegen die Wiederbewaffnung Deutschlands nach dem Zweiten Weltkrieg eintreten und keine Rüstungsexporte gestatten. Darüberhinaus würde ich für einen Vorrang von umweltfreundlichen Verkehrsmitteln gegenüber dem PKW sorgen. Das wäre ein Beitrag für weniger Flächenversiegelung, weniger Schadstoffe und Verkehrstote und mehr Spielraum für Kinder. Ich würde überall Tempo... einrichten..._

ELTERN

Name: _SCHULTE JOACHIM_
Straße: _VEREINSTRASSE 20_
PLZ/Ort: _45468 MUELHEIM AN DER RUHR_

ZUSAMMEN   HERZEN
LIEBLOSIGKEIT

VERKAUFT   NIE WIEDER   SCHNELLER

TOT

LACHEN

UMARMT   SCHÄMEN

HEIZEN   ANGEBEN   ESSEN   MUT

GERUCH   LÄRM   JUDE

LANGEWEILE   GEGESSEN   VERRAT   EINSAMKEIT   MORD

GEKRATZT   GERNE

ANGST

SCHLUSS

WENN DAS 20. JAHRHUNDERT NOCH EINMAL STATTFÄNDE, WAS WÜRDEN SIE ÄNDERN?

ARBEITEN   NASS   STÄRKER

GEHÖRT

NEID   HILFLOSIGKEIT

ZERSTÖRT   HITZE   FAHREN   VORHER

GERUCH   SORGE   FREMDE

ALKOHOL   KALT

NACKT   GELB

VERLOREN

SEHNSUCHT   FAMILIE   UMSONST   WEINEN

LEID   LÜGE   LEIDENSCHAFT   IMMER

AUFWACHEN

SPRECHEN   VOLL   GESCHMOLZEN   GELD

UMARMT   EIFERSUCHT

GETRÄUMT   BRANDNEU

1917

GELD   WIEDERGEFUNDEN   FUSSBALL   ALLEIN   VERGESSEN

Können Sie diese Frage beantworten? Dann schicken Sie Ihre Antwort direkt an uns.

Was ich ändern würde: – das Zahlungsmittel Geld verbieten

– einen Weltmarkt schaffen

ELTERN   – gleiche Chancen für alle Menschen der Erde (Gleichheit)

– das Familienleben erhalten

– Kinder sollten bei politischen Entscheidungen mitziehen

– Hanf als Rohstoff der Industrie fördern

Name: Unkelbach Lutz

Straße: Natland 19

PLZ/Ort: 45478   Mülheim

Möchten Sie, daß auch andere Menschen Ihre Meinung kennenlernen? Wir stellen alle Antworten in der Ausstellung ICH PHOENIX im Gasometer Oberhausen aus. Ihre Zeitungsseite erhalten Sie nach der Ausstellung von den Künstlern signiert zurück.
Das 20. Jahrhundert
© 1996 Esther und Jochen Gerz

ZUSAMMEN   HERZEN

LIEBLOSIGKEIT

VERKAUFT   NIE WIEDER   SCHNELLER

TOT

An das Mülheimer Abendblatt, Reichstraße 37 - 39 · 45479 Mülheim
Ja, ich habe geantwortet. Verlosung von 200 Freikarten für das Kunstereignis ICH PHOENIX im Gasometer Oberhausen. Ich nehme an der Verlosung teil.

LACHEN

UMARMT

SCHÄMEN

HEIZEN   ANGEBEN

GERUCH   ESSEN   MUT

LANGEWEILE   LÄRM   JUDE

GEGESSEN   VERRAT

GEKRATZT   EINSAMKEIT   MORD

GERNE

ANGST

WENN DAS 20. JAHRHUNDERT NOCH EINMAL STATTFÄNDE, WAS WÜRDEN SIE ÄNDERN?

SCHLUSS

NASS   STÄRKER

GEHÖRT

ARBEITEN

NEID

HILFLOSIGKEIT

ZERSTÖRT

GERUCH   FAHREN

Deutschland und Österreich-Ungarn gewinnen den Ersten Weltkrieg, der Vertrag
von Brest-Litowsk behält Gültigkeit. Die Monarchie überschätzt ihren militärischen Sieg maßlos und scheitert schnell an den wachsenden sozialen Aufgaben.
Die Arbeiter revoltieren im Verbund mit den Angehörigen der im riesigen
Römischen Reich unterworfenen Nationalitäten und errichten auf dem Reichsgebiet eine multinationale Union von Räterepubliken unter der Präsidentschaft
von Kurt Eisner. England und Frankreich werden entschädigt und schließen sich
dankbar und unter dem Druck der eigenen Arbeiterbewegungen der paneuropäischen
Sowjetunion an.

FREMDE

Die USA werden vom glücklichen Europa isoliert und als das Land galabesesse-
ner Spießbürger ausgelacht. Der Dollar ist in Europa wertlos. So nehmen die
Amerikaner Handelsbeziehungen zu den längst unabhängigen ehemaligen Kolonien
Europas auf und sorgen für den Aufbau eines totalen und verantwortungslosen
Kapitalismus in allen nicht-europäischen Ländern der Erde.

KALT

Die industrielle Entwicklung in Europa stagniert bald, die Union verkommt
zu einem dekadenten Paradies sozialer Sicherheit, in dem die gewaltigen Kosten nicht mehr durch wirtschaftliche Erträge gedeckt werden können. Viele
Europäer werden neidisch auf den Wohlstand und technischen Fortschritt in
Amerika und Japan, und der Kontinent erlebt um 1960 eine gewaltige Konterrevolution, in dessen Folge Europa zum Billiglohnland der US-Wirtschaft degradiert wird.

VERLOREN

SEHNSUCHT

Nur in England wird die rote Fahne noch hochgehalten, Massen von sozialistischen Arbeitern wandern auf die Insel aus und sorgen für den Bestand eines
anspruchslosen Kommunismus, der den kontinentalen Modernisierungstrend nicht
mitmacht. In London treffen sich die Führer der revolutionären Bewegungen der
dritten Welt, die die jahrzehntelange Ausbeutung durch den Dollar rächen wollen. Während die wieder leistungsorientierten Europäer alles tun, um den gleichen Wohlstand wie die Amerikaner zu erreichen, formiert sich in Asien und
Afrika ein riesiges Heer von Armen und Ausgebeuteten, das nach einem Krieg
gegen die USA schreit. Nach sozialistischen Revolutionen in Indien und China
wird dort mit britischer Hilfe eine gigantische Rüstungsindustrie aufgebaut.
Eine Kriegserklärung an die USA in den 70er Jahren wird von Washington mit der
nuklearen Verwüstung weiter Teile Indiens und China beantwortet.

WEINEN

IMMER

AUFWACHEN

LEID

SPRECHE

EIFERSUCHT

ND NEU

Amerika wird nunmehr von der empörten Welt völlig isoliert, überall wird
die Dollar-Wirtschaft abgeschafft. Durch seine geographische Lage ist das
einst reiche Land noch sicher, zumal keine andere Weltmacht über Atomwaffen
verfügt. Doch die ohne die Ausbeutung der dritten Welt lebensunfähigen USA
verarmen, und die sozialen Spannungen werden unerträglich. Das Weiße Haus
kann die bevorstehende Niederlage der amerikanischen Idee nicht verschmerzen
und richtet voller Wut in der übrigen Welt einen nuklearen Holocaust an.

VERGESSEN

GELD

Nordamerika ist nun der einzige Platz auf der Erde, auf dem noch halbwegs
Leben möglich ist. Bald wird es von einem Treck der Überlebenden der alten
Welt heimgesucht, die mit Flößen von Sibirien nach Alaska übergesetzt sind.
Die folgenden Jahre sollen die letzten der Menschheit sein. In Amerika findet
bei Eiseskälte unter einem von Staubpartikeln verdunkelten Himmel ein grotesker Bürgerkrieg statt, bis auch dort radioaktive Verstrahlung das letzte
menschliche Leben endlich auslöscht.

Können Si

Was ich änd

ELTERN

_____

_____

_____

Name: _Markus Strauch_____

Straße: _Mühlenfeld 70_____

PLZ/Ort: _45472 Mülheim_____

ZUSAMMEN   HERZEN

LIEBLOSIGKEIT

VERKAUFT

NIE WIEDER

SCHNELLER

TOT

LACHEN
UMARMT
SCHÄMEN
HEIZEN ANGEBEN ESSEN MUT
GERUCH LÄRM JUDE
LANGEWEILE
GEGESSEN VERRAT EINSAMKEIT MORD
GEKRATZT GERNE

ANGST

SCHLUSS

WENN DAS 20. JAHRHUNDERT NOCH EINMAL STATTFÄNDE, WAS WÜRDEN SIE ÄNDERN?

ARBEITEN
NASS
STÄRKER
NEID GEHÖRT
HITZE
HILFLOSIGKEIT
GERUCH FAHREN
ZERSTÖRT
SORGE VORHER
ALKOHOL
FREMDE
NACKT
KALT
VERLOREN GELB
SEHNSUCHT UMSONST WEINEN
FAMILIE IMMER
LEID
LEIDENSCHAFT
LÜGE
AUFWACHEN
SPRECHEN
VOLL GESCHMOLZEN GELD
UMARMT BRANDNEU EIFERSUCHT
GETRÄUMT 1917
GELD WIEDERGEFUNDEN
FUSSBALL
ALLEIN
VERGESSEN

Können Sie diese Frage beantworten? Dann schicken Sie Ihre Antwort direkt an uns.

Was ich ändern würde: _____

ELTERN *[handschriftlich:] Jegliche Darstellung von Staat und Gemeinden per Grundgesetz für unzulässig erklären!*

Name: *CJ. Huber*

Straße: *Ap.-Paulus 21*

PLZ/Ort: *10825 Berlin*

Möchten Sie, daß auch andere Menschen Ihre Meinung kennenlernen? Wir stellen alle Antworten in der Ausstellung ICH PHOENIX im Gasometer Oberhausen aus. Ihre Zeitungsseite erhalten Sie nach der Ausstellung von den Künstlern zurück. Das 20. Jahrhundert signiert zurück.
© 1996 Esther und Jochen Gerz

ZUSAMMEN
HERZEN
LIEBLOSIGKEIT

VERKAUFT
NIE WIEDER

TOT

SCHNELLER

UMARMT　　　　　　　　　　　　　　LACHEN
　　　　　　SCHÄMEN
　　　　　　　　　　　HEIZEN　　　　ANGEBEN　　　　ESSEN　　　　　MUT
GERUCH
LANGEWEILE　　　　　　　　　　　　　　　　LÄRM　　　　　　　　　　　　JUDE
　　　　GEGESSEN　　　　　　VERRAT
　　　　　　　　　GEKRATZT　　　　　　　EINSAMKEIT　　MORD
　　　　　　　　　　　　　　　　　　　　　　　　　　　　GERNE

ANGST

WENN DAS 20. JAHRHUNDERT NOCH EINMAL STATTFÄNDE,
WAS WÜRDEN SIE ÄNDERN?

SCHLUSS

ARBEITEN　　　　　　　　　　　　　　　　　　　　　　　　　　NASS
　　　　　　　　　　　　　　　　　　　　　　　　　　　　　　STÄRKER
　　　　　　　　　　　　　　　　　　　　　　　　GEHÖRT
NEID

ZERSTÖRT　　　　　　　　　　　　　　　　　　　　　HILFLOSIGKEIT

　　　　　　　　　　　　　　　　　　　　　　　FREMDE

VERLOREN　　　　　　　　　　　　　　　　　　　KALT
SEHNSUCHT
　　　　　　　　　　　　　　　　　　UMSONST　　　　WEINEN
　　　　　　　　　　　　　　　　　　　　IMMER
LEID

　　　　　　　　　　　　　　　　　　　　　　AUFWACHEN
SPRECHE

　　　　　　　　　　　　　　　　　　　　EIFERSUCHT
　　　　　　　　　　　　　　　　　BRANDNEU
GELD　　WIEDERGEFUNDEN
　　　　　　　　　　　　　　FUSSBALL
　　　　　　　　　　　　　　　ALLEIN
　　　　　　　　　　　　　　　　　　　　VERGESSEN

Können Sie diese Frage beantworten? Dann schicken Sie Ihre Antwort direkt an uns.

Was ich ändern würde: (1) Die Erfindung und Erprobung
　　　　　　　　　　　von Atom-Waffen!
ELTERN　　　(2) Den Kapitalismus und den
　　　　　　　Faschismus endgültig abschaffen!
　　　　　　　(3) Alle Steuern, die in Rüstung und groß-
　　　　　　　technologien fließen, sofort in den
　　　　　　　Ökologischen Umbau der Gesellschaft
　　　　　　　stecken.

Name:　Hans-Georg Hötger
　　　　Schippersheide 35
Straße:　45475 Mülheim a. d. Ruhr
　　　　☎ (02 08) 75 85 97

PLZ/Ort:

Möchten Sie, daß auch andere Menschen
Ihre Meinung kennenlernen?
Wir stellen alle Antworten in der Ausstellung
ICH PHOENIX im Gasometer Oberhausen aus.
Ihre Zeitungsseite erhalten Sie nach der
Ausstellung von den Künstlern signiert zurück.
　Das 20. Jahrhundert
© 1996 Esther und Jochen Gerz

ZUSAMMEN　　　　　　　HERZEN

LIEBLOSIGKEIT

VERKAUFT
　　　　　NIE WIEDER

TOT

UMARMT
LACHEN
SCHÄMEN

Juden waren nicht unser Verhängnis, aber die atheistische Gesellschaft,

HEIZEN
ANGEBEN
GERUCH
ESSEN
MUT

LANGEWEILE
LÄRM

die den Arbeiter bevormundete.

JUDE
GEGESSEN
GEKRATZT
VERRAT
EINSAMKEIT
MORD
GERNE

ANGST

WENN DAS 20. JAHRHUNDERT NOCH EINMAL STATTFÄNDE,
WAS WÜRDEN SIE ÄNDERN?

SCHLUSS

ARBEITEN

NASS
STÄRKER
GEHÖRT

NEID
HILFLOSIGKEIT

HITZE
GERUCH
FAHREN

ZERSTÖRT
VORHER

Das ist meine Meinung, was ich ändern würde.

SORGE
ALKOHOL
FREMDE

NACKT

KALT

Leute in die Regierung wünschen, die umsonst wirtschaften immer können für Alle.

VERLOREN
SEHNSUCHT
GELB

LEID
FAMILIE
SONST
WEINEN
IMMER
LEIDENSCHAFT

AUFWACHEN

SPRECHEN
LÜGE
VOLL
GELD

GESCHMOLZEN
UMARMT
EIFERSUCHT
BRANDNEU

GETRÄUMT

1917

GELD
WIEDERGEFUNDEN
FUSSBALL
ALLEIN
VERGESSEN

Können Sie diese Frage beantworten? Dann schicken Sie Ihre Antwort direkt an uns.

Was ich ändern würde: *Ich würde eine Adelsregierung wollen. Anscheinend haben sich die Nazis mittels unseres Wirtschaftssystems versteckt und sind die Drahtzieher der Arbeitslosigkeit. Was man den Modernen nicht erzählt, ist uns die wir den 2. Weltkrieg mitmachten sonnenklar. Massenarbeitslosigkeit unbekämpft führt zwangsweise zur Diktatur. Man hört nur von neuen Gesetzen, aber nicht von Arbeit.*

ELTERN

Name: *Rosemarie Prömper*

Straße: *Friedrichstr. 64c*

PLZ/Ort: *Mülheim Ruhr.*

ZUSAMMEN
HERZEN
LIEBLOSIGKEIT

VERKAUFT
NIE WIEDER

Karten brand ich nicht, kann gesund ehrlich nicht viel aushalten

SCHNELLER

TOT

Das biblische "Ertraget einander" zum Schulfach machen -

Als Voraussetzung für jedweden Schulabschluß jeden Schulabgänger 1 Jahr ins Ausland schicken -

Als politisches Programm verkünden: "Tue etwas, worin Du Sinn erkennst und - tue es für andere!" (Chass. Weisheit)

Den Menschen klar machen, daß sie nicht im Sinne vermeintlich höherer Ordnungen, so sie denn Machtansprüche kaschieren, funktionieren dürfen, sondern daß sie sich kraft eigener Einsicht begeistern und erheben lassen!

Nationalismus abschaffen!

Die Vaterländerei abschaffen!

Die nationalen Grenzen abschaffen! Einheit in der Vielfalt suchen!

Produktion von Kriegswaffen verbieten!

Hunger, Vertreibung, Krankheit, Kinderarbeit, Verweigerung von Schulbildung ächten, Solidarität entwickeln -

Globale Verantwortung fördern! Umwelt als integrativen Teil des Ganzen bewahren! Betroffenheit für das Unglück anderer entwickeln!

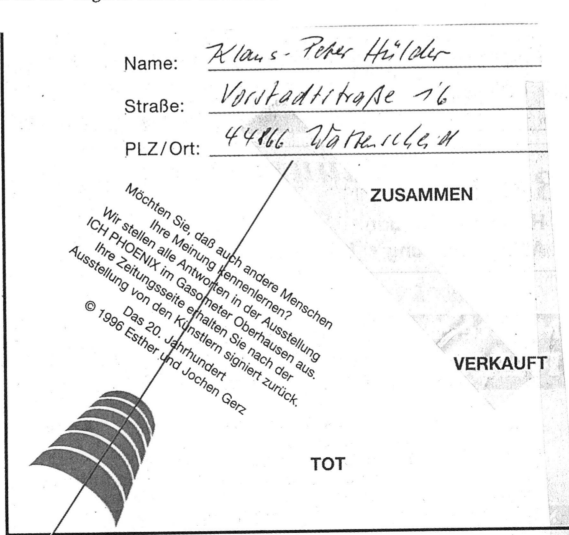

Name: Klaus-Peter Hülder

Straße: Vorstadtstraße 16

PLZ/Ort: 44866 Wattenscheid

ZUSAMMEN

VERKAUFT

TOT

Möchten Sie, daß auch andere Menschen Ihre Meinung kennenlernen? Wir stellen alle Antworten in der Ausstellung ICH PHOENIX im Gasometer Oberhausen aus. Ihre Zeitungsseite erhalten Sie nach der Ausstellung von den Künstlern signiert zurück.

Das 20. Jahrhundert
© 1996 Esther und Jochen Gerz

LACHEN

UMARMT   SCHÄMEN

HEIZEN   ANGEBEN   ESSEN   MUT

GERUCH

LANGEWEILE   LÄRM   JUDE

GEGESSEN   VERRAT   EINSAMKEIT   MORD

GEKRATZT   GERNE

ANGST

SCHLUSS

WENN DAS 20. JAHRHUNDERT NOCH EINMAL STATTFÄNDE, WAS WÜRDEN SIE ÄNDERN?

ARBEITEN   NASS   STÄRKER

NEID   HITZE   GEHÖRT

HILFLOSIGKEIT

FAHREN

ZERSTÖRT

FREMDE

GELB   KALT

VERLOREN   NACKT

SEHNSUCHT   1929

UMSONST   WEINEN

IMMER

LEID   BRANDNEU   LEIDENSCHAFT

FAMILIE   AUFWACHEN

ELTERN   UMARMT

SPRECHEN   VOLK   GELD

GESCHMOLZEN   EIFERSUCHT

WIEDERGEFUNDEN   GETRÄUMT

GELD   FUSSBALL

ALLEIN   VERGESSEN

Können Sie diese Frage beantworten? Dann schicken Sie Ihre Antwort direkt an uns.

Was ich ändern würde: _Nichts. Oder vielleicht doch noch eins. Ich selber persönlich? bitte Am 19. Mai 1919 ritt Mustafa Kemal Atatürk mit seinen Kriegern von Samsun aus in den Krieg. seitdem ist der 19. Mai auch heute ein nationaler Feiertag. Anstatt mit einem Panzer sind sie geritten und dadurch viele Menschen ums Leben gekommen._

Name: _Olgac, Metin_ | _Ich würde das auf 100%_

Straße: _Kleine- Hülskath 19_ | _umstellen. Keine Angriff, keine_

PLZ/Ort: _46149 Oberhausen_ | _Kriege, keine Opfer. Nur Frieden_

ZUSAMMEN   HERZEN

LIEBLOSIGKEIT

Möchten Sie, daß auch andere Menschen Ihre Meinung kennenlernen? Wir stellen alle Antworten in der Ausstellung ICH PHOENIX im Gasometer Oberhausen aus. Ihre Zeitungsseite erhalten Sie nach der Ausstellung von den Künstlern signiert zurück.
© 1996 Esther und Jochen Gerz
Das 20. Jahrhundert

An das Oberhausener Abendblatt, Im Lipperfeld 25, 46047 Oberhausen

Ja, ich habe geantwortet. Ich nehme an der Verlosung von 200 Freikarten für das Kunstereignis ICH PHOENIX im Gasometer Oberhausen teil.

VERKAUFT   NIE WIEDER

TOT

LACHEN

UMARMT

SCHÄMEN

HEIZEN   ANGEBEN   ESSEN   MUT

GERUCH   LÄRM   JUDE

LANGEWEILE   GEGESSEN   VERRAT   EINSAMKEIT   MORD

GEKRATZT   GERNE

ANGST

SCHLUSS

WENN DAS 20. JAHRHUNDERT NOCH EINMAL STATTFÄNDE, WAS WÜRDEN SIE ÄNDERN?

ARBEITEN   NASS   STÄRKER

NEID   HITZE   GEHÖRT

FAHREN   HILFLOSIGKEIT

ZERSTÖRT

FREMDE

GELB   KALT

VERLOREN   NACKT   *1929*

SEHNSUCHT   UMSONST   WEINEN

LEID   BRANDNEU   IMMER

LEIDENSCHAFT   AUFWACHEN

UMARMT   FAMILIE

SPRECHEN   ELTERN   VOLK   GELD   GESCHMOLZEN   EIFERSUCHT

WIEDERGEFUNDEN   *1933*   GETRÄUMT

GELD   FUSSBALL   ALLEIN   VERGESSEN

Können Sie diese Frage beantworten? Dann schicken Sie Ihre Antwort direkt an uns.

Was ich ändern würde: *Es ist sinnlos darüber nachzudenken, was man ändern würde, wenn das 20. Jahrhundert noch einmal stattfände. Wahrscheinlich würden die gleichen Ereignisse sich nur wiederholen. Viel wichtiger ist es zu fragen, was haben wir daraus gelernt und wie können wir dieses für die Zukunft nutzbringend anwenden.*

Name: *Sandra Hartung*

Straße: *Cäcilienstr. 24*

PLZ/Ort: *46 147 Oberhausen*

ZUSAMMEN

LIEBLOSIGKEIT   HERZEN

VERKAUFT

NIE WIEDER

TOT

LACHEN

UMARMT   SCHÄMEN

     HEIZEN   ANGEBEN   ESSEN   MUT

GERUCH   LÄRM   JUDE

LANGEWEILE   GEGESSEN   VERRAT   EINSAMKEIT   MORD

GEKRATZT   GERNE

ANGST

SCHLUSS

WENN DAS 20. JAHRHUNDERT NOCH EINMAL STATTFÄNDE, WAS WÜRDEN SIE ÄNDERN?

ARBEITEN   NASS   STÄRKER

NEID   HITZE   GEHÖRT

FAHREN   HILFLOSIGKEIT

ZERSTÖRT

1929

FREMDE

GELB   KALT

SORGE

SUPPE

VERLOREN   NACKT   UMSONST

SEHNSUCHT   WEINEN

LEID   IMMER

BRANDNEU   LEIDENSCHAFT

FAMILIE   AUFWACHEN

UMARMT

ELTERN   VOLK

SPRECHEN   GELD

GESCHMOLZEN   EIFERSUCHT

WIEDERGEFUNDEN   1933

GETRÄUMT

GELD   FUSSBALL   ALLEIN   VERGESSEN

Können Sie diese Frage beantworten? Dann schicken Sie Ihre Antwort direkt an uns.

Was ich ändern würde: _Den Kapitalismus abschaffen, gerechte Aufteilung der Arbeit, Wohnghettos (Betonbauten Hochhäuser abschaffen), Wohnsiedlungen bilden, damit alle einander kommunizieren können. Die Bundeswehr abschaffen, den sozialen Wohnungsbau fördern, soziale Einrichtungen für ältere, kranke Menschen fördern, Ausbildungsplätze für Jugendliche fördern, die rechten Parteien verbieten. Also mehr Menschlichkeit und Brüderlichkeit._

Name: _Karl-Heinz Olbers_

Straße: _Hochstr. 23a_

PLZ/Ort: _46117 Oberhausen_

ZUSAMMEN

LIEBLOSIGKEIT   HERZEN

VERKAUFT

NIE WIEDER _Krieg und braune Zeiten_

TOT

LACHEN

UMARMT   SCHÄMEN

    HEIZEN   ANGEBEN   ESSEN   MUT

GERUCH   LÄRM   JUDE

LANGEWEILE   GEGESSEN   VERRAT   EINSAMKEIT

GEKRATZT   MORD

GERNE

ANGST

WENN DAS 20. JAHRHUNDERT NOCH EINMAL STATTFÄNDE, WAS WÜRDEN SIE ÄNDERN?

SCHLUSS

ARBEITEN   NASS   STÄRKER

    HITZE   GEHÖRT

NEID

    FAHREN   HILFLOSIGKEIT

ZERSTÖRT

    FREMDE

GELB   KALT

NACKT   SUPPE

1929

VERLOREN

SEHNSUCHT   UMSONST   WEINEN

IMMER

LEID   BRANDNEU   LEIDENSCHAFT

FAMILIE   AUFWACHEN

UMARMT

SPRECHEN   ELTERN   VOLK   GELD

GESCHMOLZEN   EIFERSUCHT

WIEDERGEFUNDEN *1933*   GETRÄUMT   FUSSBALL

GELD   ALLEIN   VERGESSEN

Können Sie diese Frage beantworten? Dann schicken Sie Ihre Antwort direkt an uns.

Was ich ändern würde: Ich würde einen Beruf wählen, wo ich möglichst vielen Menschen vermitteln könnte, das Respekt, Freundlichkeit, Höflichkeit und Liebe nicht nur ethische „Begriffe" sondern feste Bausteine, u.a., für ein glückliches zufriedenes Leben sind. Ich würde mich viel eher auf der gesellschafts-politischen Ebene bewegen. Vielleicht hätte ich gute Ideen, die etwas zum Positiven ändern würden.

text by

Name: Dagmar Scheithauer

Straße: Sternstr. 21

PLZ/Ort: 46147 Oberhausen

Möchten Sie, daß auch andere Menschen Ihre Meinung kennenlernen? Wir stellen alle Antworten in der Ausstellung ICH PHOENIX im Gasometer Oberhausen aus. Ihre Zeitungsseite erhalten Sie nach der Ausstellung von den Künstlern signiert zurück.
© 1996 Das 20. Jahrhundert Esther und Jochen Gerz

ZUSAMMEN

LIEBLOSIGKEIT   HERZEN

VERKAUFT   NIE WIEDER

TOT

LACHEN

UMARMT   SCHÄMEN

HEIZEN   ANGEBEN   ESSEN   MUT

GERUCH   LÄRM

LANGEWEILE   GEGESSEN   VERRAT   JUDE

GEKRATZT   EINSAMKEIT   MORD

GERNE

ANGST

WENN DAS 20. JAHRHUNDERT NOCH EINMAL STATTFÄNDE, WAS WÜRDEN SIE ÄNDERN?

SCHLUSS

ARBEITEN   NASS   STÄRKER

HITZE   GEHÖRT

NEID

FAHREN   HILFLOSIGKEIT

ZERSTÖRT

FREMDE

GELB   KALT

VERLOREN

SEHNSUCHT   UMSONST   WEINEN

IMMER

LEID   LEIDENSCHAFT

AUFWACHEN

FAMILIE

UMARMT

SPRECHEN   GELD

GESCHMOLZEN   EIFERSUCHT

GETRÄUMT

GELD   FUSSBALL

ALLEIN   VERGESSEN

Können Sie diese Frage beantworten? Dann schicken Sie Ihre Antwort direkt an uns.

Was ich ändern würde: *Den Krieg brauchte ich "Gott sei Dank" nicht zu erleben.*
Doch besser is hätt' ihn gar nicht erst gegeben.
Ich wünschte, daß jedem Kind eine liebevolle Kindheit gegeben, so wie ich es konnte erleben.
Ein Deutschland gleich von Anfang an, hätte gespart so manchen "Geld-Tausch-Kampf".
Ich wünschte mir: Kein Geiz, keine Gier, kein eiriges Bestreben nur nach Macht und wenig ...
Länder vielleicht ohne Grenzen, Menschen alle gleich genannt.

Name: *Keine Kinder die mehr weinen, ob vor Hunger oder Leid, Verständnis zwischen*

Straße: *Jung und Alt.*

PLZ/Ort: *Woran liegt es, was ist falsch? Weshalb ist es um uns nur so kalt?*
Jedem Arbeit, weniger Angst, Keinen Haß auf Sonst-jemand,
auch ein bißchen ... und auch in der Ehe
Liebe. Viele Wünsche sind genannt, doch
Einiges liegt auch in Deiner Hand.

ZUSAMMEN

HERTEN

Möchten Sie, daß wir
Ihre Meinung
Wir stellen alle Antworten
ICH PHOENIX im Gasometer Oberhausen aus.
Ihre Zeitungsseite erhalten Sie nach der
Das 20. Jahrhundert signiert zurück.
© 1996 Esther und Jochen Gerz

VERKAUFT

NIE WIEDER

TOT

LACHEN

UMARMT   SCHÄMEN

GERUCH   HEIZEN   ANGEBEN   ESSEN   MUT

LANGEWEILE   LÄRM   JUDE

GEGESSEN   VERRAT

GEKRATZT   EINSAMKEIT   MORD

GERNE

ANGST

WENN DAS 20. JAHRHUNDERT NOCH EINMAL STATTFÄNDE, WAS WÜRDEN SIE ÄNDERN?

SCHLUSS

ARBEITEN   NASS   STÄRKER

HITZE   GEHÖRT

NEID   HILFLOSIGKEIT

FAHREN

ZERSTÖRT

FREMDE

GELB   KALT

SORGE

SUPPE

NACKT

VERLOREN

1929

SEHNSUCHT   UMSONST   WEINEN

IMMER

LEID   BRANDNEU   LEIDENSCHAFT

FAMILIE   AUFWACHEN

UMARMT

SPRECHEN   ELTERN   VOLK   GELD

GESCHMOLZEN   EIFERSUCHT

WIEDERGEFUNDEN   1933   GETRÄUMT

GELD   FUSSBALL

ALLEIN

VERGESSEN'

Können Sie diese Frage beantworten? Dann schicken Sie Ihre Antwort direkt an uns.

Was ich ändern würde: *Ich möchte mehr Spaß sol Spielplätze Ich möchte ~~gar~~ weniger das keine Autos fahren*

Name: *Inga-Maria Scheithauer*

Straße: *Stern Str 21*

PLZ/Ort: *46147 Oberhausen*

Möchten Sie, daß auch andere Menschen Ihre Meinung kennenlernen? Wir stellen alle Antworten in der Ausstellung ICH PHOENIX im Gasometer Oberhausen aus. Ihre Zeitungsseite erhalten Sie nach der Ausstellung von den Künstlern signiert zurück. © 1996 Esther und Jochen Gerz. Das 20. Jahrhundert

ZUSAMMEN

LIEBLOSIGKEIT   HERZEN

VERKAUFT

NIE WIEDER

TOT

UMARMT   LACHEN

SCHÄMEN

GERUCH   HEIZEN   ANGEBEN   ESSEN   MUT

LANGEWEILE   LÄRM   JUDE

GEGESSEN   VERRAT   EINSAMKEIT   MORD

GEKRATZT   GERNE

ANGST

WENN DAS 20. JAHRHUNDERT NOCH EINMAL STATTFÄNDE, WAS WÜRDEN SIE ÄNDERN?

SCHLUSS

NASS   STÄRKER

ARBEITEN

HITZE   GEHÖRT

NEID

HILFLOSIGKEIT

FAHREN

ZERSTÖRT

GERUCH

ALKOHO

FREMDE

GELB   KALT

SORGE

SUPPE

VERLOREN   NACKT

SEHNSUCHT   *1929*

UMSONST

WEINEN

LEID   BRANDNEU

IMMER

LUG

FAMILIE   LEIDENSCHAFT

AUFWACHEN

UMARMT

SPRECHEN   ELTERN   VOLK   GELD

GESCHMOLZEN   EIFERSUCHT

WIEDERGEFUNDEN   *1933*   GETRÄUMT

GELD   FUSSBALL

ALLEIN

VERGESSEN

Können Sie diese Frage beantworten? Dann schicken Sie Ihre Antwort direkt an uns.

Was ich ändern würde:

1966 das Tor
im WM-Fußball-Finale
Deutschland-England
das zum 2 zu 3 führte!

Name:

Straße: Andreas Kress,
Inselstrasse 5,
46149 Oberhausen

PLZ/Ort:

Möchten Sie, daß auch andere Menschen
Ihre Meinung kennenlernen?
Wir stellen alle Antworten in der
ICH PHOENIX im Gasometer Oberhausen aus.
Ihre Zeitungsseite erhalten Sie nach der
Ausstellung von den Künstlern zurück.
Das 20. Jahrhundert signiert zurück.
© 1996 Esther und Jochen Gerz

LIEBLOSIGKEIT   HERZEN

VERKAUFT   NIE WIEDER

TOT

UMARMT
Arme

SCHÄMEN *Scham*

LACHEN
anlachen

GERUCH *riechen*

HEIZEN
einheizen

ANGEBEN
womit?

ESSEN
satt

MUT
Mumut

LANGEWEILE

LÄRM
nicht hören

JUDE
mein

GEGESSEN
werden

GEKRATZT
kratzen

VERRAT
Verräter

EINSAMKEIT
Zweisamkeit

MORD
Mordfall

GERNE
viel lieber

ANGST
Urangst

SCHLUSS
Anfang

WENN DAS 20. JAHRHUNDERT NOCH EINMAL STATTFÄNDE, WAS WÜRDEN SIE ÄNDERN?

ARBEITEN
Arbeitgeber

NASS
tropfnass

STÄRKER
stark

HITZE
Frau

GEHÖRT
hören

NEID
Neider

FAHREN
bleiben

HILFLOSIGKEIT
helfen

ZERSTÖRT
stören

GELB
grün

FREMDE
Fremder

KALT
Gefühlskalt

sorgen

VERLOREN

SEHNSUCHT
wonach?

UMSONST
Sinn

WEINEN
Tränen

IMMER –
nie wieder!

LEID
Mitleid

LEIDENSCHAFT
Lebenseifer

FAMILIE
lieben

AUFWACHEN
und dann?

UMARMT,
aber ehrlich.

SPRECHEN
Wände?

GELD
haben

GESCHMOLZEN
Kälte

EIFERSUCHT
*die man mit
eifer sucht!*

GELD
gebrauchen

GETRÄUMT
Traum.

FUSSBALL
Eigentor!

ALLEIN
ganz viele

VERGESSEN –
wen?

Können Sie diese Frage beantworten? Dann schicken Sie Ihre Antwort direkt an uns.

Was ich ändern würde: _____ *Anonym!*

_____

*Wenn wir in einem anderen Jahrhundert
leben würden, dann würden wir unser Leben
mit anderen Menschen teilen. Jetzt können
wir nur nicken und lachen und Tausenden
von Zeitgenossen guten Tag sagen.*

Name: _____

Straße: _____

PLZ/Ort: _____

Möchten Sie, daß auch andere Menschen Ihre Meinung kennenlernen?
Wir stellen alle Antworten in der Ausstellung ICH PHOENIX im Gasometer Oberhausen aus.
Ihre Zeitungsseite erhalten Sie nach der Ausstellung von den Künstlern signiert zurück.
Das 20. Jahrhundert © 1996 Esther und Jochen Gerz

ZUSAMMEN
allein

HERZEN
krank

LIEBLOSIGKEIT
Einfrieren

VERKAUFT
Politik

NIE WIEDER,
*dann paßt gut
auf!*

TOT –
noch nicht!

LACHEN

UMARMT   SCHÄMEN

HEIZEN   ANGEBEN   ESSEN   MUT

GERUCH

LANGEWEILE   LÄRM   JUDE

GEGESSEN   VERRAT

GEKRATZT   EINSAMKEIT   MORD

GERNE

ANGST

WENN DAS 20. JAHRHUNDERT NOCH EINMAL STATTFÄNDE, WAS WÜRDEN SIE ÄNDERN?

SCHLUSS

ARBEITEN   NASS   STÄRKER

HITZE   GEHÖRT

NEID

FAHREN   HILFLOSIGKEIT

ZERSTÖRT

FREMDE

GELB   KALT

SORGE

SUPPE

VERLOREN   NACKT   1929

SEHNSUCHT   UMSONST

WEINEN

LEID   BRANDNEU   IMMER

LEIDENSCHAFT

FAMILIE

ELTERN   UMARMT   AUFWACHEN

SPRECHEN   VOLK   GELD

GESCHMOLZEN   EIFERSUCHT

WIEDERGEFUNDEN   GETRÄUMT

GELD   FUSSBALL

ALLEIN   VERGESSEN

Können Sie diese Frage beantworten? Dann schicken Sie Ihre Antwort direkt an uns.

Was ich ändern würde: *Den Computer und Fernseher „Glotze" auf den Müllhaufen der Geschichte werfen*

Der Grund: Beide verhindern echte personale Kommunikation; sie verurteilen die Menschen zu stummen Fischen!

Name: Hans-Georg Hötger
Schippersheide 35
Straße: 45475 Mülheim a. d. Ruhr
☎ (02 08) 75 85 97
PLZ/Ort:

Möchten Sie daß auch andere Menschen
Ihre Meinung kennenlernen?
Wir stellen alle Antworten in der Ausstellung
ICH PHOENIX im Gasometer Oberhausen aus.
Ihre Zeitung. Sie erhalten Sie nach der
Ausstellung von den Künstlern signiert zurück.
Das 20. Jahrhundert
© 1996 Esther und Jochen Gerz

HERZEN

Glotz' mich nicht so blöd' an.

VERKAUFT   NIE WIEDER

TOT

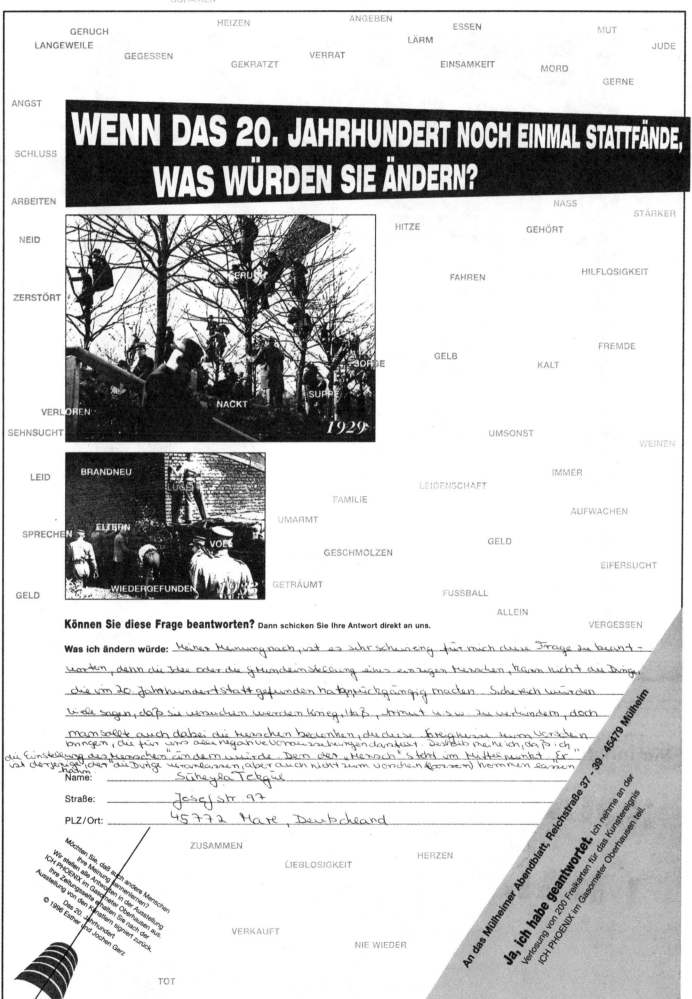

WENN DAS 20. JAHRHUNDERT NOCH EINMAL STATTFÄNDE, WAS WÜRDEN SIE ÄNDERN?

Können Sie diese Frage beantworten? Dann schicken Sie Ihre Antwort direkt an uns.

Was ich ändern würde: *[handschriftlich]* Meiner Meinung nach, ist es sehr schwierig für mich diese Frage zu beantworten, denn die Idee oder die Grundeinstellung eines einzigen Menschen, kann nicht die Dinge, die im 20. Jahrhundert stattgefunden haben rückgängig machen. Sicher werden viele sagen, daß sie versuchen werden Krieg, Haß, Armut usw. zu verhindern, doch man sollte auch dabei die Menschen bedenken, die diese Ereignisse zum Vorschein bringen, die für uns alle negative Voraussetzungen darstellt. Deshalb meine ich, daß ich die Einstellung des Menschen ändern würde. Denn der „Mensch" steht im Mittelpunkt. „Er" ist derjenige, der die Dinge veranlassen, aber auch nicht zum Vorschein kommen lassen kann.

Name: *Süheyla Tekgül*

Straße: *Josefstr. 97*

PLZ/Ort: *45772 Marl, Deutschland*

Möchten Sie, daß auch andere Menschen Ihre Meinung kennenlernen? Wir stellen alle Antworten in der Ausstellung ICH PHOENIX im Gasometer Oberhausen aus. Ihre Zeitungsseite erhalten Sie nach der Ausstellung von den Künstlern signiert zurück. © 1996 Esther und Jochen Gerz · Das 20. Jahrhundert

An das Mülheimer Abendblatt, Reichstraße 37 - 39 · 45479 Mülheim

Ja, ich habe geantwortet. Ich nehme an der Verlosung von 200 Freikarten für das Kunstereignis ICH PHOENIX im Gasometer Oberhausen teil.

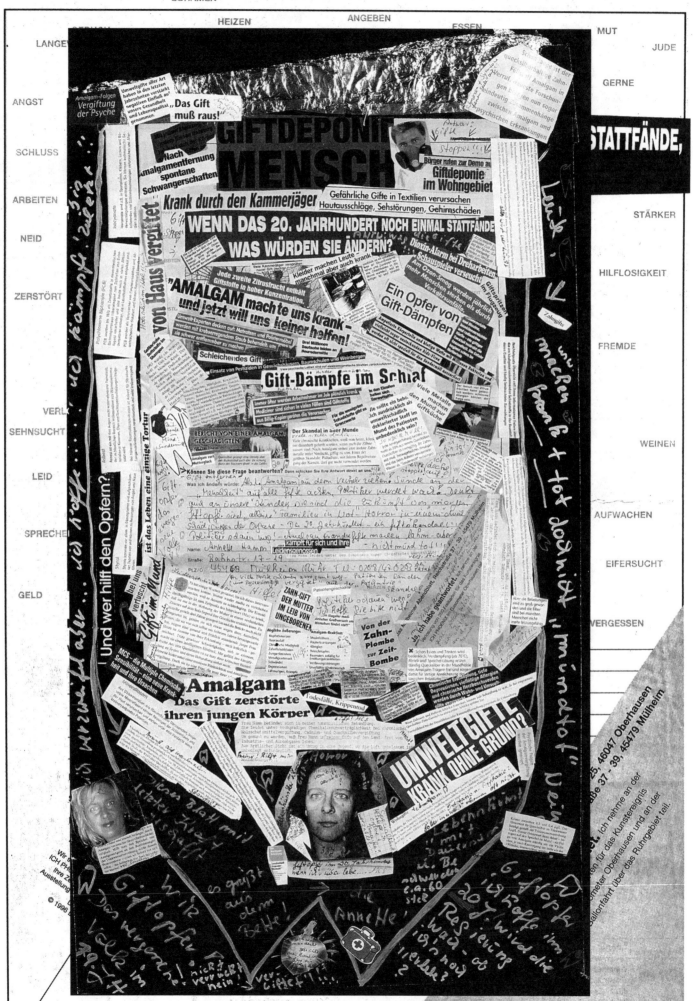

LACHEN

UMARMT   SCHÄMEN

HEIZEN   ANGEBEN   ESSEN   MUT

GERUCH   LÄRM   JUDE

LANGEWEILE   GEGESSEN   VERRAT

GEKRATZT   EINSAMKEIT   MORD

GERNE

ANGST

WENN DAS 20. JAHRHUNDERT NOCH EINMAL STATTFÄNDE, WAS WÜRDEN SIE ÄNDERN?

SCHLUSS

ARBEITEN

NASS

STÄRKER

NEID   HITZE   GEHÖRT

FAHREN   HILFLOSIGKEIT

ZERSTÖRT

FREMDE

GELB   KALT

VERLOREN   NACKT   SUPPE

SEHNSUCHT   1929

UMSONST

WEINEN

LEID   BRANDNEU

IMMER

LEIDENSCHAFT

FAMILIE

AUFWACHEN

UMARMT

SPRECHEN   ELTERN

GELD

GESCHMOLZEN

EIFERSUCHT

GELD   WIEDERGEFUNDEN 1933

Können Sie diese Frage beantworten? □

Was ich ändern würde: _____

VERGESSEN

Das bin ICH. Normal. Neutral. Stolz meiner Eltern.
"Das ist ein guter Kumpel." (Er hat Dread-Lock`s)
"Der ist schmuddelig, dreckig,arbeitslos.Mit DEM gibst Du dich
nicht mehr ab."
"Das ist mein Freund." (Er ist schwarz)
"Neger, Du verstehen Deutsch? Ja? Hände weg von meiner Tochter!"
"Das ist meine beste Freundin." (Sie trägt Hippie-Klamotten)
"Ach, eine Drogen-Konsumentin; sie betritt von nun an nicht mehr
dieses Haus!"
Das bin Ich. Ohne meine bisherigen Freunde. Versuche stets, meinen
Eltern alles recht zu machen.
"Das ist mein neuer Freund." (Bank-Angestellter, Anzug,Krawatte,
langweilig, spießig, beurteilt Menschen nach ihren materiellen
Äußerlichkeiten, kann "Polaken", "Itaker", "Dönerfresser" und
"Nigger" nicht leiden)
"Komm doch herein, bleib zum Abendessen!" Und leise zu mir:
"Einen wirklich guten Fang hast Du da gemacht!"

Die wichtigste Veränderung,die im 20.Jahrhundert eintreten müßte,
wäre die Beseitigung von INTOLERANZ, RASSISMUS und VORURTEILEN!!!

Jenny Makowski

Name: *Jenny Makowski*

Straße: *Georg-Herweghstr.39*

PLZ/Ort: *45772 Marl*

Möchten Sie, daß auch andere Menschen
Ihre Meinung kennenlernen?
Wir stellen alle Antworten in der Ausstellung
ICH PHOENIX im Gasometer Oberhausen aus.
Ihre Zeitungsseite erhalten Sie nach der
Ausstellung von den Künstlern signiert zurück.
© 1996 Esther und Jochen Gerz
Das 20. Jahrhundert

ZUSAMMEN

HERZEN

LIEBLOSIGKEIT

VERKAUFT

NIE WIEDER

TOT

<u>Was ich am 20. Jahrhundert ändern würde</u>

Zunächst einmal möchte ich feststellen, daß ich nichts von
dem ändern würde, was mit meinen persönlichen Erlebnissen
und/oder Entscheidungen zu tun hat, da jede meiner Erfahrungen für mich eine wertvolle Erfahrung war, egal ob sie in der
betreffenden Situation positiv oder negativ war.
Vielmehr würde ich in so Sachen wie z.B. der Umweltverschmutzung
Änderungen vornehmen, so daß diese möglichst gering bleibt bzw.
sogar überhaupt nicht auftritt. Ansätze hierfür wären z.B. die
frühzeitige Nutzung von Sonnen-, Wind- und Wasserenergie oder
das Aufkommen der FCKW-Treibmittel von vornherein zu unterbinden.

Paul Sengalski
Bonifatiusstr. 29
45768 Marl

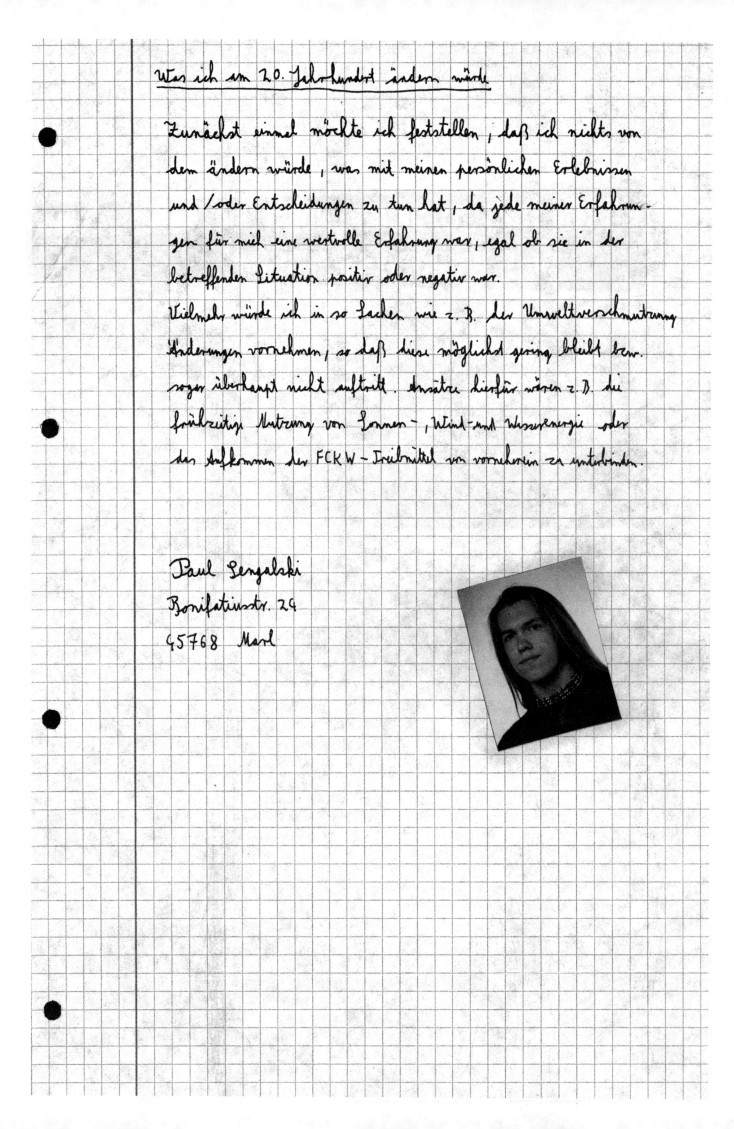

LACHEN

UMARMT   SCHÄMEN

HEIZEN   ANGEBEN   ESSEN   MUT

GERUCH   LÄRM   JUDE

LANGEWEILE   GEGESSEN   VERRAT   EINSAMKEIT

GEKRATZT   MORD   GERNE

ANGST

SCHLUSS

WENN DAS 20. JAHRHUNDERT NOCH EINMAL STATTFÄNDE, WAS WÜRDEN SIE ÄNDERN?

ARBEITEN   NASS   STÄRKER

NEID   HITZE   GEHÖRT

HILFLOSIGKEIT

FAHREN

ZERSTÖRT

1929

FREMDE

GELB   KALT

SORGE   SUPPE   NACKT

VERLOREN

SEHNSUCHT   UMSONST   WEINEN

BRANDNEU   1933

LEID   IMMER

LEIDENSCHAFT

FAMILIE   AUFWACHEN

UMARMT

ELTERN   VOLL   GELD

SPRECHEN   GESCHMOLZEN   EIFERSUCHT

WIEDERGEFUNDEN   GETRÄUMT

GELD   FUSSBALL

ALLEIN   VERGESSEN

Können Sie diese Frage beantworten? Dann schicken Sie Ihre Antwort direkt an uns.

Was ich ändern würde: *ich hätte, wenn ich könnte die Gesetze sofort zum Beginn des Jahrhunderts geändert, die Kriege wären vermieden worden, die Frauen hätten eher das Wahlrecht, die Neo-Nazis Leute hätten dann kein Vorbild und diese Gesamten Ausbrüche hätten verhindert werden, die Wirtschaft hätte so gemanagt werden müssen, daß es keine Arbeitslose, Verschuldung des Staates und Einsparungen im Sozialwesen und Bildungswesen geben würde, ich hätte die Aufklärung früher, viel intensiver betrieben, ebenso auch die Forschung für die Umwelt, Verhütung, Energie-Technik, Medizin, Abwasserentsorgung, Düngemittel sowie allgemein alternativen zu chem. Mittel, die sich als schädlich herausgestellt haben und Alternativen, die den Raubbau an der Natur verhindert hätten.*

Name: *Corinna Mackiewicz*

Straße: *Rappaportstr. 12*

PLZ/Ort: *45676 Marl*

ZUSAMMEN

HERZEN   LIEBLOSIGKEIT

VERKAUFT   NIE WIEDER

TOT

LACHEN

UMARMT   SCHÄMEN

HEIZEN   ANGEBEN

GERUCH   ESSEN   MUT

LANGEWEILE   GEGESSEN   LÄRM   JUDE

GEKRATZT   VERRAT   EINSAMKEIT   MORD

GERNE

ANGST

SCHLUSS

WENN DAS 20. JAHRHUNDERT NOCH EINMAL STATTFÄNDE, WAS WÜRDEN SIE ÄNDERN?

NASS

ARBEITEN   STÄRKER

HITZE   GEHÖRT

NEID

HILFLOSIGKEIT

FAHREN

ZERSTÖRT

GELB   FREMDE

SORGE   KALT

SUPPE

NACKT

1929

VERLOREN

SEHNSUCHT   UMSONST

WEINEN

IMMER

LEID   LEIDENSCHAFT

FAMILIE   AUFWACHEN

UMARMT

SPRECHEN   GELD

GESCHMOLZEN   EIFERSUCHT

GELD   GETRÄUMT   FUSSBALL

ALLEIN   VERGESSEN

1933

Können Sie diese Frage beantworten? Dann schicken Sie Ihre Antwort direkt an uns.

Was ich ändern würde: *Mehr als 25230 Tage habe ich glücklich überstanden, ohne Reichtum und Armut, mit Freude und Leid, Gesundheit und Krankheit, mit Gottvertrauen; — Ich habe nicht das Rad der Geschichte zurückdrehen können, ich wollte es auch nicht! Wenn morgen wieder ein Tag für mich beginnt, und wenn es das 20. J.H. nochmals wäre, ich würde nichts ändern wollen. Take it easy — laissez passé, vielleicht ein wenig mehr Humor!*

Name: *ALFRED THEILE*

Straße: *LOTHRINGER WEG 4*

PLZ/Ort: *45481 MÜLHEIM AN DER RUHR*

ZUSAMMEN

LIEBLOSIGKEIT   HERZEN

VERKAUFT

NIE WIEDER

TOT

LACHEN

UMARMT   SCHÄMEN

ANGEBEN

HEIZEN   ESSEN   MUT

GERUCH   LÄRM

LANGEWEILE   JUDE

GEGESSEN   VERRAT   EINSAMKEIT   MORD

GEKRATZT   GERNE

ANGST

SCHLUSS

WENN DAS 20. JAHRHUNDERT NOCH EINMAL STATTFÄNDE, WAS WÜRDEN SIE ÄNDERN?

ARBEITEN

NASS   STÄRKER

NEID   HITZE   GEHÖRT

FAHREN   HILFLOSIGKEIT

ZERSTÖRT

GERUCH   FREMDE

KOHL   GELB   KALT

SORGE

NACKT   SUPPE

1929

VERLOREN

SEHNSUCHT   UMSONST   WEINEN

IMMER

LEID   BRANDNEU   LEIDENSCHAFT

FAMILIE   AUFWACHEN

SPRECHEN   ELTERN   UMARMT   GELD

VOLK   GESCHMOLZEN   EIFERSUCHT

WIEDERGEFUNDEN *1933*   GETRÄUMT   FUSSBALL

GELD   ALLEIN   VERGESSEN

Können Sie diese Frage beantworten? Dann schicken Sie Ihre Antwort direkt an uns.

Was ich ändern würde: _____

Nach 1945 von den Kulturverantwortlichen Politikern die Wiedereinführung der Deutschen Schreibschrift fordern!

Name: *J. Huber*

Straße: *Ap.-Paulus 21*

PLZ/Ort: *10825 Berlin*

ZUSAMMEN

LIEBLOSIGKEIT   HERZEN

VERKAUFT

NIE WIEDER

TOT

UMARMT LACHEN SCHÄMEN

HEIZEN ANGEBEN ESSEN MUT

GERUCH LÄRM JUDE

LANGEWEILE GEGESSEN VERRAT EINSAMKEIT MORD

GEKRATZT GERNE

ANGST

SCHLUSS

WENN DAS 20. JAHRHUNDERT NOCH EINMAL STATTFÄNDE, WAS WÜRDEN SIE ÄNDERN?

ARBEITEN NASS STÄRKER

HITZE GEHÖRT

NEID FAHREN HILFLOSIGKEIT

ZERSTÖRT

FREMDE

GELB KALT

VERLOREN NACKT SUPPE 1929

SEHNSUCHT UMSONST WEINEN

LEID BRANDNEU IMMER

LEIDENSCHAFT

FAMILIE AUFWACHEN

SPRECHEN ELTERN UMARMT GELD

GESCHMOLZEN EIFERSUCHT

GELD WIEDERGEFUNDEN 1933 GETRÄUMT FUSSBALL

ALLEIN VERGESSEN

Können Sie diese Frage beantworten? Dann schicken Sie ihre Antwort direkt an uns.

Was ich ändern würde: _____

Die Herzen der Regierenden

Name: Franz Firla

Straße: Lindenhof 23 B

PLZ/Ort: 45481 Mülheim an der Ruhr

ZUSAMMEN

LIEBLOSIGKEIT HERZEN

Möchten Sie, daß auch andere Menschen ihre Meinung kennenlernen? Wir stellen alle Antworten in der Ausstellung ICH PHOENIX im Gasometer Oberhausen und ihre Zeitungsseite schicken Sie nach der Ausstellung von den Künstlern signiert zurück. Das 20. Jahrhundert © 1996 Esther und Jochen Gerz

An das Mülheimer Abendblatt, Reichstraße 37 - 39 · 45479 Mülheim

Ja, ich habe geantwortet. Ich nehme an der Verlosung von 200 Freikarten für das Kunstereignis ICH PHOENIX im Gasometer Oberhausen teil.

VERKAUFT NIE WIEDER

TOT

SPRECHEN

VOLL

GESCHMOLZEN

GELD

EIFERSUCHT

GELD WIEDERGEFUNDEN GETRÄUMT

FUSSBALL

ALLEIN

VERGESSEN

Können Sie diese Frage beantworten? Dann schicken Sie Ihre Antwort direkt an uns.

Was ich ändern würde: *Global keine Kriege, somit kein Wettrüsten, keine Nuklearversuche, keine Umweltzerstörung, keine Vertreibung, keine Verfolgung, keine Folterung, keine Vergewaltigung, kein Hunger, keine Not, keine Intrigen, kein Fremdenhass, keine Massen-*

HUT

morde . . . . . .

Dafür aber sinnvoller und behutsamer Umgang mit allen

Name: *Blödorn, Christa* *Ressourcen!*

Straße: *Lothringer Str. 139*

PLZ/Ort: *46045 Oberhausen*

ZUSAMMEN

LIEBLOSIGKEIT

HERZEN

VERKAUFT

NIE WIEDER

TOT

LACHEN

UMARMT

SCHÄMEN

ANGEBEN

HEIZEN   ESSEN   MUT

GERUCH

LANGEWEILE   LÄRM   JUDE

GEGESSEN   VERRAT   EINSAMKEIT   MORD

GEKRATZT   GERNE

ANGST

SCHLUSS

WENN DAS 20. JAHRHUNDERT NOCH EINMAL STATTFÄNDE, WAS WÜRDEN SIE ÄNDERN?

ARBEITEN   NASS   STÄRKER

GEHÖRT

NEID

HILFLOSIGKEIT

ZERSTÖRT   HITZE

GERUCH   FAHREN

ALKOHOL   FREMDE

SORGE   GELB   KALT

NACKT   SUPPE

VERLOREN   UMSONST

SEHNSUCHT   WEINEN

BRANDNEU   IMMER

LEID   LÜGE   LEIDENSCHAFT

FAMILIE   AUFWACHEN

UMARMT

SPRECHEN   ELTERN   VOLL   1945   GELD

GESCHMOLZEN   EIFERSUCHT

GELD   WIEDERGEFUNDEN   GETRÄUMT   FUSSBALL   ALLEIN   VERGESSEN

Können Sie diese Frage beantworten? Dann schicken Sie Ihre Antwort direkt an uns.

Was ich ändern würde: _____

Ich denke das 20. Jhdt. ist wie seine Menschen, so wie jedes Jhdt, jedes Jahr, jeder Monat ... durch die Menschen, die diesen Planeten bewohnen, geprägt wird. Also würde ich die Menschen ändern. Vor allem sollte die Devise für alles lauten "erst denken, dann handeln". Viele Dinge lassen sich

Name: _Rana Ausundik_

Straße: _Alleestr. 94_

PLZ/Ort: _46049 Oberhausen_

... wohl auch uns ändern, wenn nicht das GELD, sondern das "LEBEN" im Vordergrund stünde! Außerdem müßte der Mensch in seinen Grundversorgungen ... sozialer + pazifistischer sein. Dann werden wir wohl nicht mehr ... Rana

ZUSAMMEN   HERZEN   HILFLOSIGKEIT

VERKAUFT   NIE WIEDER

LACHEN

UMARMT   SCHÄMEN

GERUCH   HEIZEN   ANGEBEN   ESSEN   MUT

LANGEWEILE   LÄRM   JUDE

GEGESSEN   VERRAT   EINSAMKEIT   MORD

GEKRATZT   GERNE

ANGST

WENN DAS 20. JAHRHUNDERT NOCH EINMAL STATTFÄNDE, WAS WÜRDEN SIE ÄNDERN?

SCHLUSS

NASS   STÄRKER

GEHÖRT

ARBEITEN

NEID   HITZE   HILFLOSIGKEIT

GERUCH   FAHREN

ZERSTÖRT

ALKOHOL   FREMDE

GELB   KALT

SORGE

SUPPE

NACKT

VERLOREN   UMSONST   WEINEN

SEHNSUCHT

IMMER

LEID   BRANDNEU   LÜGE   LEIDENSCHAFT   AUFWACHEN

FAMILIE

SPRECHEN   ELTERN   UMARMT   GELD

VOLL   1945   EIFERSUCHT

GESCHMOLZEN

GETRÄUMT

GELD   WIEDERGEFUNDEN   FUSSBALL

ALLEIN   VERGESSEN

Können Sie diese Frage beantworten? Dann schicken Sie Ihre Antwort direkt an uns.

Was ich ändern würde: Es ärgert mich, daß in unserer deutschen Sprache vermehrt

englische Wörter aufgenommen werden. So ist zum Beispiel

Kids anstelle von Kinder immer häufiger im Sprachgebrauch.

Wenn jeder auf seine Wortwahl achten würde, könnten wir

das verändern.

Name: Angelika Bischof

Straße: Schützenstraße 7

PLZ/Ort: 46119 Oberhausen

Möchten Sie, daß auch andere Menschen
Ihre Meinung kennenlernen?
Wir stellen alle Antworten in der Ausstellung
ICH PHOENIX im Gasometer Oberhausen aus.
Ihre Zeitungsseite erhalten Sie nach der
Ausstellung von den Künstlern signiert zurück.
© 1996 Esther und Jochen Gerz
Das 20. Jahrhundert

An das Oberhausener Abendblatt, Im Lipperfeld 25, 46047 Oberhausen

Ja, ich habe geantwortet. Ich nehme an der
Verlosung von 200 Freikarten für das Kunstereignis
ICH PHOENIX im Gasometer Oberhausen und an der
Verlosung einer Ballonfahrt über das Ruhrgebiet teil.

ZUSAMMEN   HERZEN

LIEBLOSIGKEIT

VERKAUFT   NIE WIEDER

TOT

LACHEN

UMARMT   SCHÄMEN

HEIZEN   ANGEBEN   ESSEN   MUT

GERUCH   LÄRM

LANGEWEILE   GEGESSEN   VERRAT   EINSAMKEIT   MORD   JUDE

GEKRATZT   GERNE

ANGST

WENN DAS 20. JAHRHUNDERT NOCH EINMAL STATTFÄNDE, WAS WÜRDEN SIE ÄNDERN?

SCHLUSS

NASS

STÄRKER

ARBEITEN   GEHÖRT

NEID   HITZE

HILFLOSIGKEIT

ZERSTÖRT   GERUCH   FAHREN

ALKOHOL   GELB   FREMDE

SORGE   KALT

SUPPE

NACKT

VERLOREN   UMSONST

SEHNSUCHT   WEINEN

BRANDNEU   IMMER

LEID   LÜGE   LEIDENSCHAFT

FAMILIE   AUFWACHEN

ELTERN   UMARMT

SPRECHEN   VOLL   GELD

1945

GESCHMOLZEN

EIFERSUCHT

GETRÄUMT

GELD   WIEDERGEFUNDEN   FUSSBALL

ALLEIN

VERGESSEN

Können Sie diese Frage beantworten? Dann schicken Sie Ihre Antwort direkt an uns.

Was ich ändern würde: _1900 Allen Kolonien Freiheit geben. 1914 Krieg verhindern. Anschließend Deutschland nicht knechten, in Folge Hitler u. den 2. Weltkrieg verhindern. 1946. Die Entrechtung der Palästinenser verhindern. (Fehler der Alliierten). Israel wegen seiner Expansionspolik verurteilen u. bremsen. Verbrechen in aller Welt mehr bekämpfen. In Deutschland das Grundgesetz endlich beachten vor allem vom Staat. Anständige Bürger schützen. Todesstrafe beibehalten. Politiker u. Beamte bei Unfähigkeit ohne Bezüge entlassen._

Name: _Siegfried Gluth_

Straße: _Kastellstr. 41_

PLZ/Ort: _42 147 Oberhausen_

Möchten Sie, daß auch andere Menschen Ihre Meinung kennenlernen? Wir stellen alle Antworten in der Ausstellung ICH PHOENIX im Gasometer Oberhausen aus. Ihre Zeitungsseite erhalten Sie nach der Ausstellung von den Künstlern signiert zurück.

© 1996 Esther und Jochen Gerz
Das 20. Jahrhundert

ZUSAMMEN

HERZEN

LIEBLOSIGKEIT

VERKAUFT

NIE WIEDER

TOT

UMARMT   LACHEN
     SCHÄMEN

     HEIZEN   ANGEBEN   ESSEN   MUT

GERUCH   LÄRM   JUDE

LANGEWEILE   GEGESSEN   VERRAT   EINSAMKEIT   MORD

GEKRATZT   GERNE

ANGST

WENN DAS 20. JAHRHUNDERT NOCH EINMAL STATTFÄNDE, WAS WÜRDEN SIE ÄNDERN?

SCHLUSS

ARBEITEN   NASS   STÄRKER

GEHÖRT

NEID   HILFLOSIGKEIT

ZERSTÖRT

FREMDE

KALT

SORGE   GELB

SUPPE

NACKT

VERLOREN

SEHNSUCHT   UMSONST   WEINEN

IMMER

LEID   BRANDNEU   LEIDENSCHAFT   AUFWACHEN

LÜGE   FAMILIE

SPRECHEN   ELTERN   UMARMT

VOLL   GELD

1915

SCHMELZEN   EIFERSUCHT

GETRÄUMT

GELD   WIEDERGEFUNDEN   FUSSBALL

ALLEIN   VERGESSEN

Können Sie diese Frage beantworten? Dann schicken Sie Ihre Antwort direkt an uns.

Was ich ändern würde: Ändern alleine könnte ich nichts, denn die falschen Leute waren an der Macht. Oberhausen hat im Kriegsjahr 1915 – 100000 Einwohner gehabt, die allein haben genug geändert. Und es wurde wieder zerstört, und wieder haben sie es aufgebaut. Sonst würden wir heute nicht dastehen wo wir mit unserer Stadt stehen. Also vielen Dank allen Bürgern die sich so stark gemacht haben und zusammen gehalten haben.

Name: Frank Hohmann

Straße: Tannenbergstr. 44

PLZ/Ort: 46045 Oberhausen

Möchten Sie, daß auch andere Menschen Ihre Meinung kennenlernen? Wir stellen alle Antworten in der Ausstellung ICH PHOENIX im Gasometer Oberhausen aus. Ihre Zeitungsseite erhalten Sie nach der Ausstellung von den Künstlern signiert zurück. Das 20. Jahrhundert © 1996 Esther und Jochen Gerz

ZUSAMMEN

LIEBLOSIGKEIT   HERZEN

VERKAUFT

NIE WIEDER

TOT

An das Oberhausener Abendblatt, Im Lipperfeld 25, 46047 Oberhausen

Ja, ich habe geantwortet. Ich nehme an der Verlosung von 200 Freikarten für das Kunstereignis ICH PHOENIX im Gasometer Oberhausen und an der Verlosung einer Ballonfahrt über das Ruhrgebiet teil.

LACHEN

UMARMT

SCHÄMEN

ANGEBEN

GERUCH   HEIZEN   ESSEN   MUT

LANGEWEILE   LÄRM   JUDE

GEGESSEN   VERRAT   EINSAMKEIT

GEKRATZT   MORD

GERNE

ANGST

WENN DAS 20. JAHRHUNDERT NOCH EINMAL STATTFÄNDE, WAS WÜRDEN SIE ÄNDERN?

SCHLUSS

ARBEITEN   NASS

STÄRKER

GEHÖRT

NEID

HILFLOSIGKEIT

ZERSTÖRT

FREMDE

KALT

VERLOREN

SEHNSUCHT   UMSONST

WEINEN

LEID   IMMER

BRANDNEU   LEIDENSCHAFT

AUFWACHEN

SPRECHEN   ELTERN   GELD

EIFERSUCHT

GELD   WIEDERGEFUNDEN   GETRÄUMT   FUSSBALL

ALLEIN

VERGESSEN

Können Sie diese Frage beantworten? Dann schicken Sie Ihre Antwort direkt an uns.

Was ich ändern würde: *Die Einstellung der Menschen gegenüber der Umwelt, den Mitmenschen und sich selbst. Der Wohlstand hat den Menschen am meisten geschadet. Wenn man selbst vergessen hat, wie es ist nichts zu haben und den Augenblick nicht mehr genießen kann ist es fast zu spät. Der Egoismus hat die Welt zu dem gemacht was sie jetzt ist*

Name: *O. Torres*

Straße: *Bergstr. 57*

PLZ/Ort: *46117 Oberhausen*

Möchten Sie, daß auch andere Menschen Ihre Meinung kennenlernen? Wir stellen alle Antworten in der Ausstellung ICH PHOENIX im Gasometer Oberhausen aus. Ihre Zeitungsseite erhalten Sie nach der Ausstellung von den Künstlern signiert zurück.

Das 20. Jahrhundert
© 1996 Esther und Jochen Gerz

ZUSAMMEN

LIEBLOSIGKEIT   HERZEN

VERKAUFT

NIE WIEDER

TOT

UMARMT   SCHÄMEN   LACHEN

HEIZEN   ANGEBEN   ESSEN   MUT

GERUCH

LANGEWEILE   GEGESSEN   GEKRATZT   VERRAT   LÄRM   EINSAMKEIT   MORD   JUDE

GERNE

ANGST

SCHLUSS

ARBEITEN   NASS   STÄRKER

WENN DAS 20. JAHRHUNDERT NOCH EINMAL STATTFÄNDE, WAS WÜRDEN SIE ÄNDERN?

NEID   GEHÖRT

ZERSTÖRT   HILFLOSIGKEIT

FREMDE

KALT

VERLOREN

SEHNSUCHT   UMSONST   WEINEN

LEID   IMMER

AUFWACHEN

SPRECHEN   GELD

EIFERSUCHT

GELD   WIEDERGEFUNDEN   GETRÄUMT   FUSSBALL

ALLEIN   VERGESSEN

Können Sie diese Frage beantworten? Dann schicken Sie Ihre Antwort direkt an uns.

Was ich ändern würde: 1) Abschaffung des erblichen Adels (vielleicht wären dann der Erste Weltkrieg und in der Folge die Notzeit und - last but not least - Adolf Hitler und der Zweite Weltkrieg vermieden worden). 2) Mehr Wissenschaft und mehr Forschung und in der Folge mehr Weitergabe der wissenschaftlichen Ergebnisse in vereinfachter und allgemein verständlicher Form, vielleicht erheiternd und somit interessant. 3) Volkseigene Dünkelhaftigkeit bei allen Völkern vermindern.

4) Internationale Schulungs- und Ferienläger für Schüler und Studenten in verschiedenen Ländern. 5) Verbindliche Mindest- und Höchstlöhne (ob das möglich ist / wäre??) 6) In allen Ländern und bei allen Völkern müßte zwingend eine Mutter-/Landessprache und eine gemeinsame weitere Sprache (für alle gleich: Englisch?) gelehrt werden. 7) Parlamentarische Demokratie und allgemeine + freie + geheime Wahlen in allen Ländern; andernfalls Ausschluß von Handel und Wandel. 8) Unentschieden beim Tennis, wenn es am Ende des fünften Satzes "sechs beide" heißt.

Name: _Heribert Wolf_

Straße: _Hochstraße 13_

PLZ/Ort: _45472 Mülheim an der Ruhr_

21. III. 96 Heribert Wolf

ZUSAMMEN

LIEBLOSIGKEIT   HERZEN

VERKAUFT   NIE WIEDER

TOT

LACHEN

UMARMT

SCHÄMEN

HEIZEN   ANGEBEN   ESSEN   MUT

GERUCH   LÄRM

LANGEWEILE   JUDE

GEGESSEN   VERRAT   EINSAMKEIT   MORD

GEKRATZT   GERNE

ANGST

SCHLUSS

WENN DAS 20. JAHRHUNDERT NOCH EINMAL STATTFÄNDE, WAS WÜRDEN SIE ÄNDERN?

ARBEITEN   NASS   STÄRKER

GEHÖRT

NEID

HILFLOSIGKEIT

ZERSTÖRT

HITZE

GERUCH   FAHREN

ALKOHOL   FREMDE

SORGE   GELB   KALT

SUPPE

NACKT

VERLOREN

SEHNSUCHT   UMSONST   WEINEN

BRANDNEU   IMMER

LEID   LÜGE   LEIDENSCHAFT

AUFWACHEN

FAMILIE

UMARMT

SPRECHEN   ELTERN   VOLL   1945   GELD

GESCHMOLZEN

EIFERSUCHT

GELD   WIEDERGEFUNDEN   GETRÄUMT   FUSSBALL

ALLEIN   VERGESSEN

Können Sie diese Frage beantworten? Dann schicken Sie Ihre Antwort direkt an uns.

Was ich ändern würde:

Die Kreditquote der gesamten öffentlichen Ausgaben auf höchstens 30 vom Hundert des Bruttoinlandsprodukts grundsätzlich begrenzen!

Name: *CJ. Huber*

Straße: *Aps. Paulus 21*

PLZ/Ort: *10825 Berlin*

Möchten Sie, daß auch andere Menschen Ihre Meinung kennenlernen? Wir stellen alle Antworten in der Ausstellung ICH PHOENIX im Gasometer Oberhausen aus. Ihre Zeitungsseite erhalten Sie nach der Ausstellung von den Künstlern signiert zurück.
Das 20. Jahrhundert
© 1996 Esther und Jochen Gerz

ZUSAMMEN

LIEBLOSIGKEIT   HERZEN

VERKAUFT

NIE WIEDER

TOT

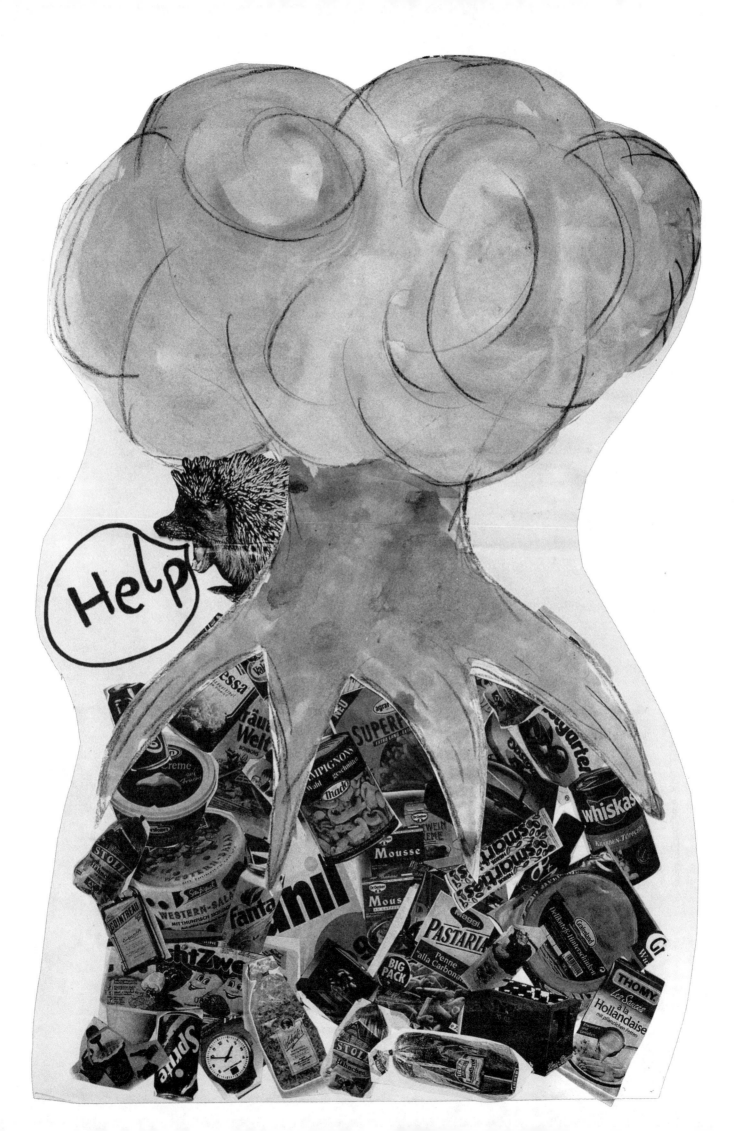

GELD

ALLEIN

VERGESSEN

Können Sie diese Frage beantworten? Dann schicken Sie Ihre Antwort direkt an uns.

Was ich ändern würde: Ich würde garnichts ändern, denn alles hat seinen Sinn
ob positiv oder negativ. Meine Meinung ist, man muß aus allem das
beste machen und mit umgehen können und viel nachdenken
bevor man sagt das vieles nichtrichtig oder richtig ist und man
ändern würde. Denn jeder meint von sich, ~~er~~ HUT man wäre ja so
waiser und könnte alles ändern oder richtig machen.

Name: Pettineo Rita

Straße: Königsberger Str 32

PLZ/Ort: 46047 Oberhausen

ZUSAMMEN

LIEBLOSIGKEIT

HERZEN

VERKAUFT

NIE WIEDER

TOT

SCHNELLER

UMARMT   SCHÄMEN   LACHEN

HEIZEN   ANGEBEN   ESSEN   MUT   JUDE

LÄRM

Eine unheimliche Geschichte...

GERUCH   VERRAT   GEKRATZT   EINSAMKEIT   GERNE

Preis je nach Angebot und Nachfrage?

ANGST

SCHLUSS

WENN DAS 20. JAHRHUNDERT NOCH EINMAL STATTFÄNDE, WAS WÜRDEN SIE ÄNDERN?

ARBEITEN   NASS   STÄRKER

NEID   HITZE

Prügel kosten

ZERSTÖRT   GERUCH   HÖREN

Geboren, um verkauft zu werden

SORGE   GELB

SUPPE

VERLOREN   NACKT

SEHNSUCHT   UMSONST   WEINEN

IMMER

LEID   BRANDNEU   LÜGE   LEIDENSCHAFT

FAMILIE

UMARMT

SPRECHEN   ELTERN   VOLL   GESCHMOLZEN   *1945*   GELD

GETRÄUMT   "Ein unmoralisches Angebot"   FUSSBALL

GELD   WIEDERGEFUNDEN

DANGER - MINES

Können Sie diese Frage beantworten? Dann schicken Sie Ihre Antwort direkt an uns.

Was ich ändern würde: -

Das feigste Gesicht des Krieges
Heimtückisch versteckt, 110 Millionen weltweit: Landminen. Und jedes dritte Opfer ist ein Kind.

Minen, die aussehen wie Spielzeug...

Billige Zeitbomben
100 000 werden jährlich entschärft, aber bis zu fünf Millionen neu gelegt: Landminen. Gerade für Entwicklungsländer immer noch eines der billigsten und zugleich grausamsten Kriegsmittel. Die Herstellung einer Mine kostet zwischen drei und 30 Dollar.

Name: _Burchardt, W._

Straße: _Froschheide 21_

PLZ/Ort: _45475 Mülheim_

Möchten Sie, daß auch Ihre Meinung kennenlernen? Wir stellen alle Antworten in der Ausstellung ICH PHOENIX im Gasometer Oberhausen aus. Ihre Zeitungsseite erhalten Sie nach der Ausstellung von den Künstlern signiert zurück.
Das 20. Jahrhundert © 1996 Esther und Jochen Gerz

An das Mülheimer Abendblatt ...chstr. 37 - 39 · 45479 Mülheim

Ja, ich habe geantwortet. Ich nehme an der Verlosung von 200 Freikarten für das Kunstereignis ICH PHOENIX im Gasometer Oberhausen und an der Verlosung einer Ballonfahrt über das Ruhrgebiet teil.

ZUSAMMEN

Jedes zweite mißbrauchte Kind ist unter...

Mißbrauch: Täter gehen straffrei aus

LIEBLOSIGKEIT   HERZEN

VERKAUFT

... und wer wird mich trösten?

TOT

LACHEN
UMARMT
SCHÄMEN
ANGEBEN
GERUCH HEIZEN ESSEN MUT
LANGEWEILE LÄRM JUDE
GEGESSEN VERRAT
GEKRATZT EINSAMKEIT MORD
GERNE
ANGST

WENN DAS 20. JAHRHUNDERT NOCH EINMAL STATTFÄNDE, WAS WÜRDEN SIE ÄNDERN?

SCHLUSS

NASS
ARBEITEN STÄRKER
GEHÖRT
NEID HITZE

ZERSTÖRT GERUCH FAHREN HILFLOSIGKEIT

VORHER

ALKOHOL FREMDE
SORGE GELB KALT
VERLOREN NACKT SUPPE
SEHNSUCHT UMSONST
WEINEN
LEID BRANDNEU IMMER
LÜGE LEIDENSCHAFT
AUFWACHEN
FAMILIE
SPRECHEN UMARMT GELD
VOLL GESCHMOLZEN EIFERSUCHT
GELD WIEDERGEFUNDEN GETRÄUMT 1946 FUSSBALL
ALLEIN VERGESSEN

Können Sie diese Frage beantworten? Dann schicken Sie Ihre Antwort direkt an uns.

Was ich ändern würde: *Unsere Umwelt! - Das ist schließlich unsere Existensgrundlage - ohne geht es nicht. Vieles hätte man von vornherein besser machen können, wenn einige Leute ihren Kopf besser gebraucht hätten.*

Name: KATHRIN PAROL
Straße: VIKARIESTR. 1
PLZ/Ort: 46117 OBERHAUSEN

Möchten Sie, daß auch andere Menschen
Ihre Meinung kennenlernen?
Wir stellen alle Antworten in der
ICH PHOENIX im Gasometer erhalten Oberhausen aus.
Ihre Zeitungsseite erhalten Sie nach der
Ausstellung von den Künstlern signiert zurück.

Das 20. Jahrhundert
© 1996 Esther und Jochen Gerz

ZUSAMMEN
HERZEN
LIEBLOSIGKEIT

VERKAUFT
NIE WIEDER
TOT

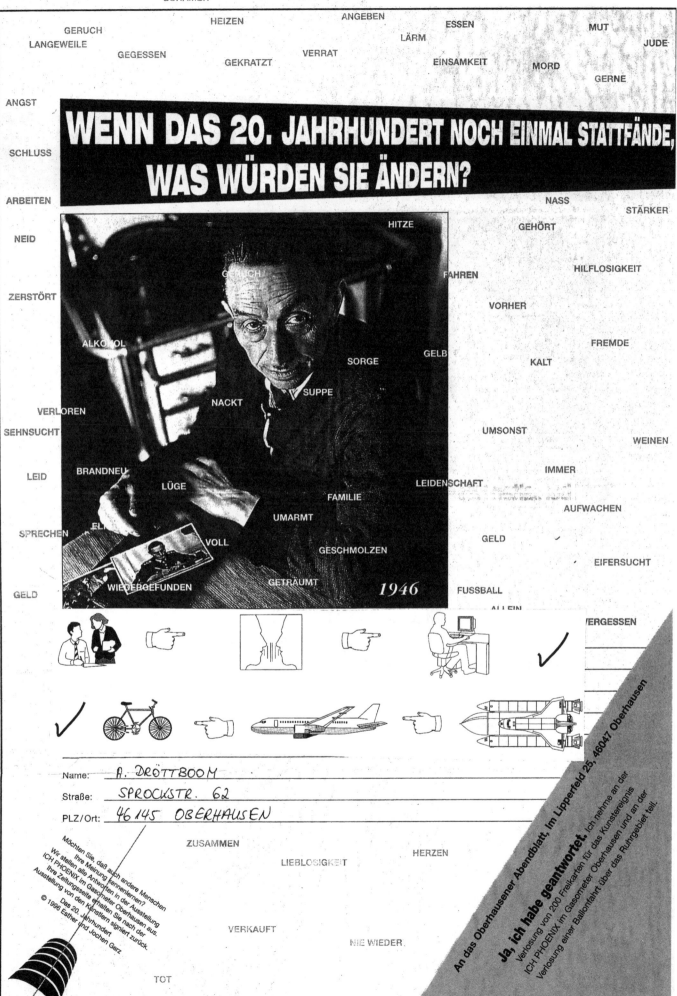

LACHEN

UMARMT   SCHÄMEN

HEIZEN   ANGEBEN   ESSEN   MUT

GERUCH   LÄRM   JUDE

LANGEWEILE   GEGESSEN   VERRAT   EINSAMKEIT   MORD

GEKRATZT   GERNE

ANGST

SCHLUSS

WENN DAS 20. JAHRHUNDERT NOCH EINMAL STATTFÄNDE, WAS WÜRDEN SIE ÄNDERN?

ARBEITEN   NASS   STÄRKER

NEID   GEHÖRT

HITZE   HILFLOSIGKEIT

GERUCH   FAHREN   VORHER

ZERSTÖRT

FREMDE

ALKOHOL   GELB   KALT

SORGE

SUPPE

NACKT

VERLOREN   UMSONST   WEINEN

SEHNSUCHT

IMMER

LEID   BRANDNEU   LEIDENSCHAFT

LÜGE   FAMILIE   AUFWACHEN

SPRECHEN   UMARMT   GELD

VOLL   GESCHMOLZEN   EIFERSUCHT

GELD   WIEDERGEFUNDEN   GETRÄUMT   1946   FUSSBALL

ALLEIN   VERGESSEN

Können Sie diese Frage beantworten? Dann schicken Sie Ihre Antwort direkt an uns.

Was ich ändern würde: Zu Beginn des 20. Jahrhunderts würde ich ändern, daß Wilhelm II König des Deutschen Reiches sein würde, denn er wollte mit aller Macht seine Ideen verwirklichen und trägt Schuld am 1. Weltkrieg. Außerdem würde ich ändern, daß Adolf Hitler nicht so schnell aus dem Gefängnis entkommen worden wäre nach dem mißglückten Putsch in den 20-ern. Dann wäre er warscheinlich nicht an die Macht gekommen. Wäre er trotz allem an die Macht gekommen, hätte ich zumindest das Attentat auf ihn von Stauffenberg glücken lassen. In der 2. Hälfte dieses Jahrhunderts würde ich die Ermordung von Kennedy und Martin Luther King ver-

Name:	Nina Schulze
Straße:	Lavendelweg 31
PLZ/Ort:	45770 Marl

hindern. Und auch auf alle Fälle die Atombombenwürfe auf Hiroshima und Nagasaki und den grausamen Vietnamkrieg. In den 90-ern würde ich die Ermordung Rabins rückgängig machen und der weltweiten Wirtschaft einen ordentlichen Aufschwung verpassen.

Möchten Sie, daß auch andere Menschen Ihre Meinung kennenlernen? Wir stellen alle Antworten in der Ausstellung ICH PHOENIX im Gasometer Oberhausen aus. Ihre Zeitungsseite erhalten Sie nach der Ausstellung von den Künstlern signiert zurück.

Das 20. Jahrhundert
© 1996 Esther und Jochen Gerz

ZUSAMMEN   HERZEN

LIEBLOSIGKEIT

VERKAUFT

NIE WIEDER

TOT

UMARMT   LACHEN   SCHÄMEN

HEIZEN   ANGEBEN   ESSEN   MUT

GERUCH   LÄRM   JUDE

LANGEWEILE   GEGESSEN   VERRAT   EINSAMKEIT   MORD

GEKRATZT   GERNE

ANGST

SCHLUSS

WENN DAS 20. JAHRHUNDERT NOCH EINMAL STATTFÄNDE, WAS WÜRDEN SIE ÄNDERN?

ARBEITEN   NASS   STÄRKER

NEID   GEHÖRT

ZERSTÖRT   HILFLOSIGKEIT   VORHER

FREMDE   KALT

VERLOREN

SEHNSUCHT   UMSONST   WEINEN

LEID   IMMER

BRANDNEU   LEIDENSCHAFT

LÜGE   AUFWACHEN

FAMILIE

SPRECHEN   UMARMT   GELD   EIFERSUCHT

GELD   VOLL   GESCHMOLZEN

WIEDERGEFUNDEN   GETRÄUMT   FUSSBALL

ALLEIN   VERGESSEN

HITZE   GERUCH   FAHREN   ALKOHOL   SORGE   GELB   SUPPE   NACKT

1946

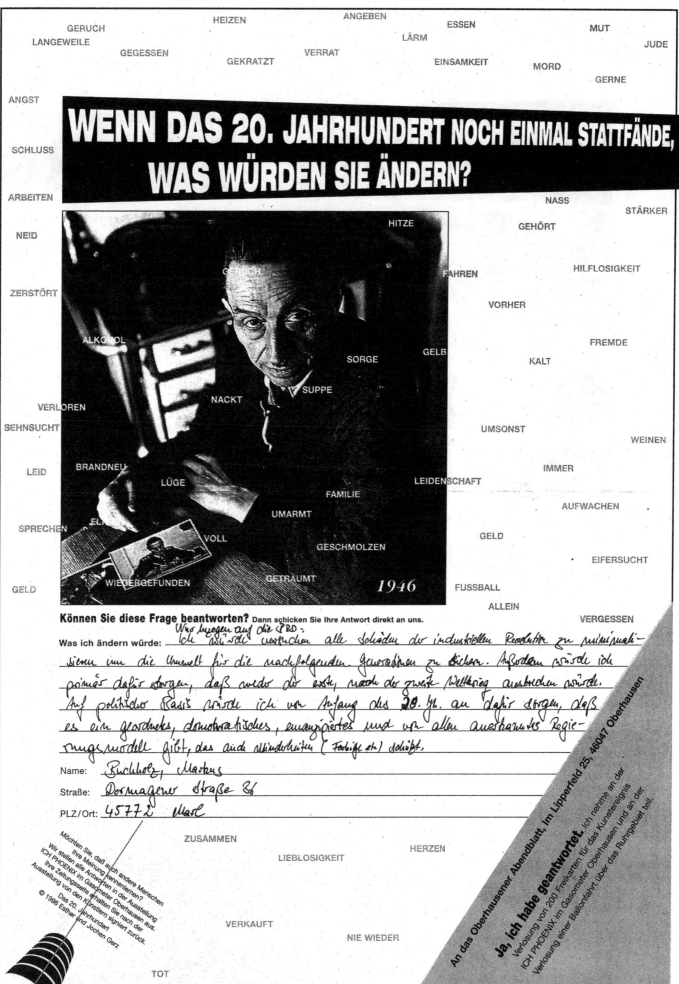

Können Sie diese Frage beantworten? Dann schicken Sie Ihre Antwort direkt an uns.

Was ich ändern würde: *Was bezogen auf die SPD: Ich würde versuchen alle Schäden der industriellen Revolution zu minimalisieren um die Umwelt für die nachfolgenden Generationen zu sichern. Außerdem würde ich primär dafür sorgen, daß weder die erste, noch der zweite Weltkrieg ausbrechen würde. Auf politischer Basis würde ich von Anfang des 20. Jh. an dafür sorgen, daß es ein geordnetes, demokratisches, emanzipiertes und von allen anerkanntes Regierungsmodell gibt, das auch Minderheiten (Farbige etc) schützt.*

Name: *Buchholz, Martus*

Straße: *Dormagener Straße 86*

PLZ/Ort: *45772 Marl*

ZUSAMMEN   HERZEN

LIEBLOSIGKEIT

GELD

VERKAUFT   NIE WIEDER

TOT

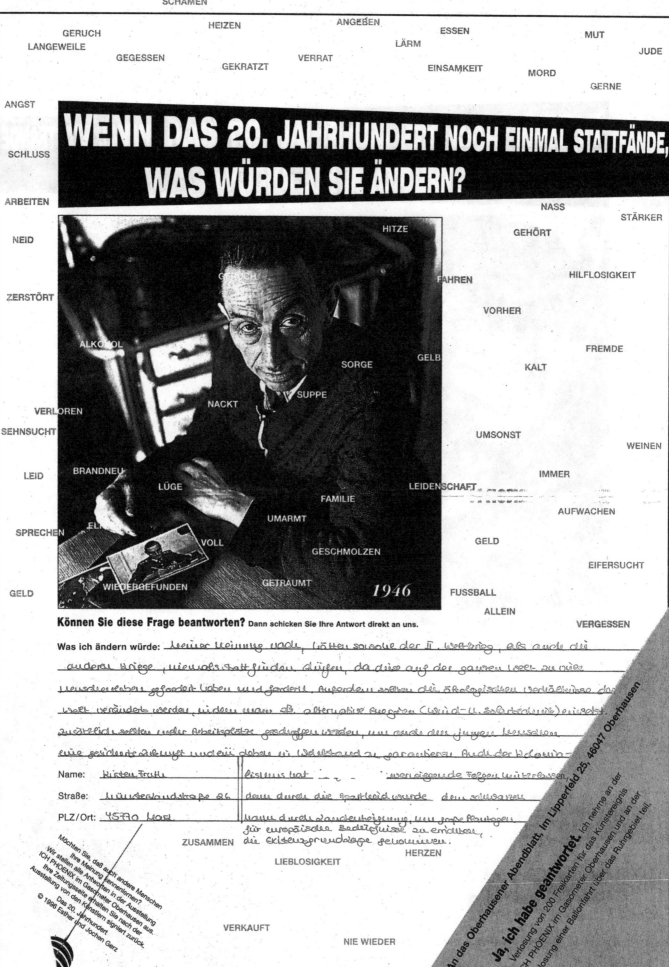

UMARMT   LACHEN   SCHÄMEN   HEIZEN   ANGEBEN   ESSEN   MUT

GERUCH   LÄRM   JUDE

LANGEWEILE   GEGESSEN   GEKRATZT   VERRAT   EINSAMKEIT   MORD   GERNE

ANGST   SCHLUSS   ARBEITEN   NEID   ZERSTÖRT   VERLOREN   SEHNSUCHT   LEID   SPRECHEN   GELD

NASS   STÄRKER   GEHÖRT   HILFLOSIGKEIT   VORHER   FREMDE   KALT   UMSONST   WEINEN   IMMER   AUFWACHEN   EIFERSUCHT   VERGESSEN   ALLEIN

WENN DAS 20. JAHRHUNDERT NOCH EINMAL STATTFÄNDE, WAS WÜRDEN SIE ÄNDERN?

HITZE   GERUCH   FAHREN   ALKOHOL   SORGE   GELB   NACKT   SUPPE   BRANDNEU   LÜGE   LEIDENSCHAFT   FAMILIE   UMARMT   VOLL   GESCHMOLZEN   GELD   WIEDERGEFUNDEN   GETRÄUMT   FUSSBALL

1946

Können Sie diese Frage beantworten? Dann schicken Sie Ihre Antwort direkt an uns.

Was ich ändern würde: _Meiner Meinung nach, hätten sowohl der II. Weltkrieg, als auch die_ _anderen Kriege, niemals stattfinden dürfen, da diese auf der ganzen Welt zu viele_ _Menschenleben gefordert haben und fordern. Außerdem sollten die ökologischen Verhältnisse der_ _Welt verändert werden, indem man z.B. alternative Energien (Wind- u. Solartechnik) einsetzt._ _Zusätzlich sollten mehr Arbeitsplätze geschaffen werden, um auch den jungen Menschen_ _eine gesicherte Zukunft und dabei in Wohlstand zu garantieren. Auch der Holocaust..._

Name: _Kirsten Fruth_   _sich uns trat ... verschiegende Folgen mitbringen_
Straße: _Münsterlandstraße 26_   _denn durch die Apartheid wurde dem schwarzen_
PLZ/Ort: _45770 Marl_   _Mann durch Rassentrennung, um gute Früchte_ _für europäische Bedürfnisse zu erzielen,_ ZUSAMMEN _die Existenzgrundlage genommen._

HERZEN   LIEBLOSIGKEIT

VERKAUFT   NIE WIEDER   TOT

An das Oberhausener Abendblatt, Im Lipperfeld 25, 46047 Oberhausen

Ja, ich habe geantwortet. Ich nehme an der Verlosung von 200 Freikarten für das Kunstereignis ICH PHOENIX im Gasometer Oberhausen und an der Verlosung einer Ballonfahrt über das Ruhrgebiet teil.

LACHEN

UMARMT

SCHÄMEN

HEIZEN   ANGEBEN   ESSEN   MUT

GERUCH

LÄRM

LANGEWEILE   GEGESSEN   VERRAT   JUDE

GEKRATZT   EINSAMKEIT   MORD

GERNE

ANGST

SCHLUSS

WENN DAS 20. JAHRHUNDERT NOCH EINMAL STATTFÄNDE, WAS WÜRDEN SIE ÄNDERN?

ARBEITEN   NASS   STÄRKER

NEID   HITZE   GEHÖRT

HILFLOSIGKEIT

ZERSTÖRT   GERUCH   FAHREN

VORHER

FREMDE

ALKOHOL   GELB   KALT

SORGE

SUPPE

NACKT

VERLOREN

SEHNSUCHT   UMSONST

WEINEN

IMMER

LEID   BRANDNEU   LEIDENSCHAFT

LÜGE   FAMILIE   AUFWACHEN

UMARMT

SPRECHEN   ELTERN   VOLL   GELD

GESCHMOLZEN   EIFERSUCHT

WIEDERGEFUNDEN   GETRÄUMT   1946

GELD   FUSSBALL

ALLEIN   VERGESSEN

Können Sie diese Frage beantworten? Dann schicken Sie Ihre Antwort direkt an uns.

Was ich ändern würde: *Ich würde all meine Kräfte aufbringen, um meine großen, noch offen gebliebenen Träume zu realisieren. Ich würde in bestimmten Situationen spontaner handeln und mehr Lust aufbringen, meine Ängste bekämpfen.*

Name: *Claudia Jurek*

Straße: *Brüderstr. 60*

PLZ/Ort: *45768 Marl*

ZUSAMMEN

HERZEN

LIEBLOSIGKEIT

VERKAUFT

NIE WIEDER

TOT

LACHEN

UMARMT   SCHÄMEN

HEIZEN   ANGEBEN   ESSEN   MUT

GERUCH   LÄRM   JUDE

LANGEWEILE   GEGESSEN   VERRAT   EINSAMKEIT   MORD

GEKRATZT   GERNE

ANGST

SCHLUSS

WENN DAS 20. JAHRHUNDERT NOCH EINMAL STATTFÄNDE, WAS WÜRDEN SIE ÄNDERN?

ARBEITEN   NASS   STÄRKER

GEHÖRT

NEID   HITZE

HILFLOSIGKEIT

GERUCH   FAHREN

ZERSTÖRT   VORHER

FREMDE

ALKOHOL   GELB   KALT

SORGE

SUPPE

NACKT

VERLOREN   UMSONST   WEINEN

SEHNSUCHT

IMMER

BRANDNEU   LEIDENSCHAFT

LEID   LÜGE   FAMILIE

AUFWACHEN

UMARMT   GELD

SPRECHEN   EL..   VOLL   GESCHMOLZEN   EIFERSUCHT

WIEDERGEFUNDEN   GETRÄUMT   *1946*   FUSSBALL

GELD   ALLEIN

VERGESSEN

Können Sie diese Frage beantworten? Dann schicken Sie Ihre Antwort direkt an uns.

Was ich ändern würde: _Ich würde viel stärker auf den Frieden in der Welt hinarbeiten; würde alle großen und kleinen Kriege, zwischen Ländern und Bevölkerung ausradieren bzw. gar nicht entstehen lassen. Viel mehr Gewicht würd ich auf Vertrauen und Liebe zwischen den Menschen setzen, so daß Gedanken und Gier nach Reichtum, Macht und Waffen erst keine Chance bekommen aufzutreten. Gedankenfreiheit und Meinungsfreiheit würden GROSS GESCHRIEBEN; niemand diskriminiert._

Name: _Miriam Heising_

Straße: _Alte Brüderstr. 12_

PLZ/Ort: _45 768 Marl_

ZUSAMMEN   HERZEN

LIEBLOSIGKEIT

VERKAUFT   NIE WIEDER

TOT

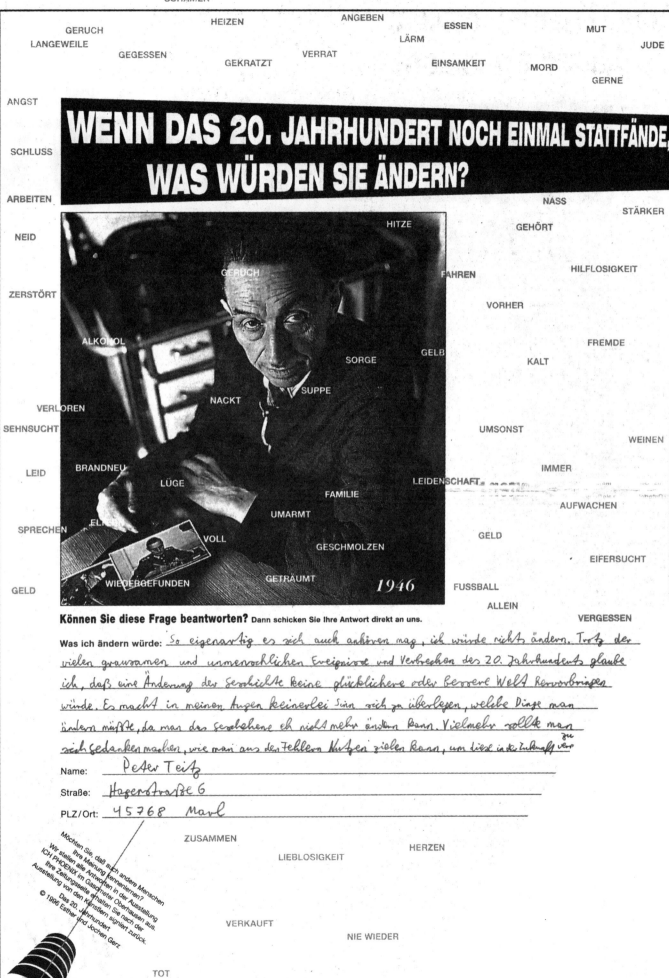

UMARMT   LACHEN   SCHÄMEN

GERUCH   HEIZEN   ANGEBEN   ESSEN   MUT

LANGEWEILE   LÄRM   JUDE

GEGESSEN   VERRAT   EINSAMKEIT   MORD

GEKRATZT   GERNE

ANGST

SCHLUSS

WENN DAS 20. JAHRHUNDERT NOCH EINMAL STATTFÄNDE, WAS WÜRDEN SIE ÄNDERN?

ARBEITEN   NASS   STÄRKER

GEHÖRT

NEID   HILFLOSIGKEIT

ZERSTÖRT   VORHER

FREMDE

KALT

VERLOREN

SEHNSUCHT   UMSONST   WEINEN

IMMER

LEID   AUFWACHEN

SPRECHEN   GELD   EIFERSUCHT

GELD   FUSSBALL

ALLEIN   VERGESSEN

HITZE   GERUCH   FAHREN   ALKOHOL   SORGE   GELB   NACKT   SUPPE   BRANDNEU   LÜGE   LEIDENSCHAFT   FAMILIE   UMARMT   VOLL   GESCHMOLZEN   WIEDERGEFUNDEN   GETRÄUMT   1946

Können Sie diese Frage beantworten? Dann schicken Sie Ihre Antwort direkt an uns.

Was ich ändern würde: *So eigenartig es sich auch anhören mag, ich würde nichts ändern. Trotz der vielen grausamen und unmenschlichen Ereignisse und Verbrechen des 20. Jahrhunderts glaube ich, daß eine Änderung der Geschichte keine glücklichere oder bessere Welt hervorbringen würde. Es macht in meinen Augen keinerlei Sinn sich zu überlegen, welche Dinge man ändern müßte, da man das Geschehene eh nichts mehr ändern kann. Vielmehr sollte man sich Gedanken machen, wie man aus den Fehlern Nutzen ziehen kann, um diese in der Zukunft zu ver*

Name: *Peter Teitz*

Straße: *Hagerstraße 6*

PLZ/Ort: *45768 Marl*

ZUSAMMEN   HERZEN

LIEBLOSIGKEIT

VERKAUFT

NIE WIEDER

TOT

UMARMT　　　　　　　　　　LACHEN
　　　　　SCHÄMEN

GERUCH　　　　HEIZEN　　　　　ANGEBEN　　　　ESSEN　　　　MUT

LANGEWEILE　　　　　　　　　　　　　LÄRM

GEGESSEN　　　　VERRAT　　　　　　　　　　　　　JUDE

GEKRATZT　　　　　　　EINSAMKEIT　　MORD

　　　　　　　　　　　　　　　　　　　　　GERNE

ANGST

WENN DAS 20. JAHRHUNDERT NOCH EINMAL STATTFÄNDE, WAS WÜRDEN SIE ÄNDERN?

SCHLUSS

ARBEITEN　　　　　　　　　　　　　　　　NASS　　STÄRKER

　　　　　　　　　　　HITZE　　GEHÖRT

NEID

　　　　GERUCH　　　　　　　　FAHREN　　HILFLOSIGKEIT

ZERSTÖRT　　　　　　　　　　　　VORHER

ALKOHOL　　　　　　　　　　　　　　　　FREMDE

　　　　　　　　SORGE　　GELB　　KALT

NACKT　　SUPPE

VERLOREN

SEHNSUCHT　　　　　　　　　　　UMSONST　　　　WEINEN

BRANDNEU　　　　　　　　　　　　IMMER

LEID　　　LÜGE　　　　　LEIDENSCHAFT

FAMILIE　　　　　　　AUFWACHEN

SPRECHEN　　EL..　　　UMARMT　　　GELD

VOLL　　GESCHMOLZEN　　　　EIFERSUCHT

WIEDERGEFUNDEN　　GETRÄUMT　　1946　　FUSSBALL

GELD　　　　　　　　　　　　　　ALLEIN

　　　　　　　　　　　　　　　　VERGESSEN

Können Sie diese Frage beantworten? Dann schicken Sie Ihre Antwort direkt an uns.

Was ich ändern würde: *Ich hätte Hitler nicht die Macht gegeben, so viele unschuldige Menschen zu töten ... ich hätte versucht, die Kernspaltung für positive Dinge einzusetzen und den Bau der Atombombe verhindert ... den Naturvölkern im Regenwald hätte ich ihren Lebensraum gelassen, so daß es nicht zu einer so starken Abholzung gekommen wäre ... in allen Ländern würde ich die Demokratie einführen und Unterdrückung und Ausbeutung würde es nicht geben ... ich würde Autos bauen, die die Umwelt nicht zerstören...*

Name: *Andrea Neumann*

Straße: *Leunaerstr. 2*

PLZ/Ort: *45772 Marl*

ZUSAMMEN

LIEBLOSIGKEIT　　　　HERZEN

VERKAUFT

NIE WIEDER

TOT

LACHEN

UMARMT
SCHÄMEN

HEIZEN ANGEBEN ESSEN MUT

GERUCH LÄRM JUDE
LANGEWEILE GEGESSEN VERRAT
GEKRATZT EINSAMKEIT MORD
GERNE

ANGST

SCHLUSS

WENN DAS 20. JAHRHUNDERT NOCH EINMAL STATTFÄNDE, WAS WÜRDEN SIE ÄNDERN?

NASS
ARBEITEN STÄRKER
HITZE GEHÖRT

NEID HILFLOSIGKEIT

GERUCH FAHREN

ZERSTÖRT VORHER

ALKOHOL GELB FREMDE
SORGE KALT

NACKT SUPPE

VERLOREN
UMSONST
SEHNSUCHT WEINEN

IMMER
LEID BRANDNEU

LÜGE LEIDENSCHAFT
AUFWACHEN

FAMILIE
SPRECHEN UMARMT GELD
VOLL EIFERSUCHT
GESCHMOLZEN

GELD WIEDERGEFUNDEN GETRÄUMT 1946 FUSSBALL
ALLEIN VERGESSEN

Können Sie diese Frage beantworten? Dann schicken Sie Ihre Antwort direkt an uns.

Was ich ändern würde: *Nazis nie an die Macht kommen lassen; Johannes Paul nie Papst werden lassen; Kirchensteuer abschaffen; Keine Atomkraftwerke erbauen bzw. Waffen; Pelze tragen und Fleisch essen strafbar machen; Todesstrafe für Rassisten, Sexisten, Kindermißhandler; Modeindustrie nie entstehen lassen; Menschenhandel und Sextourismus auch strafbarmachen; Wirtschaft verändern: Lebensmittelvernichtung etc. sollte nicht nötig sein, gerechte "Güterverteilung" z.B.;*

Name: *Katharina Schrammek*

Straße: *Trogemannstr. 2*

PLZ/Ort: *45772 Marl*

nie zu Kriegen, bes. zu Religionskriegen kommen lassen; Gesetz für "Bevölkerungszuwachskontrolle" (z.B. teilweise nicht mehr als 1 Kind pro Familie); Andere Antriebsstoffe austüfteln! (Wasserstoff?); Abschaffung der Ehe

ZUSAMMEN

LIEBLOSIGKEIT

Möchten Sie, daß auch andere Menschen Ihre Meinung kennenlernen? Wir stellen alle Antworten in der Ausstellung ICH PHOENIX im Gasometer Oberhausen aus. Ihre Zeitungsseite erhalten Sie nach der Ausstellung von den Künstlern signiert zurück.
Das 20. Jahrhundert
© 1996 Esther und Jochen Gerz

VERKAUFT
NIE WIEDER

TOT

LACHEN

UMARMT   SCHÄMEN

                    HEIZEN   ANGEBEN   ESSEN   MUT

GERUCH   LÄRM   JUDE
LANGEWEILE
            GEGESSEN   VERRAT   EINSAMKEIT
                            GEKRATZT   MORD
                                                                                                                        GERNE

ANGST

WENN DAS 20. JAHRHUNDERT NOCH EINMAL STATTFÄNDE,
WAS WÜRDEN SIE ÄNDERN?

SCHLUSS

ARBEITEN   NASS
                                                                                                                STÄRKER
                                                                            GEHÖRT
NEID   HITZE

                                                                    HILFLOSIGKEIT
                                                            FAHREN
ZERSTÖRT   GERUCH
                                                            VORHER

                                                                                        FREMDE
            ALKOHOL
                                            SORGE   GELB   KALT

                    NACKT   SUPPE

VERLOREN   UMSONST
SEHNSUCHT   WEINEN

            BRANDNEU   IMMER
LEID
            LÜGE   LEIDENSCHAFT
                                    FAMILIE   AUFWACHEN
                        UMARMT
SPRECHEN   ELTERN   GELD
                    VOLL
                            GESCHMOLZEN   EIFERSUCHT

GELD   WIEDERGEFUNDEN   GETRÄUMT   FUSSBALL
                                            1946   ALLEIN
                                                                            VERGESSEN

Können Sie diese Frage beantworten? Dann schicken Sie Ihre Antwort direkt an uns.

Was ich ändern würde: _____

versuchen, den Leuten die Augen zu öffnen darüber WAS Hitler gesagt hat, nicht
WIE er es gesagt hat dann hätte man vielleicht bemerkt, daß er nur
Unsinn redete?; härtere Bestrafungen; lebenslänglich auch wirklich
lebenslänglich geben ohne Begnadigung?; keine Zigaretten + keine Schokoladenwerbung;
mehr Arbeitsplätze; dass ein Leben sein Wert hätte geben; keine Atombomben?

Name: _Carmen Preiß_

Straße: _Badackerweg 115_

PLZ/Ort: _45772 Marl_

ZUSAMMEN
                                                HERZEN
            LIEBLOSIGKEIT

                VERKAUFT

                        NIE WIEDER

        TOT

UMARMT LACHEN SCHÄMEN

HEIZEN ANGEBEN ESSEN MUT

GERUCH LÄRM JUDE

LANGEWEILE GEGESSEN VERRAT EINSAMKEIT MORD

GEKRATZT GERNE

ANGST

SCHLUSS

WENN DAS 20. JAHRHUNDERT NOCH EINMAL STATTFÄNDE, WAS WÜRDEN SIE ÄNDERN?

ARBEITEN NASS STÄRKER

GEHÖRT

NEID HITZE

HILFLOSIGKEIT

ZERSTÖRT GERUCH FAHREN

VORHER

ALKOHOL FREMDE

SORGE GELB KALT

NACKT SUPPE

VERLOREN

SEHNSUCHT UMSONST

WEINEN

BRANDNEU IMMER

LEID LÜGE LEIDENSCHAFT

FAMILIE AUFWACHEN

SPRECHEN UMARMT GELD

VOLL GESCHMOLZEN EIFERSUCHT

WIEDERGEFUNDEN GETRÄUMT 1946 FUSSBALL

GELD ALLEIN VERGESSEN

Können Sie diese Frage beantworten? Dann schicken Sie Ihre Antwort direkt an uns.

Was ich ändern würde: *Die beiden Weltkriege hätten nicht passieren dürfen. Atomteste dürften nicht mehr stattfinden. Umwelt gegen Verschmutzung besser schützen → keine alten Ölschiffe und Rohre verwenden. Die Menschen, die auf der Straße leben und keine Arbeit haben, müßten eine Wohnung und eine Arbeit bekommen. Ein paar Sachen in der Politik müßen geändert werden.*

Name: *Sonja Friedrich*

Straße: *An der Burg 42*

PLZ/Ort: *45770 Marl*

Möchten Sie, daß auch andere Menschen Ihre Meinung kennenlernen? Wir stellen alle Antworten in der Ausstellung ICH PHOENIX im Gasometer Oberhausen aus. Ihre Zeitungsseite erhalten Sie nach der Ausstellung von den Künstlern signiert zurück.
Das 20. Jahrhundert
© 1996 Esther und Jochen Gerz

ZUSAMMEN HERZEN

LIEBLOSIGKEIT

VERKAUFT NIE WIEDER

TOT

UMARMT   LACHEN
          SCHÄMEN

GERUCH   HEIZEN   ANGEBEN   ESSEN   MUT
LANGEWEILE   LÄRM   JUDE
          GEGESSEN   VERRAT   EINSAMKEIT   MORD
                    GEKRATZT   GERNE

ANGST

WENN DAS 20. JAHRHUNDERT NOCH EINMAL STATTFÄNDE, WAS WÜRDEN SIE ÄNDERN?

SCHLUSS

ARBEITEN   NASS   STÄRKER
                              GEHÖRT

NEID   HILFLOSIGKEIT
                    HITZE
                              FAHREN
ZERSTÖRT   VORHER

                              FREMDE
ALKOHOL   SORGE   GELB   KALT

          NACKT   SUPPE
VERLOREN   UMSONST
SEHNSUCHT   WEINEN

LEID   BRANDNEU   IMMER
     LÜGE   LEIDENSCHAFT
               FAMILIE   AUFWACHEN
          UMARMT
SPRECHEN   ELI   GELD
     VOLL   GESCHMOLZEN   EIFERSUCHT
     WIEDERGEFUNDEN   GETRÄUMT
GELD   1946   FUSSBALL
                         ALLEIN
                              VERGESSEN

Können Sie diese Frage beantworten? Dann schicken Sie Ihre Antwort direkt an uns.

Was ich ändern würde: man hätte Tierkämpfe von Anfang an verbieten sollen und
für Tierquälerei eine schwerere Strafe verhängen sollen (außer für
medizinischen Versuche); ich würde mir wünschen, daß Gesetze
gerechter sein würden (z.B. in Bezug auf Drogen, Kindermißbrauch
und mehrfachen Mordes)etc.;

Name: Melanie Hermans

Straße: Sievert str. 37

PLZ/Ort: 45772 Marl

ZUSAMMEN
     LIEBLOSIGKEIT   HERZEN

VERKAUFT
     NIE WIEDER

TOT

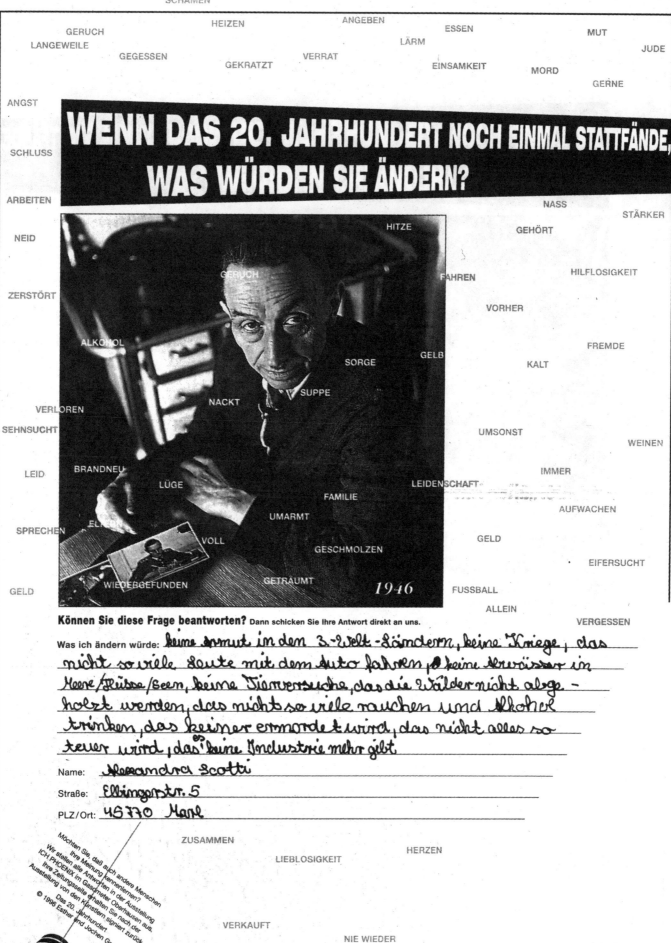

UMARMT   SCHÄMEN   LACHEN

GERUCH   HEIZEN   ANGEBEN   ESSEN   MUT

LANGEWEILE   LÄRM   JUDE

GEGESSEN   VERRAT   EINSAMKEIT

GEKRATZT   MORD   GERNE

ANGST

SCHLUSS

ARBEITEN   NASS   STÄRKER

NEID   HITZE   GEHÖRT

GERUCH   FAHREN   HILFLOSIGKEIT

ZERSTÖRT   VORHER

ALKOHOL   FREMDE

SORGE   GELB   KALT

NACKT   SUPPE

VERLOREN   UMSONST

SEHNSUCHT   WEINEN

BRANDNEU   IMMER

LEID   LÜGE   LEIDENSCHAFT

FAMILIE   AUFWACHEN

UMARMT

SPRECHEN   VOLL   GELD

GESCHMOLZEN   EIFERSUCHT

WIEDERGEFUNDEN   GETRÄUMT   1946   FUSSBALL

GELD   ALLEIN   VERGESSEN

WENN DAS 20. JAHRHUNDERT NOCH EINMAL STATTFÄNDE, WAS WÜRDEN SIE ÄNDERN?

Können Sie diese Frage beantworten? Dann schicken Sie Ihre Antwort direkt an uns.

Was ich ändern würde: *keine Armut in den 3.-Welt-Ländern, keine Kriege, das nicht so viele Leute mit dem Auto fahren, keine Gewässer in Meere/Flüsse/Seen, keine Tierversuche, das die Wälder nicht abgeholzt werden, das nicht so viele rauchen und Alkohol trinken, das keiner ermordet wird, das nicht alles so teuer wird, das keine Industrie mehr gibt*

Name: *Alexandra Scotti*

Straße: *Elbingerstr. 5*

PLZ/Ort: *45770 Marl*

Möchten Sie, daß auch andere Menschen Ihre Meinung kennenlernen? Wir stellen alle Antworten in der ICH-PHOENIX im Gasometer Oberhausen aus. Ihre Zeitungsseite erhalten Sie nach der Ausstellung von den Künstlern signiert zurück.

Das 20. Jahrhundert
© 1996 Esther und Jochen Gerz

ZUSAMMEN

LIEBLOSIGKEIT   HERZEN

VERKAUFT   NIE WIEDER

TOT

WENN DAS 20. JAHRHUNDERT NOCH EINMAL STATTFÄNDE, WAS WÜRDEN SIE ÄNDERN?

Können Sie diese Frage beantworten? Dann schicken Sie Ihre Antwort direkt an uns.

Was ich ändern würde: Die Kriege, die in diesem Jahrhundert, stattgefunden haben, würde ich verändern vorzubeugen, oder wenn möglich auch nicht entstehen lassen. Aber als erstes würde ich mich um die Armut auf der Welt kümmern, und wenn möglich das Geld bzw. die Macht des Geldes abschaffen, so daß es den meisten an materiellen Dingen nicht mehr mangelt.

Name: Held, Claudia

Straße: Esper Feld 15

PLZ/Ort: 45768 Marl

UMARMT   LACHEN
SCHÄMEN

GERUCH   HEIZEN   ANGEBEN   ESSEN   MUT
LANGEWEILE   LÄRM   JUDE
GEGESSEN   VERRAT   EINSAMKEIT   MORD
GEKRATZT   GERNE

ANGST

WENN DAS 20. JAHRHUNDERT NOCH EINMAL STATTFÄNDE, WAS WÜRDEN SIE ÄNDERN?

SCHLUSS

ARBEITEN   NASS   STÄRKER
GEHÖRT

NEID   HITZE

HILFLOSIGKEIT

ZERSTÖRT   FAHREN
VORHER

ALKOHOL   FREMDE
SORGE   GELB   KALT
SUPPE

VERLOREN   NACKT

SEHNSUCHT   UMSONST   WEINEN

IMMER
LEID   BRANDNEU   LEIDENSCHAFT
LÜGE   AUFWACHEN
FAMILIE
SPRECHEN   UMARMT   GELD
VOLL   GESCHMOLZEN   EIFERSUCHT

GELD   WIEDERGEFUNDEN   GETRÄUMT   1946   FUSSBALL
ALLEIN   VERGESSEN

Können Sie diese Frage beantworten? Dann schicken Sie Ihre Antwort direkt an uns.

Was ich ändern würde: Wenn ich könnte, würde ich als erstes versuchen, jede Art der Waffen abzuschaffen, damit alle Grausamkeiten, wie Krieg, Mord etc. eingeschränkt würden. Außerdem würde ich versuchen, den habgierigen und geldsüchtigen Menschen, die wahren Werte des Lebens zu vermitteln, da ich der Meinung bin, daß ein großer Teil des Leidens auf der Erde letztendlich durch solche Menschen verursacht wird.

Name: Sonja Rau~t

Straße: Ricarda-Huch-Str 13

PLZ/Ort: 45772 Marl

Eigentlich gibt es so vieles, das im 20. Jahrhundert falsch gelaufen ist, viel zu viel, um alles (hier) aufzuschreiben.

ZUSAMMEN   HEIZEN
LIEBLOSIGKEIT

Möchten Sie, daß auch andere Menschen Ihre Meinung kennenlernen? Wir stellen alle Antworten in der ICH PHOENIX im Gasometer Oberhausen aus. Ihre Zeitungsseite erhalten Sie nach der Ausstellung von den Künstlern signiert zurück.
© 1996 Esther und Jochen Gerz
Das 20. Jahrhundert

VERKAUFT
NIE WIEDER
TOT

An das Oberhausener Abendblatt, Im Lipperfeld 25, 46047 Oberhausen

Ja, ich habe geantwortet. Ich nehme an der Verlosung von 200 Freikarten für das Kunstereignis ICH PHOENIX im Gasometer Oberhausen und an der Verlosung einer Ballonfahrt über das Ruhrgebiet teil.

SPRECHEN

VOLL

GESCHMOLZEN

GELD

EIFERSUCHT

GELD

WIEDERGEFUNDEN

GETRÄUMT

1946

FUSSBALL

ALLEIN

VERGESSEN

Können Sie diese Frage beantworten? Dann schicken Sie Ihre Antwort direkt an uns.

Was ich ändern würde: Ich würde mir wünschen, bereits am Anfang dieses Jahrhunderts in Deutschland geboren worden zu sein, um die Industrialisierung mit ihren technischen Erfindungen mitzuerleben. Ich wäre damals schon gerne eine bedeutende Politikerin geworden, um Gesetze zu erlassen, daß keine Waffen mehr gebaut und benutzt werden dürfen. Ich würde den Bau von Atomkraftwerken zur Energiegewinnung verbieten. Ich hätte strengere Gesetze zum Schutz der Umwelt erlassen. Ich glaube

Name: Wörsdorfer , Julia

Straße: Ahornweg 19

PLZ/Ort: 45772 Marl

nicht, als einzige Person die Weltkriege verhindern zu können. Doch würde ich diese Geschehnisse am liebsten ungeschehen machen.

ZUSAMMEN

LIEBLOSIGKEIT

VERKAUFT

NIE WIEDER

TOT

An das Oberhausener Abendblatt, Im Lipperfeld 25, 46047 Oberhausen

Ja, ich habe geantwortet. Ich nehme an der Verlosung von 200 Freikarten für das Kunstereignis ICH PHOENIX im Gasometer Oberhausen und an der Verlosung einer Ballonfahrt über das Ruhrgebiet teil.

LACHEN

UMARMT　　SCHÄMEN

HEIZEN　　ANGEBEN　　ESSEN　　MUT

GERUCH　　　　　　LÄRM　　　　JUDE
LANGEWEILE

GEGESSEN　　GEKRATZT　　VERRAT　　EINSAMKEIT　　MORD

GERNE

ANGST

SCHLUSS

WENN DAS 20. JAHRHUNDERT NOCH EINMAL STATTFÄNDE,
WAS WÜRDEN SIE ÄNDERN?

ARBEITEN　　　　　　　　　　　　　　　　　NASS　　STÄRKER

GEHÖRT

NEID　　　　　　　　HITZE

HILFLOSIGKEIT

ZERSTÖRT　　　GERUCH　　FAHREN

VORHER

FREMDE

ALKOHOL　　　　　　　　GELB　　KALT

SORGE

NACKT　　SUPPE

VERLOREN

SEHNSUCHT　　　　　　　　　UMSONST　　WEINEN

BRANDNEU　　　　　　　　　　IMMER

LÜGE　　LEIDENSCHAFT

LEID

FAMILIE　　　　AUFWACHEN

SPRECHEN　　ELTERN　　　UMARMT　　GELD

VOLL　　　　EIFERSUCHT

GESCHMOLZEN

WIEDERGEFUNDEN　　GETRÄUMT　　1946　　FUSSBALL

GELD　　　　　　　　　　　　　　ALLEIN

VERGESSEN

Können Sie diese Frage beantworten? Dann schicken Sie Ihre Antwort direkt an uns.

Was ich ändern würde: *kein Krieg, mehr Rücksicht auf die Umwelt (weniger Verschmutzung und Zerstörung), Menschenrechte achten, daß nie wieder jemand hungern muß, Tierversuche und Quälerei abschaffen, keine Atombomben, nie wieder Hinrichtung weil jmd. eine andere Religion oder Hautfarbe hat, weniger Gewalt untereinander, mehr gefährliche Krankheiten geheilt werden können, keine Unterdrückung, mehr Zufriedenheit,*

Name: *Ines Just*

Straße: *Schumannstr 4*

PLZ/Ort: *45772 Harl*

Möchten Sie, daß auch andere Menschen Ihre Meinung kennenlernen? Wir stellen alle Antworten in der ICH PHOENIX im Gasometer Oberhausen aus. Ihre Zeitungsseite erhalten Sie nach der Ausstellung von den Künstlern signiert zurück.

© 1996 Esther und Jochen Gerz
Das 20. Jahrhundert

ZUSAMMEN

HERZEN

LIEBLOSIGKEIT

VERKAUFT

NIE WIEDER

TOT

LACHEN

UMARMT   SCHÄMEN

ANGEBEN

GERUCH   HEIZEN   LÄRM   ESSEN   MUT

LANGEWEILE   GEGESSEN   VERRAT   EINSAMKEIT   JUDE

GEKRATZT   MORD   GERNE

ANGST

WENN DAS 20. JAHRHUNDERT NOCH EINMAL STATTFÄNDE, WAS WÜRDEN SIE ÄNDERN?

SCHLUSS

ARBEITEN   NASS   STÄRKER

NEID   GEHÖRT   HILFLOSIGKEIT

HITZE

ZERSTÖRT   GERUCH   FAHREN   VORHER

ALKOHOL   GELB   FREMDE   KALT

SORGE   SUPPE

NACKT

VERLOREN   UMSONST   WEINEN

SEHNSUCHT

IMMER

LEID   BRANDNEU   LÜGE   LEIDENSCHAFT   AUFWACHEN

FAMILIE   UMARMT   GELD

SPRECHEN   VOLL   GESCHMOLZEN   EIFERSUCHT

GELD   WIEDERGEFUNDEN   GETRÄUMT   1946   FUSSBALL

ALLEIN   VERGESSEN

Können Sie diese Frage beantworten? Dann schicken Sie Ihre Antwort direkt an uns.

Was ich ändern würde: *keine Atombomben abschmeißen (Hiroshima, Nagasaki), die Massenvernichtung von Menschen, Hunger und Elend, unnötige Abschlachtung von Tieren (insbesondere bedrohte Arten), Erschießung von Martin Luther King & Rabin, Naturkatastrophen, die Menschen, Umwelt und Existenzen zerstören, Vietnamkrieg und jegliche Art von Krieg, Morde und Vergewaltigungen von Kindern und Frauen, Ausbeutung & Gewalt gegen Kinder*

Name: *Nierlich, Elisabeth*

Straße: *Vikariestr. 16*

PLZ/Ort: *45768 Marl*

ZUSAMMEN   HERZEN

LIEBLOSIGKEIT

VERKAUFT

NIE WIEDER

TOT

LACHEN

UMARMT   SCHÄMEN

HEIZEN   ANGEBEN   ESSEN   MUT

GERUCH   LÄRM   JUDE

LANGEWEILE   GEGESSEN   VERRAT   EINSAMKEIT   MORD

GEKRATZT   GERNE

ANGST

SCHLUSS

ARBEITEN   NASS   STÄRKER

NEID   GEHÖRT

ZERSTÖRT   HILFLOSIGKEIT

VORHER

SEHNSUCHT   VERLOREN   FREMDE   KALT

UMSONST   WEINEN

LEID   IMMER

LEIDENSCHAFT   AUFWACHEN

SPRECHEN   GELD   EIFERSUCHT

GELD   FUSSBALL

ALLEIN   VERGESSEN

WENN DAS 20. JAHRHUNDERT NOCH EINMAL STATTFÄNDE, WAS WÜRDEN SIE ÄNDERN?

HITZE   GERUCH   FAHREN   ALKOHOL   SORGE   GELB   NACKT   SUPPE   BRANDNEU   LÜGE   FAMILIE   UMARMT   VOLL   GESCHMOLZEN   WIEDERGEFUNDEN   GETRÄUMT   1946

Können Sie diese Frage beantworten? Dann schicken Sie Ihre Antwort direkt an uns.

Was ich ändern würde: *Ich würde alle Arten von Gewalt verhindern. Das heißt z.B. Waffen um (1.+2. Weltkrieg) Kriege zu verhindern und Tierversuche. Außerdem müßte die ganze Umweltverschmutzung verhindert werden. z.B. die Abholzung des Regenwaldes, und die enorme Luftverschmutzung durch Autos. Ich würde die Atomkraft verhindern. So wäre die Atombombe nicht erfunden worden und das Kernkraftwerk in Tschernobyl nicht explodiert. Außerdem hätte ich irgendwie versucht zu verhindern daß so schlimme Krankheiten wie Aids ausbrechen. Ich hätte verhindert daß es so viele Arbeitslose gibt. Ich hätte noch mehr verändert. Denn es gibt so viel negatives was man aber leider nicht mehr ändern kann.*

Name: *Katin Steinau*
Straße: *Georg-Herwegh-Str. 47*
PLZ/Ort: *45772 Marl*

ZUSAMMEN

LIEBLOSIGKEIT   HERZEN

Möchten Sie, daß auch andere Menschen Ihre Meinung kennenlernen? Wir stellen alle Antworten in der Ausstellung ICH PHOENIX im Gasometer Oberhausen aus. Ihre Zeitungsseite erhalten Sie nach der Ausstellung von den Künstlern signiert zurück.
Das 20. Jahrhundert
© 1996 Esther und Jochen Gerz

VERKAUFT   NIE WIEDER

TOT

UMARMT   LACHEN   SCHÄMEN

HEIZEN   ANGEBEN   ESSEN   MUT

GERUCH   LÄRM   JUDE

LANGEWEILE   GEGESSEN   GEKRATZT   VERRAT   EINSAMKEIT   MORD   GERNE

ANGST

WENN DAS 20. JAHRHUNDERT NOCH EINMAL STATTFÄNDE, WAS WÜRDEN SIE ÄNDERN?

SCHLUSS

ARBEITEN   NASS   STÄRKER

GEHÖRT

NEID   HITZE   HILFLOSIGKEIT

GERUCH   FAHREN   VORHER

ZERSTÖRT

FREMDE

ALKOHOL   GELB   KALT

SORGE

VERLOREN   NACKT   SUPPE   UMSONST   WEINEN

SEHNSUCHT

IMMER

LEID   BRANDNEU   LEIDENSCHAFT   AUFWACHEN

LÜGE   FAMILIE

SPRECHEN   UMARMT   GELD   EIFERSUCHT

VOLL   GESCHMOLZEN

GELD   WIEDERGEFUNDEN   GETRÄUMT   1946   FUSSBALL

ALLEIN   VERGESSEN

Können Sie diese Frage beantworten? Dann schicken Sie Ihre Antwort direkt an uns.

Was ich ändern würde: *Ich würde, wenn ich's könnte, die Entwicklung der Industrie dahingehend beeinflussen, daß sie umweltfreundlicher produziere und gleichzeitig weniger produziere. Ich würde den Bau von Autos ver- beugen und ein vernünftiges öffentliches Verkehrssystem schaffen. Natürlich würde ich auch versuchen die Weltkriege zu ver- hindern, die Atombombe, Atomreaktoren usw.*

Name: *Frank Lange*

Straße: *Bubenbusch 9*

PLZ/Ort: *45 770 MARL*

ZUSAMMEN   HERZEN

LIEBLOSIGKEIT

An das Oberhausener Abendblatt, Im Lipperfeld 25, 46047 Oberhausen

Ja, ich habe geantwortet. Ich nehme an der Verlosung von 200 Freikarten für das Kunstereignis ICH PHOENIX im Gasometer Oberhausen und an der Verlosung einer Ballonfahrt über das Ruhrgebiet teil.

VERKAUFT   NIE WIEDER

TOT

UMARMT LACHEN
SCHÄMEN
GERUCH HEIZEN ANGEBEN ESSEN MUT
LANGEWEILE LÄRM JUDE
GEGESSEN VERRAT
GEKRATZT EINSAMKEIT MORD
GERNE

ANGST

WENN DAS 20. JAHRHUNDERT NOCH EINMAL STATTFÄNDE, WAS WÜRDEN SIE ÄNDERN?

SCHLUSS

ARBEITEN NASS
STÄRKER
HITZE GEHÖRT
NEID
HILFLOSIGKEIT
FAHREN
VORHER
ZERSTÖRT
FREMDE
ALKOHOL GELB
SORGE KALT
NACKT SUPPE
VERLOREN
SEHNSUCHT UMSONST
WEINEN
IMMER
LEID BRANDNEU
LÜGE LEIDENSCHAFT
AUFWACHEN
FAMILIE
UMARMT GELD
SPRECHEN VOLL EIFERSUCHT
GESCHMOLZEN
GELD GETRÄUMT
WIEDERGEFUNDEN 1946 FUSSBALL
ALLEIN VERGESSEN

Können Sie diese Frage beantworten? Dann schicken Sie Ihre Antwort direkt an uns.

Was ich ändern würde: In meinem 20. Jahrhundert sollte Frieden in und zwischen allen Ländern jederzeit das oberste Ziel sein. Die Menschen sollten sich ständig darüber Gedanken machen, wie sie am besten in Harmonie und Zufriedenheit mit Rücksicht auf die Umwelt miteinander leben können. Dazu gehört mehr Toleranz und Hilfsbereitschaft untereinander, Förderung, Verständnis und Akzeptanz gegenüber den sogenannten Rand-gruppen.

Name: Birgit Beckmann

Straße: Pommernstr. 48

PLZ/Ort: 45770 Marl

Möchten Sie, daß auch andere Menschen Ihre Meinung kennenlernen? Wir stellen alle Antworten in der Ausstellung ICH PHOENIX im Gasometer Oberhausen aus. Ihre Zeitungsseite erhalten Sie nach der Ausstellung von den Künstlern signiert zurück.
Das 20. Jahrhundert
© 1996 Esther und Jochen Gerz

ZUSAMMEN HERZEN
LIEBLOSIGKEIT

VERKAUFT
NIE WIEDER

TOT

UMARMT   SCHÄMEN   LACHEN   HEIZEN   ANGEBEN   ESSEN   MUT

GERUCH   LANGEWEILE   GEGESSEN   GEKRATZT   VERRAT   LÄRM   EINSAMKEIT   MORD   JUDE   GERNE

ANGST

SCHLUSS

ARBEITEN

NEID

ZERSTÖRT

VERLOREN

SEHNSUCHT

LEID

SPRECHEN

GELD

WENN DAS 20. JAHRHUNDERT NOCH EINMAL STATTFÄNDE, WAS WÜRDEN SIE ÄNDERN?

NASS   STÄRKER   GEHÖRT   HITZE   FAHREN   HILFLOSIGKEIT   VORHER   FREMDE   KALT   ALKOHOL   SORGE   GELB   SUPPE   NACKT   UMSONST   WEINEN   BRANDNEU   IMMER   LÜGE   LEIDENSCHAFT   FAMILIE   AUFWACHEN   UMARMT   VOLL   GESCHMOLZEN   GELD   EIFERSUCHT   WIEDERGEFUNDEN   GETRÄUMT   FUSSBALL   ALLEIN   VERGESSEN

1946

Können Sie diese Frage beantworten? Dann schicken Sie Ihre Antwort direkt an uns.

Was ich ändern würde: Wenn ich das 20. Jahrhundert neu schreiben könnte, würde ich als erstes sämtliche Waffen und Waffenfabriken verschwinden lassen. Dann würden all die schrecklichen Kriege, die z. Z. toben oder unter deren Auswirkungen die Menschen jetzt noch leiden, nie stattfinden. Dann würde ich die Kolonialherrschaft sofort beenden und die ehemaligen Herrscher aufbauhilfen verpflichten. Vielleicht gäbe es dann heute keine „3. Welt"-Länder, in denen die Kinder verhungern.

Name: Rebecca Jacob   Als nächstes würde ich alle Schulbücher der Welt
Straße: Sandweg 19   umschreiben in solche, die mit wahren Informationen
PLZ/Ort: 45772 Marl   die Kinder zur Toleranz gegenüber fremden Kulturen erziehen.

Um das Ausmaß der Umweltverschmutzung zu verhindern, würde ich sämtliche Erfindungen wie Solarenergie, Recycling… an den Anfang des Jahrhunderts setzen.

Doch all das würde wahrscheinlich nichts bringen.

Der Menschheit ist nicht zu helfen!

Möchten Sie, daß auch andere Menschen Ihre Meinung kennenlernen? Wir stellen alle Antworten in der Ausstellung ICH PHOENIX im Gasometer Oberhausen aus. Ihre Zeitungsseite erhalten Sie nach der Ausstellung von den Künstlern signiert zurück.
© 1996 Esther und Jochen Gerz
Das 20. Jahrhundert

ZUSAMMEN   NIE WIEDER   TOT

LACHEN

UMARMT   SCHÄMEN

HEIZEN   ANGEBEN   ESSEN   MUT

GERUCH   LÄRM   JUDE

LANGEWEILE   GEGESSEN   VERRAT   EINSAMKEIT   MORD

GEKRATZT   GERNE

ANGST

WENN DAS 20. JAHRHUNDERT NOCH EINMAL STATTFÄNDE, WAS WÜRDEN SIE ÄNDERN?

SCHLUSS

ARBEITEN   NASS   STÄRKER

GEHÖRT

NEID   HITZE   HILFLOSIGKEIT

GERUCH   FAHREN

ZERSTÖRT   VORHER

ALKOHOL   FREMDE

GELB   KALT

SORGE

SUPPE

NACKT

VERLOREN   UMSONST

SEHNSUCHT   WEINEN

IMMER

LEID   BRANDNEU

LÜGE   LEIDENSCHAFT

FAMILIE   AUFWACHEN

UMARMT

SPRECHEN   EL..   VOLL   GELD   EIFERSUCHT

GESCHMOLZEN

WIEDERGEFUNDEN   GETRÄUMT   1946   FUSSBALL

GELD   ALLEIN   VERGESSEN

Können Sie diese Frage beantworten? Dann schicken Sie Ihre Antwort direkt an uns.

Was ich ändern würde: Keine Machtergreifung der Nationalsozialisten, keine Entstehung der Techno-Szene, fortwährendes Lebensgefühl und Ideale der 60/70er Jahre, keine Entwicklung von Atomkraften ~~die eine~~ kein Volksverdummen (es d. Überwachungsgehalt auch in Kundlersendungen.) des Fernsehprogramm, bzw. ist TV eine unnütze Erfindung, Abschaffung v. unnützen Tierversuchen bzw. es d. Herren/Mörder um sich mit Pelzen zu schmücken

Name: A. Mialejka

Straße: Tauberstr. 7

PLZ/Ort: 45772 Marl

Möchten Sie, daß auch andere Menschen Ihre Meinung kennenlernen? Wir stellen alle Antworten in der Ausstellung ICH PHOENIX im Gasometer Oberhausen aus. Ihre Zeitungsseite erhalten Sie nach der Ausstellung von den Künstlern signiert zurück. Das 20. Jahrhundert © 1996 Esther und Jochen Gerz

ZUSAMMEN   HERZEN

LIEBLOSIGKEIT

VERKAUFT   NIE WIEDER

TOT

An das Oberhausener Abendblatt, Im Lipperfeld 25, 46047 Oberhausen

Ja, ich habe geantwortet. Verlosung von 200 Freikarten für das Kunstereignis ICH PHOENIX im Gasometer Oberhausen und an der Verlosung einer Ballonfahrt über das Ruhrgebiet teil. Ich nehme an der Verlosung von 200 Freikarten für das Kunstereignis Oberhausen und an der Verlosung einer Ballonfahrt über das Ruhrgebiet teil.

Können Sie diese Frage beantworten? Dann schicken Sie Ihre Antwort direkt an uns.

Was ich ändern würde: Die 60er – 70er Jahre hätten in die 90er verlegt werden müssen. Das Bauernhof-Festival in Marl hätte nicht abgeschafft werden dürfen. Die Techno-Szene hätte nicht entstehen dürfen, viel mehr Liebe, Toleranz, Verständnis und Humanität hätten die ganzen Kriege und Gewalttätigkeiten verhindern sollen, der Größenwahn der „Menschen" hätte nicht so überhand nehmen dürfen, dann würde es unserer Umwelt (Flora, Fauna) weit besser gehen und das Klima hätte sich auch nicht so drastisch verschoben, es hätte nicht soweit kommen dürfen, daß das Geld die Welt regiert und das Menschsein weniger angesehen ist in unserer Gesellschaft, das Fernsehprogramm

Name: Nadine Stiller

Straße: Langehegge 327

PLZ/Ort: 45770 Marl

sollte ein bischen anspruchsvoller sein, es hätte nicht so viel Fläche verbaut werden dürfen, der Papst bzw. Vatikan mit dessen konservativen Einstellung dürfte nicht mehr akzeptieren, keine synthetischen Drogen, nicht soviel Einschränkung vom Staat, Égalité, Pelzträger strafbar machen, für Walfänger Todesstrafe, Rassisten, Menschenmißhandler ins ganzes Leben Haft, etc. etc.

ZUSAMMEN

LIEBLOSIGKEIT

VERKAUFT

NIE WIEDER

TOT

LACHEN

UMARMT   SCHÄMEN

GERUCH   HEIZEN   ANGEBEN   ESSEN   MUT

LANGEWEILE   GEGESSEN   LÄRM   JUDE

GEKRATZT   VERRAT   EINSAMKEIT   MORD

GERNE

ANGST

WENN DAS 20. JAHRHUNDERT NOCH EINMAL STATTFÄNDE, WAS WÜRDEN SIE ÄNDERN?

SCHLUSS

ARBEITEN   NASS   STÄRKER

NEID   GEHÖRT

HITZE   HILFLOSIGKEIT

ZERSTÖRT   FAHREN

GERUCH   VORHER

FREMDE

ALKOHOL   SORGE   GELB   KALT

SUPPE

VERLOREN   NACKT

SEHNSUCHT   UMSONST   WEINEN

IMMER

LEID   BRANDNEU   LEIDENSCHAFT

LÜGE   AUFWACHEN

FAMILIE

SPRECHEN   UMARMT   GELD   EIFERSUCHT

VOLL   GESCHMOLZEN

WIEDERGEFUNDEN   GETRÄUMT   1946

GELD   FUSSBALL

ALLEIN   VERGESSEN

Können Sie diese Frage beantworten? Dann schicken Sie Ihre Antwort direkt an uns.

Was ich ändern würde: Ich würde versuchen, den 2. Weltkrieg zu verhindern. Ich würde auch mein Verhalten gegenüber anderen Menschen verändern, bevor ich Niederlagen erlebe. Ich würde meine Eltern zwingen, sich mehr für um ihre Gesundheit zu kümmern, damit ich auch nicht miterlebe, wie sie leiden. Ich würde auch den unseren Autounfall verhindern, damit ich nie wieder Angst haben muß, wenn ich im Auto sitze und mein Vater mal ganz plötzlich bremst.

Name: Birgül Bas

Straße: Brunhildestr. 14

PLZ/Ort: 45770 Marl

ZUSAMMEN

LIEBLOSIGKEIT   HERZEN

VERKAUFT

NIE WIEDER

TOT

UMARMT   LACHEN

    SCHÄMEN

    HEIZEN   ANGEBEN   ESSEN   MUT

GERUCH   LÄRM   JUDE

LANGEWEILE   GEGESSEN   VERRAT   EINSAMKEIT   MORD

      GEKRATZT   GERNE

ANGST

WENN DAS 20. JAHRHUNDERT NOCH EINMAL STATTFÄNDE, WAS WÜRDEN SIE ÄNDERN?

SCHLUSS

ARBEITEN   NASS   STÄRKER

NEID   HITZE   GEHÖRT

              GERUCH   HILFLOSIGKEIT

ZERSTÖRT   FAHREN

                                  VORHER

ALKOHOL   FREMDE

                  SORGE   GELB   KALT

VERLOREN   NACKT   SUPPE

SEHNSUCHT   UMSONST   WEINEN

LEID   BRANDNEU   IMMER

       LÜGE   LEIDENSCHAFT   AUFWACHEN

                   FAMILIE

SPRECHEN   ELTERN   UMARMT   GELD

           VOLL   EIFERSUCHT

                GESCHMOLZEN

GELD   WIEDERGEFUNDEN   GETRÄUMT   *1946*   FUSSBALL

                           ALLEIN   VERGESSEN

Können Sie diese Frage beantworten? Dann schicken Sie Ihre Antwort direkt an uns.

Was ich ändern würde: *ICH WÜRDE DAS OBRIGKEITSDENKEN ABSCHAFFEN, DAFÜR MEHR MITMENSCHLICHKEIT, NÄCHSTENLIEBE U. FREUDE AN GOTTES SCHÖPFUNG EINSETZEN WOLLEN. RASSENWAHN, MORD, ERNIEDRIGUNG U. VIELE KRANKHEITEN WÜRDEN UNS ERSPART SEIN!*

Name: _Alfred Theile_

Straße: _Lothringer Weg 4_

PLZ/Ort: _45481 Muelheim a d Ruhr_
          _0208 489488_

Möchten Sie, daß auch andere Menschen Ihre Meinung kennenlernen? Wir stellen alle Antworten in der Ausstellung ICH PHOENIX im Gasometer Oberhausen aus. Ihre Zeitungssseite erhalten Sie nach der Ausstellung von den Künstlern signiert zurück.

Das 20. Jahrhundert
© 1996 Esther und Jochen Gerz

ZUSAMMEN   HERZEN

        LIEBLOSIGKEIT

VERKAUFT

         NIE WIEDER

TOT

An das Mülheimer Abendblatt, Reichstraße 37 - 39 . 45479 Mülheim

Ja, ich habe geantwortet. Ich nehme an der Verlosung von 200 Freikarten für das Kunstereignis ICH PHOENIX im Gasometer Oberhausen und an der Verlosung einer Ballonfahrt über das Ruhrgebiet teil.

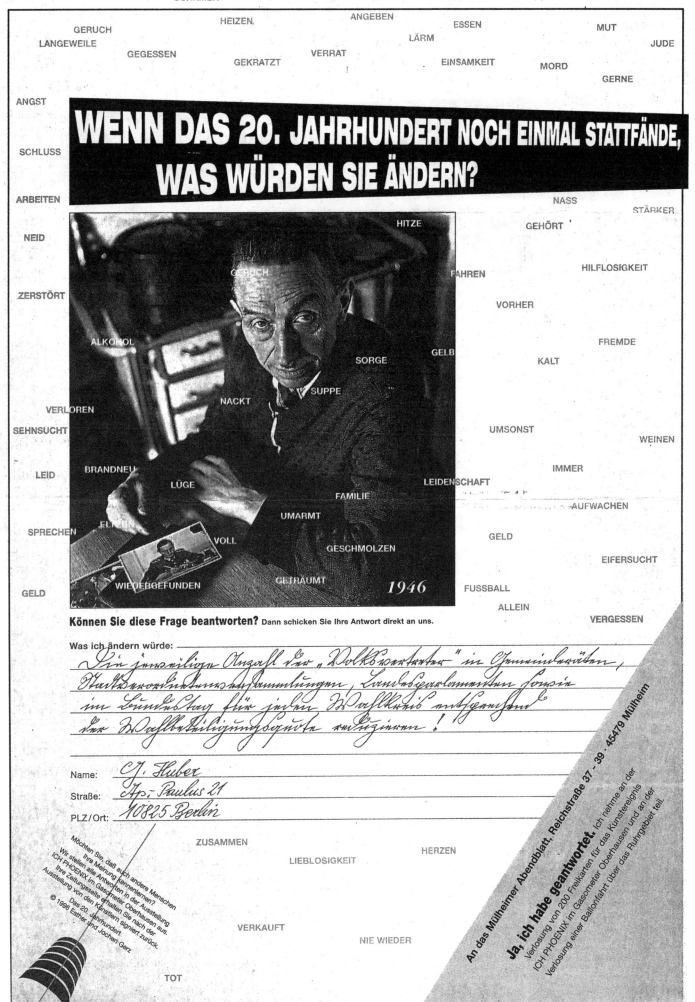

UMARMT · SCHÄMEN · LACHEN · HEIZEN · ANGEBEN · ESSEN · MUT · GERUCH · LÄRM · JUDE · LANGEWEILE · GEGESSEN · VERRAT · EINSAMKEIT · MORD · GEKRATZT · GERNE

ANGST

SCHLUSS

WENN DAS 20. JAHRHUNDERT NOCH EINMAL STATTFÄNDE, WAS WÜRDEN SIE ÄNDERN?

ARBEITEN · NASS · STÄRKER · GEHÖRT

NEID · HITZE · HILFLOSIGKEIT

ZERSTÖRT · GERUCH · FAHREN · VORHER

ALKOHOL · FREMDE · KALT

SORGE · GELB

SUPPE

NACKT

VERLOREN · UMSONST · WEINEN

SEHNSUCHT

BRANDNEU · IMMER

LEID · LEIDENSCHAFT

LÜGE · FAMILIE · AUFWACHEN

UMARMT

SPRECHEN · ELTERN · VOLL · GESCHMOLZEN · GELD

WIEDERGEFUNDEN · EIFERSUCHT

GELD · GETRÄUMT · 1946 · FUSSBALL

ALLEIN · VERGESSEN

Können Sie diese Frage beantworten? Dann schicken Sie Ihre Antwort direkt an uns.

Was ich ändern würde: _____

[handschriftlicher Text]

Name: CJ. Huber

Straße: Ap.-Paulus 21

PLZ/Ort: 10825 Berlin

ZUSAMMEN · HERZEN · LIEBLOSIGKEIT

VERKAUFT · NIE WIEDER · TOT

LACHEN

UMARMT   SCHÄMEN

HEIZEN   ANGEBEN   ESSEN   MUT

GERUCH   LÄRM   JUDE
LANGEWEILE
         GEGESSEN   GEKRATZT   VERRAT   EINSAMKEIT   MORD

                                                                              GERNE

ANGST

WENN DAS 20. JAHRHUNDERT NOCH EINMAL STATTFÄNDE, WAS WÜRDEN SIE ÄNDERN?

SCHLUSS

ARBEITEN   NASS   STÄRKER

                                                          GEHÖRT
NEID

                                                                    HILFLOSIGKEIT
                                          HITZE
ZERSTÖRT   FAHREN

                                                    VORHER

ALKOHOL   FREMDE

                                          GELB   KALT
                              SORGE

                    NACKT   SUPPE
VERLOREN

SEHNSUCHT   UMSONST
                                                                              WEINEN

LEID   BRANDNEU   IMMER

              LÜGE   LEIDENSCHAFT

                                    FAMILIE   AUFWACHEN

SPRECHEN   UMARMT   GELD
                    VOLL

                              GESCHMOLZEN   EIFERSUCHT

GELD   WIEDERGEFUNDEN   GETRÄUMT   1946   FUSSBALL

                                                    ALLEIN   VERGESSEN

Können Sie diese Frage beantworten? Dann schicken Sie Ihre Antwort direkt an uns.

Was ich ändern würde: _Politiker sollen was tun mehr Arbeitsplätze schaffen und weniger Reden und Quatzen, zubeispiel die SPD hat gefeiert 5 mall in Mülheim bei Cité-Center Draußen dort wurden Sonnen schürme SPD Mitglieder haben Bier - Wein gesauft - getanzt bei Laute Musik gequatscht geredet und gelacht, ales würde das vorn Hass auf Union auf CDU und auf dem Herrn Bundeskanzler Dr. Helmuth Kohl mit Unrecht haben gemacht auf Konto Bundesregierung._

Name: _Gornik Wawrzyniec-Lorenz_

Straße: _Wiescherweg 57_

PLZ/Ort: _45472 Mülheim - Ruhr 1._

ZUSAMMEN   "Miet Vielle Grüße"
            "Hoch Achtung Voll"   HERZEN

LIEBLOSIGKEIT

Gornik

VERKAUFT

            NIE WIEDER

TOT

WENN DAS 20. JAHRHUNDERT NOCH EINMAL STATTFÄNDE, WAS WÜRDEN SIE ÄNDERN?

Können Sie diese Frage beantworten? Dann schicken Sie Ihre Antwort direkt an uns.

Was ich ändern würde:

_____ = liebe Mitmenschen

_____ = glückliche Mitmenschen

Name: _____

Straße: _____

PLZ/Ort: _____

Möchten Sie, daß auch andere Menschen Ihre Meinung kennenlernen? Wir stellen alle Antworten in der Ausstellung ICH PHOENIX im Gasometer Oberhausen aus. Ihre Zeitungsseite erhalten Sie nach der Ausstellung von den Künstlern signiert zurück. Das 20. Jahrhundert © 1996 Esther und Jochen Gerz.

An das Oberhausener Abendblatt, Im Lipperfeld 25, 46047 Oberhausen

Ja, ich habe geantwortet. Ich nehme an der Verlosung von 200 Freikarten für das Kunstereignis ICH PHOENIX im Gasometer Oberhausen teil.

Andreas Krems
Postfach 110329
46123 Oberhausen

LACHEN

UMARMT   SCHÄMEN

HEIZEN   ANGEBEN   ESSEN   MUT

GERUCH   LÄRM

LANGEWEILE   JUDE

GEGESSEN   GEKRATZT   VERRAT   EINSAMKEIT   MORD   GERNE

ANGST

SCHLUSS

WENN DAS 20. JAHRHUNDERT NOCH EINMAL STATTFÄNDE, WAS WÜRDEN SIE ÄNDERN?

ARBEITEN   NASS   STÄRKER

NEID   HITZE   GEHÖRT

HILFLOSIGKEIT

ZERSTÖRT   FAHREN

VORHER

FREMDE

SORGE   GELB   KALT

VERLOR

SEHNSUCHT   WEINEN

LEID   AUFWACHEN

EIFERSUCHT

GELD   ALLEIN

VERGESSEN

GERUCH — ALKOHOL — NACKT — SUPPE — BRANDNEU — ELTERN — UMARMT — ZOLL — GESCHMOLZEN — GETRÄUMT — WIEDERGEFUNDEN — 1964

UMSONST — LEIDENSCHAFT — IMMER — GELD — FUSSBALL — 1966

Können Sie diese Frage beantworten? Dann schicken Sie Ihre Antwort direkt an uns.

Was ich ändern würde: Zuerst einmal würde ich unsere viel zu humane Gesetzgebung ändern. Festgenommene Straftäter lachen sich dann bei cleverer Anwälte eins ins Fäustchen, weil sie wissen das sie schnell wieder auf freiem Fuß kommen. Ferner sollte man Völkermörder schnellstmöglich vor ein Welt-Gericht stellen, und aburteilen. Was unsere Bundeswehr betrifft, so schlage ich hier ein freiwilliges Dienen vor. Wehrdienstverweigerer sollte man das Recht einräumen, frei zu entscheiden ob sie viel lieber Zivildienst, oder Dienst an der Waffe ausüben möchten. Da ich schon immer die Meinung vertrat „Auge um Auge — Zahn um Zahn" plädiere ich für die Abschaffung der Todesstrafe, bei Mord. Was Diebstahl betrifft, so schlage ich das Abhacken erst der einen, später der anderen Hand vor. Unter Strafe stellen würde ich beispielsweise auch das Werben an der Haustüre, so genannter Drücker-Kolonnen. Abschaffen würde ich auch den ... Beamtenstatus. Als letztes schlage ich vor, mit aller Härte des Gesetzes gegen kleine und große Steuerbetrüger vorzugehen.

Name: Reinhold Hoffjahn (46)

Straße: Falkensteinstr. 301

PLZ/Ort: 46047-Oberhausen

P.S. Auf diesem Wege wünsche ich Esther und Jochen Gerz viel Erfolg mit Ihrer Aktion.

LACHEN

UMARMT   SCHÄMEN

HEIZEN   ANGEBEN   ESSEN   MUT

GERUCH   LÄRM   JUDE

LANGEWEILE   GEGESSEN   VERRAT   EINSAMKEIT   MORD

GEKRATZT   GERNE

ANGST

SCHLUSS

WENN DAS 20. JAHRHUNDERT NOCH EINMAL STATTFÄNDE, WAS WÜRDEN SIE ÄNDERN?

ARBEITEN   NASS   STÄRKER

NEID   HITZE   GEHÖRT

HILFLOSIGKEIT

FAHREN

ZERSTÖRT   VORHER

FREMDE

GELB

SORGE   KALT

GERUCH

ALKOHOL

SUPPE

NACKT

VERLOREN

SEHNSUCHT   UMSONST   WEINEN

LEID   BRANDNEU   LEIDENSCHAFT   IMMER

LÜGE   AUFWACHEN

FAMILIE

SPRECHEN   ELTERN   UMARMT   GELD

VOLL   GESCHMOLZEN   EIFERSUCHT

GETRÄUMT

GELD   WIEDERGEFUNDEN   1964   FUSSBALL   1966

ALLEIN

Können Sie diese Frage beantworten? Dann schicken Sie Ihre Antwort direkt an uns.   VERGESSEN

Was ich ändern würde: _Den Menschen das Bewußtsein näher bringen, daß diese Welt nur einmal existiert und wir mit ihr wesentlich umweltbewußter umgehen müssen. Außerdem finde ich es nicht gut, wie die Menschlichkeit, die Nähe zum anderen, mit immer neuen Technologien immer mehr auf der Strecke bleibt. Wir leben in immer mehr Unfrieden zum anderen, dabei brauchen wir ihn immer mehr um in dieser Welt überleben zu können. Also mehr Nächstenliebe, dann haben wir auch bessere Chancen_

Name: **Sabine Winter**   _gemeinsam etwas mehr für die Umwelt, für_
Schleifmühlenstr. 19
46119 Oberhausen
Tel. 0208/807171   _unser aller Zukunft zu tun, denn diese Welt_

Straße: _gibt es nur einmal und wir haben die_

PLZ/Ort: _Verantwortung dafür._

ZUSAMMEN

LIEBLOSIGKEIT   HERZEN

VERKAUFT

NIE WIEDER

TOT

LACHEN

UMARMT   SCHÄMEN

HEIZEN   ANGEBEN   ESSEN   MUT

GERUCH   LÄRM

LANGEWEILE   GEGESSEN   VERRAT   EINSAMKEIT   JUDE

GEKRATZT   MORD

GERNE

ANGST

WENN DAS 20. JAHRHUNDERT NOCH EINMAL STATTFÄNDE, WAS WÜRDEN SIE ÄNDERN?

SCHLUSS

ARBEITEN

NASS   STÄRKER

HITZE   GEHÖRT

NEID

FAHREN   HILFLOSIGKEIT

GERUCH

VORHER

ZERSTÖRT

FREMDE

ALKOHOL

SORGE   GELB   KALT

SUPPE

VERLOR   NACKT   UMSONST   WEINEN

SEHNSUCHT

LEIDENSCHAFT   IMMER

LEID   BRANDNEU   AUFWACHEN

LÜGE

FAMILIE   GELD   EIFERSUCHT

SPRECHEN   ELTERN   UMARMT

VOLL   GESCHMOLZEN   ANG

GETRÄUMT

GELD   WIEDERGEFUNDEN   1964   FUSSBALL   1966

ALLEIN   VERGESSEN

Können Sie diese Frage beantworten? Dann schicken Sie Ihre Antwort direkt an uns.

Was ich ändern würde: An jeder Fabrik, in jedem Unternehmen, in jeder Werkstatt, soll der Unternehmer / die Unternehmensleitung, der Besitzer, für die Arbeiter-Belegschaft einen großen Gebetsraum errichten mit einem großen Kreuz, mit Corpus und die Inschrift: INRI, mit Weihwasserbecken und dort drin „Weihwasser", was vom r.-k. Priester gesegnet ist und Kniebänke mit Sitzbänke, mit Muttergottesbildern, mit einer

Name: Werner Janren   blauen „Madonna mit Jesuskind" die vom r.-k. Priester gesegnet ist und

Straße: Höherstraße 12   aufstellen und die Arbeiter-Belegschaft davor beten soll(en). während der Arbeitszeit zu

PLZ/Ort: 46145 Oberhausen   bestimmten Zeiten

ZUSAMMEN   HERZEN

LIEBLOSIGKEIT

Die hl. Mutter Gottes Maria spricht: „Nichts geschieht ohne Gebet und ohne Opfern, mit Gebet und Opfern aber alles, was Gott auch will und wir wollen!"

VERKAUFT   NIE WIEDER

TOT

UMARMT   SCHÄMEN   LACHEN

GERUCH   HEIZEN   ANGEBEN   ESSEN   MUT

LANGEWEILE   GEGESSEN   VERRAT   LÄRM   JUDE

GEKRATZT   EINSAMKEIT   MORD   GERNE

ANGST

SCHLUSS

WENN DAS 20. JAHRHUNDERT NOCH EINMAL STATTFÄNDE, WAS WÜRDEN SIE ÄNDERN?

ARBEITEN   NASS   STÄRKER

NEID   HITZE   GEHÖRT

FAHREN   HILFLOSIGKEIT

ZERSTÖRT   VORHER

FREMDE

SORGE   GELB   KALT

VERLOR   SEHNSUCHT   WEINEN

LEID   AUFWACHEN

SPRECHEN   EIFERSUCHT

GELD   ALLEIN   VERGESSEN

(Bildunterschriften auf Luftbild: GERUCH, ALKOHOL, NACKT, SUPPE, VERLOR, BRANDNEU, LÜGE, ELTERN, VOLL, FAMILIE, UMARMT, GESCHMOLZEN, GETRÄUMT, WIEDERGEFUNDEN, 1964)

(Bildunterschriften auf Foto rechts: UMSONST, LEIDENSCHAFT, IMMER, GELD, FUSSBALL, 1966)

Können Sie diese Frage beantworten? Dann schicken Sie Ihre Antwort direkt an uns.

Was ich ändern würde: *Die Diktatur über Frauen in Deutschland. Von allen Seiten wird den Frauen diktatorisch eingetrichtert wie sie zu sein haben. So geht es schon im Elternhaus los. Später übernimmt der Freund oder Ehemann die Diktatur, aber auch Politik und Umwelt nimmt sich die Freiheit dazu. Männer haben ihre Kneipen und Frauen fast nichts für sich alleine.*

Name: *Sabine Singh-Tatla*

Straße: *Taunusstr 103*

PLZ/Ort: *46119 Oberhausen*

Es fehlen Treffs für Frauen ab 40 – 60 Jahre junggebliebene. Ruhr-Schmitz ist zu klein Druckluft nicht schön genug

Möchten Sie, daß auch andere Menschen Ihre Meinung kennenlernen? Wir stellen alle Antworten in der Ausstellung ICH PHOENIX im Gasometer Oberhausen aus. Ihre Zeitungsseite erhalten Sie nach der Ausstellung von den Künstlern signiert zurück. Das 20. Jahrhundert © 1996 Esther und Jochen Gerz

ZUSAMMEN   HERZEN

LIEBLOSIGKEIT

VERKAUFT   NIE WIEDER

TOT

An das Oberhausener Abendblatt, Im Lipperfeld 25, 46047 Oberhausen

Ja, ich habe geantwortet. Ich nehme an der Verlosung von 200 Freikarten für das Kunstereignis ICH PHOENIX im Gasometer Oberhausen teil.

LACHEN
UMARMT
SCHÄMEN
HEIZEN   ANGEBEN   ESSEN   MUT
GERUCH   LÄRM   JUDE
LANGEWEILE
GEGESSEN   GEKRATZT   VERRAT   EINSAMKEIT   MORD
GERNE
ANGST

WENN DAS 20. JAHRHUNDERT NOCH EINMAL STATTFÄNDE, WAS WÜRDEN SIE ÄNDERN?

SCHLUSS

ARBEITEN   NASS   STÄRKER

NEID   HITZE   GEHÖRT

       HILFLOSIGKEIT

ZERSTÖRT   FAHREN

     VORHER

     FREMDE

SORGE   GELB   KALT

VERLOR

SEHNSUCHT   WEINEN

LEID   IMMER

      AUFWACHEN

SPRECHEN   GELD

     EIFERSUCHT

GELD   ALLEIN   VERGESSEN

Können Sie diese Frage beantworten? Dann schicken Sie Ihre Antwort direkt an uns.

Was ich ändern würde: _____

Ich wünsche mein Adolf Hitler wäre von der Wiener Kunstschule als Schüler aufgenommen worden

Name: _Matthias Thomas_

Straße: _Flockenfeld 92_

PLZ/Ort: _46049 Oberhausen_

ZUSAMMEN   HERZEN

LIEBLOSIGKEIT

VERKAUFT

NIE WIEDER

TOT

UMARMT   LACHEN   SCHÄMEN

HEIZEN   ANGEBEN   ESSEN   MUT

GERUCH   LÄRM   JUDE

LANGEWEILE   GEGESSEN   GEKRATZT   VERRAT   EINSAMKEIT   MORD   GERNE

ANGST

SCHLUSS

WENN DAS 20. JAHRHUNDERT NOCH EINMAL STATTFÄNDE, WAS WÜRDEN SIE ÄNDERN?

NASS   STÄRKER

HITZE   GEHÖRT

FAHREN   HILFLOSIGKEIT

VORHER

FREMDE

SORGE   GELB   KALT

WEINEN

AUFWACHEN

EIFERSUCHT

ALLEIN   VERGESSEN

Können Sie diese Frage beantworten? Dann schicken Sie Ihre Antwort direkt an uns.

Was ich ändern würde:

✱ 20. 04. 1889 in Braunau/Oberösterreich
ab 1903 Lehre als Anstreicher in Braunau
ab 1906 Anstreichergeselle in Braunau
ab 1915 Malermeister in Braunau
ab 1923 Malermeister mit Angestellten und einem
Malergeschäft in Braunau. ✝ 1950 als Altmeister in Braunau.

Name: GERHARD KROHN
Straße: SALAMANDER WEG 16
PLZ/Ort: 45475 MÜLHEIM A. D. RUHR

Möchten Sie, daß auch andere Menschen
Ihre Meinung kennenlernen?
Wir stellen alle Antworten in der Ausstellung
ICH PHOENIX im Gasometer Oberhausen aus.
Ihre Zeitungsseite erhalten Sie nach der
Ausstellung von den Künstlern signiert zurück.
© 1996 Esther und Jochen Gerz
Das 20. Jahrhundert

An das Oberhausener Abendblatt, Reichstraße 37 - 39, 45479 Mülheim

Ja, ich habe geantwortet. Ich nehme an der
Verlosung von 200 Freikarten für das Kunstereignis
ICH PHOENIX im Gasometer Oberhausen und an
der Verlosung einer Ballonfahrt über das Ruhrgebiet teil.

UMARMT   LACHEN
SCHÄMEN
HEIZEN   ANGEBEN   ESSEN   MUT
GERUCH   LÄRM   JUDE
LANGEWEILE   GEGESSEN   VERRAT   EINSAMKEIT   GERNE
GEKRATZT   MORD

ANGST

SCHLUSS

WENN DAS 20. JAHRHUNDERT NOCH EINMAL STATTFÄNDE, WAS WÜRDEN SIE ÄNDERN?

ARBEITEN

NASS   STÄRKER
HITZE   GEHÖRT
NEID
HILFLOSIGKEIT
FAHREN
ZERSTÖRT
VORHER

FREMDE
GELB
SORGE   KALT

VERLOR
SEHNSUCHT   WEINEN

LEID

AUFWACHEN

SPRECHEN
EIFERSUCHT

GELD
ALLEIN   VERGESSEN

GERUCH • ALKOHOL • NACKT • SUPPE • VERLOR • BRANDNEU • LÜGE • ELTERN • TOLL • GETRÄUMT • WIEDERGEFUNDEN • *1964*

UMSONST • LEIDENSCHAFT • IMMER • GELD • FUSSBALL • *1966*

FAMILIE • UMARMT • GESCHMOLZEN

Können Sie diese Frage beantworten? Dann schicken Sie Ihre Antwort direkt an uns.

Was ich ändern würde: *Die Bildungssysteme der Welt so aufbauen und allen Menschen zugänglich machen, daß auf dieser Welt keine Waffen mehr produziert werden und demzufolge auch keine Kriege mehr stattfinden. Das alle Glaubensrichtungen so aufgebaut werden, daß Verständnis und Toleranz so stark verinnerlicht werden, daß Haß und Unterdrückung aus unserem Denken verschwinden würden.*

Name: *Jürgen Polnar*

Straße: *Nlan - Becker - Str. 10*

PLZ/Ort: *45476 Mülheim an der Ruhr*

Möchten Sie, daß auch andere Menschen Ihre Meinung kennenlernen? Wir stellen alle Antworten in der Ausstellung ICH PHOENIX im Gasometer Oberhausen aus. Ihre Zeitungsseite erhalten Sie nach der Ausstellung von den Künstlern signiert zurück.

Das 20. Jahrhundert
© 1996 Esther und Jochen Gerz

ZUSAMMEN   HERZEN
LIEBLOSIGKEIT

VERKAUFT
NIE WIEDER

TOT

Können Sie diese Frage beantworten? Dann schicken Sie Ihre Antwort direkt an uns.

Was ich ändern würde: Ich würde weniger Häuser bauen. Die Natur mehr kommen lassen. Es wird nur überall gebaut und keine denk an der natur da Draußen leben auch Tiere. Voralle sollte man mehr für die Kinder machen. Damit die von der Straßen kommen. Die Mama sollte die Kinder viel beschäftige zum beispiel mit eine selbe gebauten Spielplatz. Und es müßte weniger Auto geben. Jeder Deutsche hat schon eine Führerschein

Name: Monika Jansen   es gibt viel zu viel Auto auf unsere

Straße: Hähestraße 12 a   Deutschen Straße. Es gibt auch viele

PLZ/Ort: 46 145 Oberhausen   Unfäll mit Todesfälle das muß nicht sein!

Möchten Sie, daß auch andere Menschen Ihre Meinung kennenlernen? Wir stellen alle Antworten in der Ausstellung ICH PHOENIX im Gasometer Oberhausen aus. Ihre Zeitungsseite erhalten Sie nach der Ausstellung von den Künstlern signiert zurück.
Das 20. Jahrhundert
© 1996 Esther und Jochen Gerz

ZUSAMMEN

LIEBLOSIGKEIT

HERZEN

VERKAUFT

NIE WIEDER

TOT

An das Oberhausener Abendblatt, im Lipperfeld 25, 46047 Oberhausen

Ja, ich habe geantwortet. Ich nehme an der Verlosung von 200 Freikarten für das Kunstereignis ICH PHOENIX im Gasometer Oberhausen teil.

LACHEN

UMARMT   SCHÄMEN

HEIZEN   ANGEBEN   ESSEN   MUT

GERUCH

LANGEWEILE   LÄRM   JUDE

GEGESSEN   GEKRATZT   VERRAT   EINSAMKEIT   MORD

GERNE

ANGST

SCHLUSS

WENN DAS 20. JAHRHUNDERT NOCH EINMAL STATTFÄNDE, WAS WÜRDEN SIE ÄNDERN?

ARBEITEN   NASS   STÄRKER

NEID

ZERSTÖRT

HITZE   GEHÖRT

GERUCH

NACKT   GESCHMOLZEN   FAHREN   HILFLOSIGKEIT

VORHER

ALKOHOL   SUPPE   GELB   KALT   FREMDE

VERLOREN

SEHNSUCHT   UMSONST   WEINEN

IMMER

LEID   BRANDNEU   LEIDENSCHAFT

LÜGE   AUFWACHEN

SPRECHEN   ELTERN   UMARMT   GELD

VOLL   EIFERSUCHT

GETRÄUMT   1981

GELD   WIEDERGEFUNDEN   FUSSBALL

ALLEIN   VERGESSEN

Können Sie diese Frage beantworten? Dann schicken Sie Ihre Antwort direkt an uns.

Was ich ändern würde: *Der Franck Broderek vom Stattsverwaltung Mülheim a.d. Ruhr muß weg vom diese Stelle weil ist Er ein Schmagler und Völscher mit Deutsche Stattsangehörigkeit, hat gegeben auf Schwarz 3 Familie Kruseczyński - Sobański und Frau Schultz 70 Km vor Warschau dort wurde Hans Schultz Rechtsanwalt verheirattet, also das ist mit Unrecht so ein Frau wurde nimals Deutsche Bürgerin gewesen auf keinen Fall muß abgelehnt werden.*

Name: *Czornik Wawrzyniec - Lorenz*

Straße: *Wiescherweg 57*

PLZ/Ort: *45472 Mülheim-Ruhr 1*

Tel. 0208 433384

ZUSAMMEN

Mit Viele Grüße Hoch Achtung Voll. Czornik.

LIEBLOSIGKEIT   HERZEN

VERKAUFT

NIE WIEDER

Die Mauer vom Stalin Bursche Erich Honeker das war der Resim vom Eiserne Kurtine, Aber das Deutsche Volk hat so schnel das Vergessen, das der Herrn Bundeskanzler Dr. Helmuth Kohl hat Menschen befreit, die Mauer hat abgerüßen und Deutschland Vereinigt zur gute Zukunft und frieden.

TOT

An das Oberhausener Abendblatt, Im Lipperfeld 25, 46047 Oberhausen oder an das Mülheimer Abend Blatt, Reichstraße 37-39, 45479 Mülheim

Ja, ich habe geantwortet. Ich nehme an der Verlosung von 200 Freikarten für das Kunstereignis ICH PHOENIX im Gasometer Oberhausen und an der Verlosung einer Ballonfahrt über das Ruhrgebiet teil.

Franck Broderek ist aus Gleisitz mein Landsmann mit wollte abschieben nach Oberschlesien im Jahre 1983 Herr Vater würde geworben also das er nicht meine Stadtkarniere war. Die Deutsche Burger vom SPD.

LACHEN

UMARMT   SCHÄMEN

HEIZEN   ANGEBEN   ESSEN   MUT

GERUCH   LÄRM   JUDE

LANGEWEILE   GEGESSEN   VERRAT   EINSAMKEIT   MORD

GEKRATZT   GERNE

ANGST

SCHLUSS

WENN DAS 20. JAHRHUNDERT NOCH EINMAL STATTFÄNDE, WAS WÜRDEN SIE ÄNDERN?

ARBEITEN   NASS   STÄRKER

NEID   HILFLOSIGKEIT

ZERSTÖRT

FREMDE

VERLOREN

SEHNSUCHT   WEINEN

LEID

AUFWACHEN

SPRECHEN

EIFERSUCHT

GELD   VERGESSEN

Ich bin Jahrgang 1938. Zu Beginn meiner Schulzeit 1944
wurde gleich das Schulhaus zerbombt; Ausweich möglichkeiten waren das Pfarrheim der Kirchengemeind und
das Forsthaus. Oft war Fliegeralarm während der Schulstunden und „Luftgefahr 15". Dann raus aus dem Unterricht
und rein in Luftschutzbunker oder nach Hause rennen
in den Luftschutzkeller des Wohnhauses. Am 17. Dez. 1944
war wieder Luftangriff, die Decke des Wohnzimmers fiel
schon runter, wir waren noch beim Abendbrot und hatten
das Heulen der Sirene überhört. Im Luftschutzkeller dann
beteten die Leute verzweifelt; meine Mutter nahm hereingefallene Stabbrandbomben mit der Hand, um sie wieder
nach draußen zu legen.
Mit Tieffliegern, Sirenengeheul, Bombengeschwader am
Himmel verband ich noch lange die Mittagszeit, wenn
es Griessuppe mit Bratkartoffeln (ohne Fett) gab. Diese Mahlzeit bleibt mir noch heute im Halse stecken. Daran sind
auch die Erinnerungen geknüpft: brennende Wohnhäuser
in der Nachbarschaft, Schuttberge und unsagbare Angst.
Das Jahr 1945: Einmarsch der Amerikaner, kein Krieg
mehr und unfaßbar: Vater kam zu meinem 7. Geburtstag
aus der französischen Gefangenschaft zurück, zu Mutter, mir
und zwei jüngeren Geschwistern.
Nach Schulabschluß, Lehrzeit und ersten Berufsjahren begann
mein „Wanderleben". Zuerst ging ich nach Trier, dann zur
Ausbildung nach Holmwood und London in England, von
dort weitere Studien in Kipalapala, Tabora und Mpanda
in Tanzania / Ostafrika. Dann wieder in Deutschland: Ausbildung in Paderborn, weiterhin Stuttgart, Köln, Duisburg.
Das weitere Berufsleben führte mich nach Sindelfingen, Mühlacker,
Wiesensteig, Hannover, Pulheim, Mülheim, Bottrop, Du-Hamborn
und zuletzt Oberhausen. Neben der Berufstätigkeit lernte ich
Englisch, Französisch, Kiswahili, Russisch, Spanisch, Italienisch
und machte u.a. auch Urlaubsreisen in fremde Länder.

Ich wünschte, ich hätte ein gediegeneres, ruhigeres, gleichmäßigeres
Leben führen können, hätte nicht die Ängste und Nöte, nicht
das Wanderleben mit den schmerzlichen Abschieden und
Neuanfängen, nicht die Heimatlosigkeit und Fremdheit
ertragen müssen, mit den Unsicherheiten und Bedrohungen
und den traurigen Verlusten. Ich wünschte, mich als Teil des
20. Jahrhunderts ändern zu können, um gütig, verständnisvoll, hilfsbereit, treu, ehrlich, liebevoll, freigebig, geduldig
sein zu können und auf meine Umgebung auszustrahlen.

Können Sie

Was ich änder

_____
_____
_____
_____
_____

Name: _____
Straße: _____
PLZ/Ort: _____

Maria Keller
Hamburgerstr. 23
45481 Mülheim/Ruhr
Telefon 0208/410392

LIEBLOSIGKEIT   HERZEN

VERKAUFT   NIE WIEDER

TOT

LACHEN
UMARMT
SCHÄMEN
HEIZEN·
ANGEBEN
ESSEN
MUT
GERUCH
LÄRM
LANGEWEILE
GEGESSEN
VERRAT
JUDE
GEKRATZT
EINSAMKEIT
GERNE
MORD

ANGST

SCHLUSS

WENN DAS 20. JAHRHUNDERT NOCH EINMAL STATTFÄNDE, WAS WÜRDEN SIE ÄNDERN?

ARBEITEN
NASS
STÄRKER

NEID
HITZE
GEHÖRT
GERUCH

NACKT
GESCHMOLZEN
FAHREN
HILFLOSIGKEIT

ZERSTÖRT
VORHER

ALKOHOL
SUPPE

VERLOREN
GELB
KALT
FREMDE

SEHNSUCHT
UMSONST
WEINEN

IMMER
BRANDNEU

LEID
LÜGE
LEIDENSCHAFT
AUFWACHEN

ELTERN
SPRECHEN
UMARMT
GELD

VOLL
EIFERSUCHT
GETRÄUMT

GELD
WIEDERGEFUNDEN
FUSSBALL
1981

ALLEIN
VERGESSEN

Können Sie diese Frage beantworten? Dann schicken Sie Ihre Antwort direkt an uns.

Was ich ändern würde: _Den Steuerzahlern bei jeder Wahl Gelegenheit geben,_
selbst über die Verwendung von Steuermitteln zu entscheiden;
z.B. an Hand eines Rasters zur Vergabe von insgesamt
100 Punkten (etwa 20 Pkte für Soziales, 10 Pkte für Verkehr,
5 Pkte für Kultur, 15 Pkte für Landesverteidigung usw.).

Name: _J. Huber_

Straße: _Ap.-Paulus 21_

PLZ/Ort: _10825 Berlin_

ZUSAMMEN
HERZEN
LIEBLOSIGKEIT

Möchten Sie, daß auch andere Menschen
Ihre Meinung kennenlernen?
Wir stellen alle Antworten in der
ICH PHOENIX im Gasometer Oberhausen aus.
Ihre Zeitungsseite erhalten Sie nach der
Ausstellung von den Künstlern signiert zurück.
Das 20. Jahrhundert
© 1996 Esther und Jochen Gerz

VERKAUFT

NIE WIEDER

TOT

LACHEN

UMARMT   SCHÄMEN

HEIZEN   ANGEBEN   ESSEN   MUT

GERUCH   LÄRM   JUDE

LANGEWEILE   GEGESSEN   VERRAT   EINSAMKEIT   MORD

GEKRATZT   GERNE

ANGST

WENN DAS 20. JAHRHUNDERT NOCH EINMAL STATTFÄNDE, WAS WÜRDEN SIE ÄNDERN?

SCHLUSS

ARBEITEN   NASS   STÄRKER

NEID   HITZE   GEHÖRT   HILFLOSIGKEIT

GERUCH

NACKT   GESCHMOLZEN   FAHREN

ZERSTÖRT   VORHER

ALKOHOL   SUPPE   GELB   KALT   FREMDE

VERLOREN

SEHNSUCHT   UMSONST   WEINEN

LEID   BRANDNEU   IMMER

LÜGE   LEIDENSCHAFT

AUFWACHEN

SPRECHEN   ELTERN   GELD   EIFERSUCHT

VOLL   UMARMT

GETRÄUMT

GELD   WIEDERGEFUNDEN   FUSSBALL   *1981*

ALLEIN   VERGESSEN

Brauchen wir eine gute Zukunft?

Braucht ihr gute Maschinen?

Können Sie diese Frage beantworten? Dann schicken Sie Ihre Antwort direkt an uns.

Was ich ändern würde: _Wenn man, wie ich, kurz vor dem Berufsstart steht und die Höhe der Arbeitslosigkeit sieht, dann fällt einem nur eines ein: Ich hätte den technischen Fortschritt aufgehalten. Es werden heutzutage "rund-um-die-Uhr" arbeitende Maschinen, menschlichen Arbeitskräften vorgezogen. Die Unternehmer übersehen jedoch, daß Maschinen nicht zu Konsumenten werden können. Sie zerstören den Wirtschaftskreislauf und erleiden selbst Nachteile. Was wird mit der Zukunft der Kinder?_

Name: _Selma Halici_

Straße: _Lassallestr. 2_

PLZ/Ort: _45770 Marl_

ZUSAMMEN

LIEBLOSIGKEIT   HERZEN

VERKAUFT

NIE WIEDER

TOT

UMARMT   SCHÄMEN   LACHEN

HEIZEN   ANGEBEN   ESSEN   MUT

GERUCH   LÄRM   JUDE

LANGEWEILE   GEGESSEN   GEKRATZT   VERRAT   EINSAMKEIT   MORD

GERNE

ANGST

SCHLUSS

WENN DAS 20. JAHRHUNDERT NOCH EINMAL STATTFÄNDE, WAS WÜRDEN SIE ÄNDERN?

ARBEITEN   NASS   STÄRKER

NEID

ZERSTÖRT

VERLOREN

SEHNSUCHT

LEID

SPRECHEN

GELD

1981

HILFLOSIGKEIT   FREMDE   WEINEN   AUFWACHEN   EIFERSUCHT

Können Sie diese Frage beantworten? Dann schicken Sie Ihre Antwort direkt an uns.

Was ich ändern würde: ICH WÜRDE DEN KAKTUS GIEßEN, DER JETZT EINGEGANGEN IST

ICH WÜRDE DEN UNFALL AN DER STRAßENECKE VERHINDERN. ICH WÜRDE MICH

ALS WAHRSAGER ABSETZEN UND VOR ALLEM WÜRDE ICH DIE AUF-

LÖSUNG VON TAKE-THAT VERHINDERN (HA-HA-HA)

Name: AHI SEMA IşSEVER

Straße: ADOLF-GRIMME-STR. 8

PLZ/Ort: 45768 MARL

Möchten Sie, daß auch andere Menschen
Ihre Meinung kennenlernen?
Wir stellen alle Antworten in der Ausstellung
ICH PHOENIX im Gasometer Oberhausen aus.
Ihre Zeitungsseite erhalten Sie nach der
Ausstellung von den Künstlern signiert zurück.
Das 20. Jahrhundert
© 1996 Esther und Jochen Gerz

ZUSAMMEN   HERZEN

LIEBLOSIGKEIT

VERKAUFT

NIE WIEDER

TOT

ALLEIN   VERGESSEN

LACHEN

UMARMT

SCHÄMEN

HEIZEN   ANGEBEN

GERUCH   ESSEN   MUT

LANGEWEILE   LÄRM   JUDE

GEGESSEN   VERRAT

GEKRATZT   EINSAMKEIT   MORD

GERNE

ANGST

WENN DAS 20. JAHRHUNDERT NOCH EINMAL STATTFÄNDE, WAS WÜRDEN SIE ÄNDERN?

SCHLUSS

NASS

ARBEITEN   STÄRKER

HITZE   GEHÖRT

NEID   GERUCH   HILFLOSIGKEIT

NACKT   GESCHMOLZEN   FAHREN

ZERSTÖRT   VORHER

ALKOHOL   SUPPE   FREMDE

SORGE   GELB   KALT

VERLOREN

SEHNSUCHT   UMSONST   WEINEN

IMMER

LEID   BRANDNEU   LEIDENSCHAFT

LÜGE   AUFWACHEN

SPRECHEN   ELTERN   UMARMT   GELD   EIFERSUCHT

VOLL   GETRÄUMT

GELD   WIEDERGEFUNDEN   FUSSBALL   *1981*

ALLEIN

VERGESSEN

Können Sie diese Frage beantworten? Dann schicken Sie Ihre Antwort direkt an uns.

Was ich ändern würde: _Ich würde erneuerbare Energien (Wind, Wasserkraft etc) und Atomenergie (Kernfusion) weiterentwickeln. Die Entwicklung ABC-Waffen müßte weltweit unter Straf gestellt werden. Jedes zweite Jahrzehnt müßte dem Liberalismus gewidmet werden (Volksabstimmungen etc), es sei denn, er versagt vollends und es entsteht ein totalitäres Regime. Das Auto muß sofort umweltschonend und sicher sein. Der öffentliche Nahverkehr muß mehr gefördert werden, allerdings nicht dadurch, daß man Autofahrer schickaniert. Pop-Gruppen wie Take That müßten wegen Körperverletzung Grünflächen sauberhalten. Religion wird abgeschafft._

Name: _Thorsten Leineweber_

Straße: _Wacholderstr. 3_

PLZ/Ort: _45770 Marl_

ZUSAMMEN

HERZEN

LIEBLOSIGKEIT

VERKAUFT

NIE WIEDER

TOT

UMARMT   LACHEN   SCHÄMEN

HEIZEN   ANGEBEN   ESSEN   MUT

GERUCH   LANGEWEILE   GEGESSEN   LÄRM   JUDE

GEKRATZT   VERRAT   EINSAMKEIT   MORD

GERNE

ANGST

SCHLUSS

WENN DAS 20. JAHRHUNDERT NOCH EINMAL STATTFÄNDE, WAS WÜRDEN SIE ÄNDERN?

ARBEITEN   NASS   STÄRKER

NEID   HITZE   GEHÖRT

GERUCH

NACKT   GESCHMOLZEN   FAHREN   HILFLOSIGKEIT

ZERSTÖRT   VORHER

ALKOHOL   SUPPE   GELB   FREMDE

SORGE   KALT

VERLOREN

SEHNSUCHT   UMSONST   WEINEN

LEID   BRANDNEU   IMMER

LÜGE   LEIDENSCHAFT

ELTERN   AUFWACHEN

SPRECHEN   UMARMT   GELD

VOLL   GETRÄUMT   EIFERSUCHT

GELD   WIEDERGEFUNDEN   FUSSBALL   *1981*

ALLEIN   VERGESSEN

Können Sie diese Frage beantworten? Dann schicken Sie Ihre Antwort direkt an uns.

Was ich ändern würde: *Irgendwann im Juli 1942:*
Dr. Janusz Korczak und seine Waisenkinder entkommen dem Naziterror,
so daß Korczak noch persönlich den Friedenspreis des dt. Buchhandels
(1972) überreicht bekommt.

Name: *Nadja Klopsch*

Straße: *Heinrich-Heine Str. 77*

PLZ/Ort: *45768 Marl*

ZUSAMMEN   HERZEN

LIEBLOSIGKEIT

VERKAUFT

NIE WIEDER

TOT

UMARMT LACHEN SCHÄMEN

GERUCH HEIZEN ANGEBEN ESSEN MUT

LANGEWEILE LÄRM JUDE

GEGESSEN VERRAT EINSAMKEIT GERNE

GEKRATZT MORD

ANGST

WENN DAS 20. JAHRHUNDERT NOCH EINMAL STATTFÄNDE, WAS WÜRDEN SIE ÄNDERN?

SCHLUSS

ARBEITEN NASS STÄRKER

NEID HITZE GEHÖRT

GERUCH HILFLOSIGKEIT

NACKT GESCHMOLZEN FAHREN

ZERSTÖRT VORHER

ALKOHOL SUPPE GELB KALT FREMDE

VERLOREN UMSONST WEINEN

SEHNSUCHT IMMER

LEID BRANDNEU LEIDENSCHAFT

LÜGE AUFWACHEN

SPRECHEN ELTERN UMARMT GELD EIFERSUCHT

VOLL GETRÄUMT

GELD WIEDERGEFUNDEN FUSSBALL *1981*

ALLEIN VERGESSEN

Können Sie diese Frage beantworten? Dann schicken Sie Ihre Antwort direkt an uns.

Was ich ändern würde: _Friedliche Trennung von Jugoslawien * mehr Verständnis für Kinder, Straßenkinder, etc * weniger Arbeitslosigkeit * mehr Hilfe für Drogensüchtige * keine Tierversuche, keine Tierquälerei * Abrüstung aller Atomwaffen * keine Angst, Unterdrückung mehr * alle sollen mehr an die Umwelt denken, denn irgendwann haben wir keine mehr, wenn wir so weitermachen *_

Hitler noch vor seiner Machtergreifung erschiessen * Politiker einsetzen, die nicht soviel Scheiß labern * die Todesstrafe einführen * Führerschein schon ab 16

Name: _Melanie Königsbüscher_ _Hakim Bouzenita_

Straße: _Bebelstr. 4_ _Sickingmühlerstr. 11_

PLZ/Ort: _45770 Marl_ _45768 Marl_

ZUSAMMEN HERZEN

LIEBLOSIGKEIT

VERKAUFT NIE WIEDER

TOT

WENN DAS 20. JAHRHUNDERT NOCH EINMAL STATTFÄNDE, WAS WÜRDEN SIE ÄNDERN?

Können Sie diese Frage beantworten? Dann schicken Sie Ihre Antwort direkt an uns.

Was ich ändern würde: für eine stabile Weltwirtschaft sorgen (keine Wirtschaftskrise möglich)
Alle Staaten müssen den ABC-Vertrag unterschreiben; Umwelt zu 100% schützen, keine umweltschädigende Mittel produzieren (Abgase, FCKW, etc.); Die Energieversorgung komplett auf natürlicher Basis betreiben; Alleinherrschaftsverbot in allen Staaten; Alle Staaten müssen einen verbindlichen Friedensvertrag unterzeichnen; Arbeitslosigkeit vermeiden; viel mehr Liebe

Name:	Jennifer Querfurth	Sebastian Binner
Straße:	Im Beisen 35 d	Rudolf-Virchow-Str. 22 a
PLZ/Ort:	45768 Marl	45768 Marl

Mochten Sie, daß auch andere Menschen
Ihre Meinung kennenlernen?
Wir stellen alle Antworten in der
ICH PHOENIX im Gasometer Oberhausen aus.
Ihre Zeitungsseite erhalten Sie nach der
Ausstellung von den Künstlern zurück.
Das 20. Jahrhundert signiert zurück.
© 1996 Esther und Jochen Gerz

WENN DAS 20. JAHRHUNDERT NOCH EINMAL STATTFÄNDE, WAS WÜRDEN SIE ÄNDERN?

Können Sie diese Frage beantworten? Dann schicken Sie Ihre Antwort direkt an uns.

UMARMT   LACHEN   SCHÄMEN   HAND IN HAND   SÄEN   MENSCHENKETTE

GEMEINSAMKEIT   WÄRME   HEIZEN   STILLE   ANGEBEN   ESSEN   TOLERANZ   MUT

GERUCH   LEBEN   SCHÖN   LÄRM   LEBHAFT

LANGEWEILE   ERLEBEN   NICHT ALLEIN   NATÜRLICH   JUDE

UMGEBUNG   GEGESSEN   VERRAT   LIEB   EINSAMKEIT

LIEBE   GEKRATZT   FRÜHLING   REGEN   MORD

STRAHLEND

LIPPEN   GEBORGENHEIT   GERECHT   NETT   GERNE   AKTION

FRIEDENSTAUBE   VERSTEHEN   TUN   RECHTE

ANGST

VER-TRAUEN

SCHLUSS

ATMEN

ARBEITEN

TROPFEN

NEID

LÖSUNG

ZERSTÖRT

HERZ

NEUANFANG

LEBEN

LIEBUCH

VERL

SEHNSUCHT

ARBEIT

LEID

FROH

SPRECHEN

ERHOLT

BROT

GELD

WENN DAS 20. JAHRHUNDERT NOCH EINMAL STATTFÄNDE, WAS WÜRDEN SIE ÄNDERN?

GELIEBT   RUHE   NASS   FREI   STÄRKER

GEHÖRT

GERUCH

GESCHMOLZEN

WASSER

FREUNDSCHAFT

HILFLOSIGKEIT

TRINKEN

ÜBERLEGT

GEKÜSST   GESEHEN

FREMDE

TOLL   NEU

MACHEN

VERSTEHEN

FREUEN

NETZ   WEINEN

SPRACHE

ERFAHREN

NATUR

AUFWACHEN

LIEBE

EIFERSUCHT

ERFÜLLT   DUFT

SUPPE   GELB   IMMER   LEIDENSCHAFT   GELD

WARMT   GETRÄUMT   WIEDERGEFUNDEN   ELTERN

1981

SONNE   HELL   GRAS   BEKLEIDET   SAUBER   HAUS   WÄRMEN   FRECH   KICHERN

LIEBE   ERFREUT   MUSIK   ALLEIN   VERGESSEN

PFLANZEN   LACHEN

Können Sie diese Frage beantworten? Dann schicken Sie Ihre Antwort direkt an uns.

TRÄUME

ANFANG

SÜSS

TOLERANT

WASSER

LEISE

HELL

GEBLÜMT

RUHE

WIR WÜRDEN mehr für die Verständigung der Menschen untereinander tun, jeglicher Religion und Nationalität, damit Fremdenhaß und Glaubenskriege vermieden werden können; die Menschen einander näher bringen, da viel Unheil aus Mißverständnissen und Unwissenheit entsteht, z.B. im Geschichtsunterricht an deutschen Schulen nicht nur deutsche Geschichte, sondern auch die der anderen Länder lernen; viel zum Schutz der Natur tun, z.B. der Ausweitung des Ozonloches bzw. der Entstehung des Ozonloches vorbeugen; die Kernkraft nicht für Waffen mißbrauchen.

Name: _Marina Burkowski_   _Sophie Köhler_

Straße: _Lisztstr. 29_   _Uranusweg 30_

PLZ/Ort: _45657 Recklinghausen_   _45770 Marl_

ERDE   MENSCHEN   SAUERSTOFF   MOLLIG   LIEBEN   ESSEN

ZUSAMMEN   MEINUNG   HERZEN   TRIEB

FRÖHLICH   BUNT   LIEBLOSIGKEIT   BLUME

GESUND   LIEB   STARKER WILLE   ZUSAMMENSEIN   FREI

ZUVERSICHT   STILLE   LEBEN   WASSER   VERTRAUEN   BLAUER HIMMEL

GRÜN   ROT   FROH

ERHOLT   VERKAUFT   WELT   LUSTIG

FREUND   FRIEDEN   NIE WIEDER

HANDELN   GEBORGEN   SONNE

LEBENSFREUDE   TOT   REIN   ERLEBEN   STRAHLEN

ZUSAMMENGEHÖRIGKEIT   ALLE   BLUTEN

WENN DAS 20. JAHRHUNDERT NOCH EINMAL STATTFÄNDE, WAS WÜRDEN SIE ÄNDERN?

Können Sie diese Frage beantworten? Dann schicken Sie Ihre Antwort direkt an uns.

UMARMT   LACHEN   SCHÄMEN

HEIZEN   ANGEBEN   ESSEN   MUT

GERUCH   LÄRM   JUDE

LANGEWEILE   GEGESSEN   VERRAT   EINSAMKEIT   MORD

GEKRATZT   GERNE

ANGST

SCHLUSS

WENN DAS 20. JAHRHUNDERT NOCH EINMAL STATTFÄNDE, WAS WÜRDEN SIE ÄNDERN?

ARBEITEN   NASS   STÄRKER

NEID   HITZE   GEHÖRT

GERUCH

HILFLOSIGKEIT

NACKT   GESCHMOLZEN   FAHREN

ZERSTÖRT   VORHER

ALKOHOL   SUPPE   GELB   KALT   FREMDE

VERLOREN

SEHNSUCHT   UMSONST   WEINEN

IMMER

LEID   BRANDNEU   LÜGE   LEIDENSCHAFT

AUFWACHEN

SPRECHEN   ELTERN   UMARMT   GELD

VOLL   GETRÄUMT   EIFERSUCHT

WIEDERGEFUNDEN   FUSSBALL   *1981*

GELD   ALLEIN   VERGESSEN

Können Sie diese Frage beantworten? Dann schicken Sie Ihre Antwort direkt an uns.

Was ich ändern würde: _Ich würde mir wünschen, niemand würde voreingenommen gegen Personen fremder Nationalitäten, Religionen etc. sein._
Es sollten Hitler u. die Nationalsozialisten nicht an die Macht gekommen sein, viele Naturkatastrophen nicht stattgefunden haben.
Ich selbst hätte gerne noch meinen Urgroßvater gekannt und hätte gerne Geschwister. Vieles, was ich Freunden, Eltern usw.

Name: _Stefanie Zorica_   _gesagt habe möchte_

Straße: _Heidbruch 43_   _ich ungesagt machen._

PLZ/Ort: _46286 Dorsten_

ZUSAMMEN   HERZEN

LIEBLOSIGKEIT

VERKAUFT   NIE WIEDER

TOT

UMARMT　　　　　　　　　　　LACHEN
　　　　　SCHÄMEN
　　　　　　　　HEIZEN　　　　　ANGEBEN　　　　　ESSEN　　　　　MUT
GERUCH
LANGEWEILE　　　　　　　　　　　　　　LÄRM　　　　　　　　　　　JUDE
　　　　GEGESSEN　　　　　　VERRAT
　　　　　　　　　GEKRATZT　　　　　　　EINSAMKEIT　　　MORD
　　　　　　　　　　　　　　　　　　　　　　　　　　　　GERNE

ANGST

WENN DAS 20. JAHRHUNDERT NOCH EINMAL STATTFÄNDE, WAS WÜRDEN SIE ÄNDERN?

SCHLUSS

ARBEITEN　　　　　　　　　　　　　　　　　　　　　　NASS　　　　STÄRKER

NEID　　　　　　　　　　　　　HITZE　　　　GEHÖRT

GERUCH

NACKT　　　　　　GESCHMOLZEN　　FAHREN　　　HILFLOSIGKEIT

ZERSTÖRT　　　　　　　　　　　　　　　　VORHER

ALKOHOL　　　　SUPPE　　　　　　　　　　　　　FREMDE
　　　　　　　　　　　　　GELB　　　KALT

VERLOREN

SEHNSUCHT　　　　　　　　　　　　　　UMSONST　　　WEINEN

　　　　　　　　　　　　　　　　IMMER

LEID　　BRANDNEU　　　　　　　LEIDENSCHAFT

　　　LÜGE　　　　　　　　　　　　　　AUFWACHEN

SPRECHEN　ELTERN　　　　　　　　　GELD
　　　　　VOLL　　UMARMT　　　　　　　　EIFERSUCHT
　　　　　　　GETRÄUMT
　　WIEDERGEFUNDEN　　　　　　FUSSBALL

1981

GELD　　　　　　　　　　　　　ALLEIN　　VERGESSEN

Können Sie diese Frage beantworten? Dann schicken Sie Ihre Antwort direkt an uns.

Was ich ändern würde: *Ich würde versuchen, früh genug zu verhindern, daß wir durch FCKW oder andere Abgase die Ozonschicht so zerstören. Dann könnte man sich nämlich im Sommer ohne Sorge in die Sonne trauen.*

Name: *Verena Schlagheck*

Straße: *Forststraße 81*

PLZ/Ort: *45768 Marl*

Möchten Sie, daß auch andere Menschen Ihre Meinung kennenlernen? Wir stellen alle Antworten in der ICH PHOENIX im Gasometer Oberhausen aus. Ihre Zeitungsseite erhalten Sie nach der Ausstellung von den Künstlern signiert zurück.
© 1996 Esther und Jochen Gerz
Das 20. Jahrhundert

ZUSAMMEN　　　　　　　　HERZEN
　　　LIEBLOSIGKEIT

VERKAUFT
　　　　NIE WIEDER

TOT

LACHEN

UMARMT

SCHÄMEN

HEIZEN　　　　　　　ANGEBEN　　　　ESSEN　　　　　　MUT

GERUCH

LANGEWEILE　　　　　　　　　　　　LÄRM　　　　　　　　　　　　　　JUDE

GEGESSEN　　　　　　VERRAT

GEKRATZT　　　　　　　　　EINSAMKEIT　　　　MORD

GERNE

ANGST

WENN DAS 20. JAHRHUNDERT NOCH EINMAL STATTFÄNDE,
WAS WÜRDEN SIE ÄNDERN?

SCHLUSS

NASS

ARBEITEN　　　　　　　　　　　　　　　　　　　　　　　　　　　　STÄRKER

NEID　　　　　　　　　　　HITZE　　　GEHÖRT

GERUCH

HILFLOSIGKEIT

NACKT　　　GESCHMOLZEN　　FAHREN

ZERSTÖRT

VORHER

ALKOHOL　　　　SUPPE

FREMDE

GELB　　　　KALT

VERLOREN

SEHNSUCHT　　　　　　　　　　　　　　　UMSONST

WEINEN

LEID　　　　　　　　　　　　　　　IMMER

BRANDNEU

LÜGE　　　　　　　　　　LEIDENSCHAFT

AUFWACHEN

ELTERN

SPRECHEN　　　　　　UMARMT　　　　　　　　GELD

VOLL

GETRÄUMT　　　　　　　　　　　EIFERSUCHT

WIEDERGEFUNDEN　　　　　　　　　FUSSBALL　　1981

GELD

ALLEIN

VERGESSEN

Können Sie diese Frage beantworten? Dann schicken Sie Ihre Antwort direkt an uns.

Was ich ändern würde:　Ich würde Adolf Hitler zu einem Realschulabschluß verhelfen, damit er seine „künstlerische Ader" mit Farbe und Pinsel befriedigen kann, anstatt Millionen von Menschen in Angst und Schrecken zu versetzen.

Name:　Marcel Scholz

Straße:　Westfalenstr. 48

PLZ/Ort:　45770 Marl

ZUSAMMEN

LIEBLOSIGKEIT　　　　　　HERZEN

VERKAUFT

NIE WIEDER

TOT

LACHEN

UMARMT

SCHÄMEN

HEIZEN   ANGEBEN

GERUCH   ESSEN   MUT

LANGEWEILE   LÄRM

GEGESSEN   VERRAT   JUDE

GEKRATZT   EINSAMKEIT   MORD

GERNE

ANGST

SCHLUSS

WENN DAS 20. JAHRHUNDERT NOCH EINMAL STATTFÄNDE, WAS WÜRDEN SIE ÄNDERN?

ARBEITEN   NASS

STÄRKER

NEID   HITZE   GEHÖRT

GERUCH   HILFLOSIGKEIT

ZERSTÖRT   NACKT   GESCHMOLZEN   FAHREN

VORHER

ALKOHOL   SUPPE   FREMDE

GELB   KALT

VERLOREN

SEHNSUCHT   UMSONST   WEINEN

IMMER

LEID   BRANDNEU   LEIDENSCHAFT

LÜGE   AUFWACHEN

ELTERN   UMARMT   GELD

SPRECHEN   VOLL   EIFERSUCHT

GETRÄUMT   1981

WIEDERGEFUNDEN   FUSSBALL

GELD   ALLEIN

VERGESSEN

Können Sie diese Frage beantworten? Dann schicken Sie Ihre Antwort direkt an uns.

Was ich ändern würde: *Verhinderung der beiden Weltkriege, keine Atombombe mehr erfinden und entwickeln, größeren Widerstand gegen die Gewalt von Rechten als L auch Linken entgegenbringen, nicht noch einmal die Machtergreifung der Nazis 1933 zulassen, kein Krieg in Vietnam, mehr Unterstützungshilfe für Entwicklungsländer leisten (Beispiel: Äthiopien), Ablehnung aller nuklearen Kräfte (Atomkraftwerke usw.)*

Name: *Marc Pappert*

Straße: *Merveldtstr. 11*

PLZ/Ort: *45772 Marl*

ZUSAMMEN   HERZEN

LIEBLOSIGKEIT

VERKAUFT

NIE WIEDER

TOT

UMARMT   SCHÄMEN   LACHEN

GERUCH   HEIZEN   ANGEBEN   ESSEN   MUT

LANGEWEILE   LÄRM   JUDE

GEGESSEN   VERRAT   GEKRATZT   EINSAMKEIT   MORD   GERNE

ANGST

SCHLUSS

WENN DAS 20. JAHRHUNDERT NOCH EINMAL STATTFÄNDE, WAS WÜRDEN SIE ÄNDERN?

ARBEITEN   NASS   STÄRKER

NEID   HITZE   GEHÖRT

GERUCH   HILFLOSIGKEIT

NACKT   GESCHMOLZEN   FAHREN

VORHER

ZERSTÖRT

ALKOHOL   SUPPE   GELB   FREMDE

KALT

VERLOREN   UMSONST

SEHNSUCHT   WEINEN

IMMER

LEID   BRANDNEU   LEIDENSCHAFT

LÜGE   AUFWACHEN

SPRECHEN   ELTERN   UMARMT   GELD

VOLL   EIFERSUCHT

GETRÄUMT

GELD   WIEDERGEFUNDEN   FUSSBALL   *1981*

ALLEIN   VERGESSEN

Können Sie diese Frage beantworten? Dann schicken Sie Ihre Antwort direkt an uns.

Was ich ändern würde: *Wenn das 20. Jahrhundert noch einmal stattfände, würd ich nichts ändern. Erstens, weil ich als einzelne Person ohne besondere Fähigkeiten nicht die Möglichkeit besäße etwas gravierend zu ändern. Zweitens, weil wir die Erfahrung von: der Wirkung (Schädlichkeit) der Atom-, Biologischen und chemischen Waffen, die Gefahr einer Diktatur, das Elend von Weltkriegen, Müll, Tropen- wald Zerstörungsbranchen, um es erst einmal ändern zu wollen - heute, in unseren Köpfen*

Name: *Alexander Klatte*

Straße: *Gersdorffstr. 10*

PLZ/Ort: *45772 Marl*

Möchten Sie, daß auch andere Menschen Ihre Meinung kennenlernen? Wir stellen alle Antworten in der Ausstellung ICH PHOENIX im Gasometer Oberhausen aus. Ihre Zeitungsseite erhalten Sie nach der Ausstellung von den Künstlern signiert zurück.
Das 20. Jahrhundert
© 1996 Esther und Jochen Gerz

ZUSAMMEN   HERZEN

LIEBLOSIGKEIT

VERKAUFT

NIE WIEDER

TOT

LACHEN
UMARMT   SCHÄMEN
GERUCH   HEIZEN   ANGEBEN   ESSEN   MUT
LANGEWEILE   LÄRM   JUDE
GEGESSEN   GEKRATZT   VERRAT   EINSAMKEIT   MORD
GERNE

ANGST

SCHLUSS

ARBEITEN   STÄRKER

NEID   HILFLOSIGKEIT

ZERSTÖRT

VERLOREN

SEHNSUCHT   WEINEN

LEID

AUFWACHEN

SPRECHEN

EIFERSUCHT

GELD   VERGESSEN

WENN DAS 20. JAHRHUNDERT NOCH EINMAL STATTFÄNDE, WAS WÜRDEN SIE ÄNDERN?

HITZE   GEHÖRT
GERUCH
NACKT   GESCHMOLZEN   FAHREN
VORHER
ALKOHOL   SUPPE   GELB   KALT
UMSONST
IMMER
BRANDNEU   LÜGE   LEIDENSCHAFT
ELTERN   UMARMT   GELD
VOLL
GETRÄUMT
WIEDERGEFUNDEN   FUSSBALL   *1981*

Können Sie diese Frage beantworten? Dann schicken Sie Ihre Antwort direkt an uns.

Was ich ändern würde: *Opel GT wird bis zum Jahre 2000 gebaut, Erich Honecher stirbt 8 Jahren an Lebensmittelvergiftung, Papst Johannes Paul II wird wegen Gotteslästerung auf die neurologische Intensivstation verlegt, Kennedy löst die CIA auf, Heintje wird nicht kastriert, Dänemark ist per Transrapid in 20 min. erreichbar, Deutschland eröffnet 1995 sein erstes Atomversuchsgelände in der Pariser Innenstadt, Nordamerik. Elchkühe werden in der Haard angesiedelt und erhalten volles Wahlrecht, Mein Vater fährt seinen VW nicht zu schrott, Deutsche*

Name: *Martin-Andreas Creuslin* | *laufen nur deutsche Damenen, alle Heidi*
Straße: *Bergstraße 222* | *Gobel Filme werden mehr Todstrahe verbden*
PLZ/Ort: *45768 Marl* | *Außerirdische erschaffen Helmut Kohl u. Job*

Möchten Sie, daß auch andere Menschen Ihre Meinung kennenlernen?
Wir stellen alle Antworten in der Ausstellung
ICH PHOENIX im Gasometer Oberhausen aus.
Ihre Zeitungsseite erhalten Sie nach der Ausstellung von den Künstlern signiert zurück.
Das 20. Jahrhundert
© 1996 Esther und Jochen Gerz

ZUSAMMEN
LIEBLOSIGKEIT   HERZEN

VERKAUFT
NIE WIEDER

TOT

UMARMT   LACHEN
                          SCHÄMEN
                                   HEIZEN   ANGEBEN
      GERUCH   ESSEN   MUT
   LANGEWEILE   LÄRM   JUDE
                GEGESSEN   MORD
                          GEKRATZT   VERRAT   EINSAMKEIT   GERNE

ANGST

WENN DAS 20. JAHRHUNDERT NOCH EINMAL STATTFÄNDE, WAS WÜRDEN SIE ÄNDERN?

SCHLUSS

ARBEITEN   NASS
                                                                                              STÄRKER
NEID   HITZE   GEHÖRT
                           GERUCH
                                                                                   HILFLOSIGKEIT
              NACKT   GESCHMOLZEN   FAHREN
ZERSTÖRT
                                                        VORHER
        ALKOHOL   SUPPE   FREMDE
                                            GELB
                                                          KALT
VERLOREN
SEHNSUCHT   UMSONST   WEINEN

                                                       IMMER
LEID   BRANDNEU
              LÜGE   LEIDENSCHAFT   AUFWACHEN
SPRECHEN   ELTERN   UMARMT
                                                       GELD
        VOLL
                    GETRÄUMT   EIFERSUCHT
GELD   WIEDERGEFUNDEN   FUSSBALL   *1981*
                                         ALLEIN
                                                                               VERGESSEN

Können Sie diese Frage beantworten? Dann schicken Sie Ihre Antwort direkt an uns.

Was ich ändern würde: _Das dritte Reich hätte niemals existieren dürfen. Somit würden Millionen von Juden am Leben bleiben und Deutschland hätte wahrscheinlich nie einen schlechten Ruf gehabt. Außerdem hätten die Deutschen zu keiner Zeit einen so schlechten Lebensstandart gehabt, wie es direkt nach dem Krieg der Fall war._

Name: _Bartnick, Björn_

Straße: _Am Pastorat 17_

PLZ/Ort: _45768 Marl_

Möchten Sie, daß auch andere Menschen
Ihre Meinung kennenlernen?
Wir stellen alle Antworten in der Ausstellung
ICH PHOENIX im Gasometer Oberhausen aus.
Ihre Zeitungsseite erhalten Sie nach der
Ausstellung von den Künstlern signiert zurück.
© 1996 Esther und Jochen Gerz
Das 20. Jahrhundert

                    ZUSAMMEN
                                             HERZEN
              LIEBLOSIGKEIT

                    VERKAUFT
                              NIE WIEDER

              TOT

LACHEN

UMARMT   SCHÄMEN

HEIZEN   ANGEBEN   ESSEN   MUT

GERUCH   LÄRM   JUDE

LANGEWEILE   GEGESSEN   VERRAT   EINSAMKEIT

GEKRATZT   MORD   GERNE

ANGST

SCHLUSS

ARBEITEN   NASS   STÄRKER

NEID   HILFLOSIGKEIT

ZERSTÖRT

VERLOREN

SEHNSUCHT   WEINEN

LEID

SPRECHEN

GELD

WENN DAS 20. JAHRHUNDERT NOCH EINMAL STATTFÄNDE, WAS WÜRDEN SIE ÄNDERN?

HITZE   GEHÖRT

GERUCH

NACKT   GESCHMOLZEN   FAHREN

VORHER

ALKOHOL   SUPPE   GELB   KALT

SORGE

FREMDE

UMSONST

IMMER

BRANDNEU   LEIDENSCHAFT

LÜGE

AUFWACHEN

ELTERN   UMARMT   GELD

VOLL   EIFERSUCHT

GETRÄUMT

WIEDERGEFUNDEN   FUSSBALL   *1981*

ALLEIN   VERGESSEN

Können Sie diese Frage beantworten? Dann schicken Sie Ihre Antwort direkt an uns.

Was ich ändern würde: _Die Kirche oder besser der ~~XXX~~ Papst sollte seine veraltetem Ansichten ändern. Jimmy Hendrix und Jim Morrison hätten nicht sterben dürfen. Es müßte ein Heilmittel gegen Aids und Krebs geben. Der Sozialismus müßte durchführbar sein._

Name: _Thomas Lenfers_

Straße: _Am Alten Sportplatz 17a_

PLZ/Ort: _45770 Marl_

Möchten Sie, daß auch andere Menschen Ihre Meinung kennenlernen? Wir stellen alle Antworten in der Ausstellung ICH PHOENIX im Gasometer Oberhausen aus. Ihre Zeitungsseite erhalten Sie nach der Ausstellung von den Künstlern signiert zurück.

Das 20. Jahrhundert
© 1996 Esther und Jochen Gerz

ZUSAMMEN

LIEBLOSIGKEIT   HERZEN

VERKAUFT

NIE WIEDER

TOT

LACHEN

UMARMT   SCHÄMEN

GERUCH   HEIZEN   ANGEBEN   ESSEN   MUT

LANGEWEILE   LÄRM   JUDE

GEGESSEN   VERRAT   EINSAMKEIT   MORD

GEKRATZT   GERNE

ANGST

WENN DAS 20. JAHRHUNDERT NOCH EINMAL STATTFÄNDE, WAS WÜRDEN SIE ÄNDERN?

SCHLUSS

ARBEITEN   NASS   STÄRKER

NEID   HITZE   GEHÖRT

GERUCH

NACKT   GESCHMOLZEN   FAHREN   HILFLOSIGKEIT

ZERSTÖRT   VORHER

ALKOHOL   SUPPE   GELB   KALT   FREMDE

VERLOREN

SEHNSUCHT   UMSONST   WEINEN

IMMER

LEID   BRANDNEU   LÜGE   LEIDENSCHAFT

AUFWACHEN

SPRECHEN   ELTERN   UMARMT   GELD   EIFERSUCHT

VOLL   GETRÄUMT   1981

GELD   WIEDERGEFUNDEN   FUSSBALL

ALLEIN   VERGESSEN

Können Sie diese Frage beantworten? Dann schicken Sie Ihre Antwort direkt an uns.

Was ich ändern würde: – Mordanschlag auf John F. Kennedy verhindern!
– Bau und Nutzung der Atombomben!
– Aufteilung Deutschlands nach dem 2. Weltkrieg in BRD und DDR!
– Verhinderung des „Kalten Krieges"! – Erschießung der „Kelly-Family"
– Legalisierung von „harten" Drogen (keine Beschaffungskriminalität)
– Vereinfachung der Steuergesetze und Senkung der Steuern

Name: Dennis Delloch

Straße: Ringstr. 32 B

PLZ/Ort: 45768 Marl

ZUSAMMEN   HERZEN

LIEBLOSIGKEIT

Möchten Sie, daß auch andere Menschen
Ihre Meinung kennenlernen?
Wir stellen alle Antworten in der Ausstellung
ICH PHOENIX im Gasometer Oberhausen aus.
Ihre Zeitungsseite erhalten Sie nach der
Ausstellung von den Künstlern signiert zurück.
© 1996 Das 20. Jahrhundert
© 1996 Esther und Jochen Gerz

VERKAUFT   NIE WIEDER

TOT

LACHEN

UMARMT   SCHÄMEN

HEIZEN   ANGEBEN   ESSEN   MUT

GERUCH   LÄRM   JUDE

LANGEWEILE   GEGESSEN   VERRAT   EINSAMKEIT   MORD

GEKRATZT   GERNE

ANGST

WENN DAS 20. JAHRHUNDERT NOCH EINMAL STATTFÄNDE, WAS WÜRDEN SIE ÄNDERN?

SCHLUSS

NASS

ARBEITEN   STÄRKER

HITZE   GEHÖRT

NEID

GERUCH

HILFLOSIGKEIT

ZERSTÖRT   NACKT   GESCHMOLZEN   FAHREN

VORHER

ALKOHOL   SUPPE   GELB   KALT   FREMDE

VERLOREN

SEHNSUCHT   UMSONST   WEINEN

IMMER

LEID   BRANDNEU   LÜGE   LEIDENSCHAFT

AUFWACHEN

SPRECHEN   ELTERN   UMARMT   GELD   EIFERSUCHT

VOLL   GETRÄUMT

GELD   WIEDERGEFUNDEN   FUSSBALL   *1981*

ALLEIN

VERGESSEN

Können Sie diese Frage beantworten? Dann schicken Sie Ihre Antwort direkt an uns.

Was ich ändern würde: Die NSDAP+Hitler hätten nie an die Macht kommen dürfen.
Die USA hätten sich nicht in Korea und Vietnam einmischen sollen.
Die Atombombe, Chemische- und Biologische Waffen hätten nie erfunden werden sollen
Umwelt und Menschenschädigende Stoffe (FCKW, Kontagan) hätten nicht freigegeben werden sollen
Aids hätte viel früher bekämpft werden müssen
Der Regenwald hätte nicht so zerstört werden sollen

Name: Daniel Witza
Straße: Schmielenfeldstr. 86
PLZ/Ort: 45772 Marl

Möchten Sie, daß auch andere Menschen
Ihre Meinung kennenlernen?
Wir stellen alle Antworten in der
ICH PHOENIX im Gasometer Oberhausen aus.
Ihre Zeitungsseite erhalten Sie nach der
Ausstellung von den Künstlern signiert zurück.
Das 20. Jahrhundert
© 1996 Esther und Jochen Gerz

ZUSAMMEN

HERZEN

LIEBLOSIGKEIT

VERKAUFT

NIE WIEDER

TOT

UMARMT   LACHEN

SCHÄMEN

HEIZEN   ANGEBEN   ESSEN   MUT

GERUCH

LANGEWEILE   LÄRM   JUDE

GEGESSEN   VERRAT   EINSAMKEIT   MORD

GEKRATZT   GERNE

ANGST

SCHLUSS

ARBEITEN   NASS   STÄRKER

NEID

ZERSTÖRT   HILFLOSIGKEIT

VERLOREN

SEHNSUCHT   WEINEN

LEID

SPRECHEN   AUFWACHEN

GELD   EIFERSUCHT

WENN DAS 20. JAHRHUNDERT NOCH EINMAL STATTFÄNDE, WAS WÜRDEN SIE ÄNDERN?

HITZE   GEHÖRT   GERUCH   NACKT   GESCHMOLZEN   FAHREN   VORHER   ALKOHOL   SUPPE   GELB   KALT   UMSONST   IMMER   BRANDNEU   LÜGE   LEIDENSCHAFT   ELTERN   UMARMT   GELD   VOLL   GETRÄUMT   WIEDERGEFUNDEN   FUSSBALL   1981

ALLEIN   VERGESSEN

Können Sie diese Frage beantworten? Dann schicken Sie Ihre Antwort direkt an uns.

Was ich ändern würde: _Natürlich würde ich, wie viele andere bestimmt auch, die Kriege aus dem 20 Jhdt verschwinden lassen. Allen voran den 2. Weltkrieg. Wahrscheinlich würde ich auch die Schulreform ändern und statt an Lehrern zu sparen, lieber sehr viel mehr Geld den Schulen zur Verfügung stellen. Außerdem würde ich den Politikern eine neue Chance geben den Haushalt besser zu machen und die riesigen Schulden tilgen._

Name: _Laura Milling_

Straße: _Widukindstr. 25_

PLZ/Ort: _45770 Marl_

ZUSAMMEN   HERZEN

LIEBLOSIGKEIT

VERKAUFT   NIE WIEDER

TOT

An das Oberhausener Abendblatt, Im Lipperfeld 25, 46047 Oberhausen oder an das Mülheimer Abend Blatt, Reichstraße 37 - 39, 45479 Mülheim

Ja, ich habe geantwortet. Ich nehme an der Verlosung von 200 Freikarten für das Kunstereignis ICH PHOENIX im Gasometer Oberhausen und an der Verlosung einer Ballonfahrt über das Ruhrgebiet teil.

UMARMT SCHÄMEN LACHEN

GERUCH HEIZEN ANGEBEN ESSEN MUT

LANGEWEILE LÄRM JUDE

GEGESSEN VERRAT EINSAMKEIT

GEKRATZT MORD GERNE

ANGST

SCHLUSS

WENN DAS 20. JAHRHUNDERT NOCH EINMAL STATTFÄNDE, WAS WÜRDEN SIE ÄNDERN?

ARBEITEN NASS STÄRKER

NEID HITZE GEHÖRT

GERUCH

NACKT GESCHMOLZEN FAHREN HILFLOSIGKEIT

ZERSTÖRT VORHER

ALKOHOL SUPPE GELB KALT FREMDE

SORGE

VERLOREN UMSONST

SEHNSUCHT WEINEN

IMMER

LEID BRANDNEU LEIDENSCHAFT

LÜGE AUFWACHEN

ELTERN GELD

SPRECHEN UMARMT EIFERSUCHT

VOLL

GETRÄUMT 1981

GELD WIEDERGEFUNDEN FUSSBALL

ALLEIN VERGESSEN

Können Sie diese Frage beantworten? Dann schicken Sie Ihre Antwort direkt an uns.

Was ich ändern würde: _Ich glaube nicht, daß man heute sagen kann: „Das hätte man anders machen müssen." denn niemand weiß, wie es sich von diesem Zeitpunkt weiterentwickelt hätte und wie wir jetzt leben würden. Es könnte natürlich besser sein, aber auch viel schlechter. Eigentlich geht es mir heute gut und ich bin froh, daß ich am Ende des 20. Jhdts. lebe._

Name: _Maike Dupont_

Straße: _Lehmbecker Pfad 54_

PLZ/Ort: _45770 Marl_

ZUSAMMEN

LIEBLOSIGKEIT HERZEN

VERKAUFT

NIE WIEDER

TOT

LACHEN

UMARMT   SCHÄMEN

HEIZEN   ANGEBEN   ESSEN   MUT

GERUCH   LÄRM   JUDE

LANGEWEILE   GEGESSEN   VERRAT   EINSAMKEIT   MORD

GEKRATZT   GERNE

ANGST

WENN DAS 20. JAHRHUNDERT NOCH EINMAL STATTFÄNDE, WAS WÜRDEN SIE ÄNDERN?

SCHLUSS

ARBEITEN   NASS   STÄRKER

NEID   HITZE   GEHÖRT

GERUCH   HILFLOSIGKEIT

ZERSTÖRT   NACKT   GESCHMOLZEN   FAHREN

VORHER

ALKOHOL   SUPPE   GELB   FREMDE

SORGE   KALT

VERLOREN   UMSONST

SEHNSUCHT   IMMER   WEINEN

LEID   BRANDNEU   LÜGE   LEIDENSCHAFT

AUFWACHEN

SPRECHEN   ELTERN   UMARMT   GELD

VOLL   GETRÄUMT   EIFERSUCHT

GELD   WIEDERGEFUNDEN   FUSSBALL   *1981*

ALLEIN   VERGESSEN

Können Sie diese Frage beantworten? Dann schicken Sie Ihre Antwort direkt an uns.

Was ich ändern würde: *Politiker sollten so wenig Geld kriegen, daß sie sich um den Staat kümmern und sich nicht auf ihrem Geld ausruhen. Sämtliche Armeen sollten abgeschafft werden. Atombomben und ähnliches sollten abgeschafft werden. Steuern sollten drastisch gesenkt werden. Gesetze im Bezug auf Drogen sollten liberaler sein. sicht gegen die Kollegs aber die hätten nicht sein müssen.*

Name: *Malte Tadda*

Straße: *Gentlofenerstr. 11*

PLZ/Ort: *45772 Marl*

ZUSAMMEN   HERZEN

LIEBLOSIGKEIT

VERKAUFT

NIE WIEDER

TOT

LACHEN

UMARMT

SCHÄMEN

HEIZEN   ANGEBEN   ESSEN   MUT

GERUCH   LÄRM   JUDE

LANGEWEILE

GEGESSEN   VERRAT   EINSAMKEIT   MORD

GEKRATZT   GERNE

ANGST

SCHLUSS

NASS

STÄRKER

ARBEITEN

NEID

HILFLOSIGKEIT

ZERSTÖRT

WENN DAS 20. JAHRHUNDERT NOCH EINMAL STATTFÄNDE, WAS WÜRDEN SIE ÄNDERN?

HITZE   GEHÖRT

GERUCH

NACKT   GESCHMOLZEN   FAHREN

VORHER

ALKOHOL   SUPPE   GELB   KALT

SORGE

UMSONST

VERLOREN

SEHNSUCHT   IMMER

WEINEN

LEID   BRANDNEU   LÜGE   LEIDENSCHAFT

AUFWACHEN

SPRECHEN   ELTERN   UMARMT   GELD

VOLL   EIFERSUCHT

GELD   GETRÄUMT

WIEDERGEFUNDEN   FUSSBALL   *1981*

ALLEIN   VERGESSEN

Können Sie diese Frage beantworten? Dann schicken Sie Ihre Antwort direkt an uns.

Was ich ändern würde: ✳ Das Kennedy-Attentat hätte nicht stattfinden sollen – Sicherung des Friedens und bessere Auswirkung auf Weltpolitik ✳ Die Kongo-Expedition 79 hätte gelingen müssen – Industriediamanten Typ 116 und neue Gorilla-Art ✳ Papst-Attentat auf Johannes-Paul II hätte gelingen sollen – reformierung der römisch-katholischen Würde ✳ Jim Morrison hätte älter werden sollen – Inthronisator des DOORS ✳ Ausbleiben des Holocaust – Verbleib der Juden in Deutschland & Osteuropa, d. technische Entwicklung

Name: Stefan Golberg

Straße: Lembecker Pfad 50

PLZ/Ort: 45770 Marl

ZUSAMMEN   HERZEN

LIEBLOSIGKEIT

VERKAUFT

NIE WIEDER

TOT

UMARMT   SCHÄMEN   LACHEN

GERUCH   HEIZEN   ANGEBEN   ESSEN   MUT

LANGEWEILE   LÄRM   JUDE

GEGESSEN   GEKRATZT   VERRAT   EINSAMKEIT   MORD   GERNE

ANGST

SCHLUSS

WENN DAS 20. JAHRHUNDERT NOCH EINMAL STATTFÄNDE, WAS WÜRDEN SIE ÄNDERN?

ARBEITEN   NASS   STÄRKER

NEID   HITZE   GEHÖRT

GERUCH   HILFLOSIGKEIT

NACKT   GESCHMOLZEN   FAHREN

ZERSTÖRT   VORHER

ALKOHOL   SUPPE   GELB   KALT   FREMDE

VERLOREN

SEHNSUCHT   UMSONST   WEINEN

LEID   BRANDNEU   IMMER

LÜGE   LEIDENSCHAFT

SPRECHEN   ELTERN   UMARMT   GELD   AUFWACHEN

VOLL   GETRÄUMT   EIFERSUCHT

WIEDERGEFUNDEN   FUSSBALL   *1981*

GELD

ALLEIN   VERGESSEN

Können Sie diese Frage beantworten? Dann schicken Sie Ihre Antwort direkt an uns.

Was ich ändern würde: _Ich würde die beiden Weltkriege nicht stattfinden lassen, Deutsch in Deutschland aber trotzdem eine Demokratie einrichten. Ich würde das Auto abschaffen, von wegen Umwelt u. s.w. Das Wembley-Tor hätte würde ich nicht zählen lassen. Ich würde die Kirche reformieren, die katholische, insofern, daß diese offener wird machen für Verhütung, und das Zölibat abschaffen. Ich würde den Menschenrechten in allen Erdteilen viel sehr viel mehr Bedeutung verschaffen. Ich würde das Gefälle zwischen dem Reich und Arm abschaffen, so daß alle Länder der Welt gleich sind, und es keine dritte Weltländer gibt. Ich würde die Nutzung von sauberen Energien (Solarenergie) weiter entwickeln, und flächendeckend einsetzen._

Name: _Andreas Göckest_

Straße: _Gustav-Mahler-Strasse 47_

PLZ/Ort: _45772 Marl_

ZUSAMMEN   HERZEN

LIEBLOSIGKEIT

VERKAUFT   NIE WIEDER

TOT

UMARMT   SCHÄMEN   LACHEN

GERUCH   HEIZEN   ANGEBEN   ESSEN   MUT

LANGEWEILE   LÄRM   JUDE

GEGESSEN   VERRAT   EINSAMKEIT   MORD

GEKRATZT   GERNE

ANGST

WENN DAS 20. JAHRHUNDERT NOCH EINMAL STATTFÄNDE, WAS WÜRDEN SIE ÄNDERN?

SCHLUSS

ARBEITEN   NASS   STÄRKER

NEID

ZERSTÖRT

VERLOREN

SEHNSUCHT

LEID

SPRECHEN

GELD

HILFLOSIGKEIT

FREMDE

WEINEN

AUFWACHEN

EIFERSUCHT

VERGESSEN

Können Sie diese Frage beantworten? Dann schicken Sie Ihre Antwort direkt an uns.

Was ich ändern würde: _Ich würde mir wünschen, daß die Atomenergie nicht solche Ausmaße annehmen würde. Vor allem, daß die Katastrophe von Tschernobyl nicht passiert wäre. Diese Katastrophe hat zu viele Menschenleben gekostet und kostet nach immer viele Menschen das Leben. Viele Menschen leiden nach immer an den Nachwirkungen, da sie z.B. verkrüppelt geboren wurden oder Krebs haben. Viele Kinder haben ihre Eltern oder Geschwister verloren und müssen sich allein durchkämpfen._

Name: _Christina Hesterkamp_

Straße: _Töingskamp 11_

PLZ/Ort: _45768 Maal_

ZUSAMMEN   HERZEN

LIEBLOSIGKEIT

VERKAUFT

NIE WIEDER

TOT

LACHEN

UMARMT

SCHÄMEN

HEIZEN   ANGEBEN

GERUCH   ESSEN   MUT

LANGEWEILE   LÄRM   JUDE

GEGESSEN   VERRAT

GEKRATZT   EINSAMKEIT   MORD

GERNE

ANGST

SCHLUSS

WENN DAS 20. JAHRHUNDERT NOCH EINMAL STATTFÄNDE, WAS WÜRDEN SIE ÄNDERN?

ARBEITEN   NASS   STÄRKER

NEID

HITZE   GEHÖRT

GERUCH

ZERSTÖRT   NACKT   GESCHMOLZEN   FAHREN   HILFLOSIGKEIT

VORHER

ALKOHOL   SUPPE   GELB   KALT   FREMDE

SORGE

VERLOREN

SEHNSUCHT   UMSONST   WEINEN

IMMER

BRANDNEU

LEID   LÜGE   LEIDENSCHAFT

ELTERN   AUFWACHEN

SPRECHEN   UMARMT   GELD

VOLL   EIFERSUCHT

GETRÄUMT

GELD   WIEDERGEFUNDEN   FUSSBALL   **1981**

ALLEIN

VERGESSEN

Können Sie diese Frage beantworten? Dann schicken Sie Ihre Antwort direkt an uns.

Was ich ändern würde: *Ich glaube zwar nicht, daß ich alleine viel ändern könnte, aber da wären schon ein paar Sachen, die ich gerne ungeschehen machen würde: Holocauste jeder Art, besonders der, der am jüdischen Volk begangen wurde, Die NS-Zeit im Allgemeinen, Atom- und Gen-Forschung, viele Kriege und Naturkatastrophen. Andere Dinge, die ich ändern würde: Ich würde die Drogen- politik "liberalisieren", die Kirche für Verhütung und Frauen offener machen, die Kommunisten nicht an die Macht kommen lassen und die USA von ihrer Welt-macht-*

Name: *Martin Nelskamp*   *position unterbringen. Es gäbe noch viel*

Straße: *Bauernweg 8*   *im Detail zu ändern, aber der Platz*

PLZ/Ort: *45701 Herten*   *reicht ja beider nicht aus.*

ZUSAMMEN

HERZEN

LIEBLOSIGKEIT

VERKAUFT

NIE WIEDER

TOT

LACHEN

UMARMT
                    SCHÄMEN
                                                            ANGEBEN
                                HEIZEN   ESSEN   MUT
        GERUCH
LANGEWEILE   LÄRM   JUDE
                    GEGESSEN   VERRAT
                                GEKRATZT   EINSAMKEIT   MORD
                                                                                                GERNE
ANGST

WENN DAS 20. JAHRHUNDERT NOCH EINMAL STATTFÄNDE,
WAS WÜRDEN SIE ÄNDERN?

SCHLUSS
                                                                                    NASS
ARBEITEN   STÄRKER
                                            HITZE   GEHÖRT
NEID   GERUCH
                                                                                HILFLOSIGKEIT
            NACKT   GESCHMOLZEN   FAHREN
ZERSTÖRT
                                                            VORHER
ALKOHOL   SUPPE   FREMDE
                                            SORGE   GELB
                                                            KALT
VERLOREN
                                                                UMSONST
SEHNSUCHT   WEINEN
                                                            IMMER
LEID   BRANDNEU
        LÜGE   LEIDENSCHAFT
                                                                            AUFWACHEN
SPRECHEN   ELTERN
                        UMARMT
        VOLL   GELD
                    GETRÄUMT   EIFERSUCHT
                                                                1981
GELD   WIEDERGEFUNDEN   FUSSBALL
                                                    ALLEIN
                                                                VERGESSEN

Können Sie diese Frage beantworten? Dann schicken Sie Ihre Antwort direkt an uns.

Was ich ändern würde: _____

Die Gründung der DDR 1949 / Attentate auf Karl Liebknecht und Rosa Luxemburg
Ich würde √ HANF Legalisieren lassen. AIDS-Virus hätte sich nicht ausbreiten dürfen.
Der Springer-Verlag hätte 1968 zerstört werden müssen.
Bob Marley hätte 1981 nicht sterben dürfen /
Kohl hätte 82' nicht an die Macht kommen dürfen / Wo ist die RAF?

Name: *Hjalmar Rehberg*

Straße: *Mörikestr. 6*

PLZ/Ort: *215768 Max*

ZUSAMMEN
                        HERZEN
            LIEBLOSIGKEIT

Möchten Sie, daß auch andere Menschen
Ihre Meinung kennenlernen?
Wir stellen alle Antworten in der Ausstellung
ICH PHOENIX im Gasometer Oberhausen aus.
Ihre Zeitungsseite erhalten Sie nach der
Ausstellung von den Künstlern signiert zurück.
Das 20. Jahrhundert
© 1996 Esther und Jochen Gerz

An das Oberhausener Abendblatt, Im Lipperfeld 25, 46047 Oberhausen
oder an das Mülheimer Abend Blatt, Reichstraße 37 - 39, 45479 Mülheim

Ja, ich habe geantwortet. Ich nehme an der
Verlosung von 200 Freikarten für das Kunstereignis
ICH PHOENIX im Gasometer Oberhausen und an der
Verlosung einer Ballonfahrt über das Ruhrgebiet teil.

VERKAUFT
                NIE WIEDER

TOT

UMARMT   SCHÄMEN   LACHEN

HEIZEN   ANGEBEN   ESSEN   MUT

GERUCH   LÄRM   JUDE

LANGEWEILE   GEGESSEN   VERRAT   EINSAMKEIT   MORD

GEKRATZT   GERNE

ANGST

WENN DAS 20. JAHRHUNDERT NOCH EINMAL STATTFÄNDE, WAS WÜRDEN SIE ÄNDERN?

SCHLUSS

NASS   STÄRKER

ARBEITEN

HITZE   GEHÖRT

NEID   GERUCH

HILFLOSIGKEIT

ZERSTÖRT   NACKT   GESCHMOLZEN   FAHREN

VORHER

ALKOHOL   SUPPE   GELB   FREMDE

SORGE   KALT

VERLOREN

SEHNSUCHT   UMSONST   WEINEN

LEID   BRANDNEU   IMMER

LÜGE   LEIDENSCHAFT

AUFWACHEN

SPRECHEN   ELTERN   UMARMT   GELD

VOLL   GETRÄUMT   EIFERSUCHT

GELD   WIEDERGEFUNDEN   FUSSBALL   **1981**

ALLEIN   VERGESSEN

Können Sie diese Frage beantworten? Dann schicken Sie Ihre Antwort direkt an uns.

Was ich ändern würde: Also, als erstes würde ich versuchen alle Menschen von der Straße zu holen. Keiner würde mehr an Armut, Krankheit oder Hunger leiden müssen. Umweltschmutz und Jagd auf Tiere wäre verboten. Und Kriege, sowie Rassismus würde es nicht geben, genauso, wie sinnlose Drogen und des-weiteren. Ebenfalls würde es keine Arbeitslosigkeit mehr ge-ben. Die Menschen die gestorben sind, wären wieder unter uns und alle Menschen würden einander lieben und verstehen und ...

Name: Dana Röhl

Straße: Försterbusch 5

PLZ/Ort: 45768 Marl

ZUSAMMEN   HERZEN   LIEBLOSIGKEIT

VERKAUFT   NIE WIEDER

TOT

UMARMT   LACHEN
                    SCHÄMEN

                              HEIZEN   ANGEBEN   ESSEN   MUT
        GERUCH
LANGEWEILE   LÄRM   JUDE
              GEGESSEN   VERRAT   MORD
                        GEKRATZT   EINSAMKEIT   GERNE

ANGST

                                                                                        NASS
SCHLUSS   STÄRKER

WENN DAS 20. JAHRHUNDERT NOCH EINMAL STATTFÄNDE, WAS WÜRDEN SIE ÄNDERN?

ARBEITEN

NEID   HITZE   GEHÖRT
                              GERUCH   HILFLOSIGKEIT
ZERSTÖRT   NACKT   GESCHMOLZEN   FAHREN

                                                              VORHER
            ALKOHOL   SUPPE
                                                      GELB   FREMDE
                                                                        KALT
VERLOREN
SEHNSUCHT   WEINEN
                                                      UMSONST

LEID   BRANDNEU   IMMER
                        LÜGE
                                                      LEIDENSCHAFT
                                                                              AUFWACHEN
SPRECHEN   ELTERN
                                UMARMT   GELD
            VOLL   EIFERSUCHT
GELD   GETRÄUMT
          WIEDERGEFUNDEN   FUSSBALL   *1981*
                                                              ALLEIN
                                                                              VERGESSEN

Können Sie diese Frage beantworten? Dann schicken Sie Ihre Antwort direkt an uns.

Was ich ändern würde: Ich finde, daß die Mauer hätte stehenbleiben sollen. Außerdem hätte es
nicht soweit kommen sollen, daß das 3. Reich so mächtig wurde.
Man hätte den Menschen in der 3. Welt schon früher helfen sollen. Die Regenwaldabholzung
hätte auch verboten werden sollen.

Name: Jens Trautmann
Straße: Breddenkampstr. 112
PLZ/Ort: 45770 Marl

                              ZUSAMMEN
                                                  HERZEN
                        LIEBLOSIGKEIT

                        VERKAUFT
                                    NIE WIEDER

            TOT

LACHEN

UMARMT   SCHÄMEN

HEIZEN   ANGEBEN   ESSEN   MUT

GERUCH   LÄRM   JUDE

LANGEWEILE   GEGESSEN   VERRAT   EINSAMKEIT   MORD

GEKRATZT   GERNE

ANGST

WENN DAS 20. JAHRHUNDERT NOCH EINMAL STATTFÄNDE, WAS WÜRDEN SIE ÄNDERN?

SCHLUSS

ARBEITEN   HASS   STÄRKER

NEID   HITZE   GEHÖRT   HILFLOSIGKEIT

GERUCH

NACKT   GESCHMOLZEN   FAHREN

ZERSTÖRT   VORHER

ALKOHOL   SUPPE   GELB   FREMDE

SORGE   KALT

VERLOREN   UMSONST

SEHNSUCHT   WEINEN

IMMER

LEID   BRANDNEU

LÜGE   LEIDENSCHAFT

AUFWACHEN

SPRECHEN   ELTERN   UMARMT   GELD

VOLL   EIFERSUCHT

GETRÄUMT

GELD   WIEDERGEFUNDEN   FUSSBALL

1981

ALLEIN   VERGESSEN

Können Sie diese Frage beantworten? Dann schicken Sie Ihre Antwort direkt an uns.

Was ich ändern würde: ~~keine~~ KRIEGE, ZUSAMMENHALTEN ALLER MENSCHEN,
KEINE AUSLÄNDERFEINDLICHKEITEN, ARBEITSLOSIGKEIT VERHINDERN,
TERRORISTEN ABSCHAFFEN, ~~————————~~ TIERVERSUCHE VERBIETEN,
~~——~~ HILFSBEDÜRFTIGEN MENSCHEN mehr helfen und sich um sie kümmern,
DAS ABHOLZEN DER REGENWÄLDER verhindern, ~~—————————————————~~

Name: ELIF GÖRÜR

Straße: WESTFALENSTR. 94

PLZ/Ort: 45790 MARL-DREWER

ZUSAMMEN

Möchten Sie, daß auch andere Menschen
Ihre Meinung kennenlernen?
Wir stellen alle Antworten in der
ICH PHOENIX im Gasometer in der Ausstellung
Ihre Zeitungsseite erhalten Sie nach der
Ausstellung von den Künstlern Oberhausen aus.
Das 20. Jahrhundert signiert zurück.
© 1996 Esther und Jochen Gerz

LIEBLOSIGKEIT   HERZEN

VERKAUFT

NIE WIEDER

TOT

UMARMT   SCHÄMEN   LACHEN

GERUCH   HEIZEN   ANGEBEN   ESSEN   MUT

LANGEWEILE   GEGESSEN   VERRAT   LÄRM   JUDE

GEKRATZT   EINSAMKEIT   MORD   GERNE

ANGST

SCHLUSS

WENN DAS 20. JAHRHUNDERT NOCH EINMAL STATTFÄNDE, WAS WÜRDEN SIE ÄNDERN?

ARBEITEN   NASS   STÄRKER

NEID   HITZE   GEHÖRT

GERUCH

NACKT   GESCHMOLZEN   FAHREN   HILFLOSIGKEIT

ZERSTÖRT   VORHER

ALKOHOL   SUPPE   GELB   FREMDE

SORGE   KALT

VERLOREN   UMSONST

SEHNSUCHT   WEINEN

LEID   IMMER

BRANDNEU   LEIDENSCHAFT

LÜGE   AUFWACHEN

SPRECHEN   ELTERN   UMARMT   GELD

VOLL   GETRÄUMT   EIFERSUCHT

WIEDERGEFUNDEN   FUSSBALL   *1981*

GELD   ALLEIN   VERGESSEN

Können Sie diese Frage beantworten? Dann schicken Sie Ihre Antwort direkt an uns.

Was ich ändern würde: *Ich würde versuchen den 2. Weltkrieg zu verhindern und Hitler erst gar nicht an die Macht lassen, damit die unsinnigen Massenmorde in Auschwitz usw. erst gar nicht passiert wären. Auch den Ersten Weltkrieg würde ich verhindern. Ich würde verbieten: den Bau von Atomwaffen, Abschlachtung der Tiere wegen des Fells usw., ich würde Ölkatastrophen verhindern, die Explosion des Elektrowerks in Tschernobyl, den Kriege in Ex-Jugoslawien usw.....*

Name: *Klaudia F.*

Straße: _____

PLZ/Ort: _____

ZUSAMMEN   HERZEN

LIEBLOSIGKEIT

VERKAUFT   NIE WIEDER

TOT

UMARMT   LACHEN   SCHÄMEN

GERUCH   HEIZEN   ANGEBEN   ESSEN   MUT

LANGEWEILE   LÄRM   JUDE

GEGESSEN   GEKRATZT   VERRAT   EINSAMKEIT   MORD   GERNE

ANGST

SCHLUSS

WENN DAS 20. JAHRHUNDERT NOCH EINMAL STATTFÄNDE, WAS WÜRDEN SIE ÄNDERN?

ARBEITEN   NASS   STÄRKER

NEID   HITZE   GEHÖRT   GERUCH   HILFLOSIGKEIT

ZERSTÖRT   NACKT   GESCHMOLZEN   FAHREN   VORHER

ALKOHOL   SUPPE   GELB   KALT   FREMDE

VERLOREN   UMSONST   WEINEN

SEHNSUCHT   IMMER

LEID   BRANDNEU   LÜGE   LEIDENSCHAFT   AUFWACHEN

SPRECHEN   ELTERN   UMARMT   GELD   EIFERSUCHT

VOLL   GETRÄUMT

GELD   WIEDERGEFUNDEN   FUSSBALL   *1981*

ALLEIN   VERGESSEN

Können Sie diese Frage beantworten? Dann schicken Sie Ihre Antwort direkt an uns.

Was ich ändern würde: _Ich hätte versucht, etwas gegen die beiden Weltkriege zu unternehmen, z.B. Hitler einen Job als Künstler gesucht, dann wäre er nicht Politiker geworden. Außerdem hätte ich etwas dafür getan, daß die Kirche abgeschafft würde, da diese viel Streit um die Religionen der Menschen erzeugt hat. Ich hätte die Krankheiten Krebs und AIDS nie entstehen lassen. Es wäre auch besser, wenn es mehr Fairness zwischen Reichen und Armen geben würde und man nicht mehr für alles bezahlen müßte._

Name: _Diana Lohoff_

Straße: _Alte Str. 47_

PLZ/Ort: _45772 Marl_

Möchten Sie, daß auch andere Menschen
Ihre Meinung kennenlernen?
Wir stellen alle Antworten in der Ausstellung
ICH PHOENIX im Gasometer Oberhausen aus.
Ihre Zeitungsseite erhalten Sie nach der
Ausstellung von den Künstlern signiert zurück.
© 1996 Esther und Jochen Gerz
Das 20. Jahrhundert

ZUSAMMEN   HERZEN   LIEBLOSIGKEIT

VERKAUFT   NIE WIEDER   TOT

An das Oberhausener Abendblatt, Im Lipperfeld 25, 46047 Oberhausen
oder an das Mülheimer Abend Blatt, Reichstraße 37 - 39, 45479 Mülheim

Ja, ich habe geantwortet. Ich nehme an der
Verlosung von 200 Freikarten für das Kunstereignis
ICH PHOENIX im Gasometer Oberhausen und an der
Verlosung einer Ballonfahrt über das Ruhrgebiet teil.

UMARMT
SCHÄMEN
LACHEN
GERUCH HEIZEN ANGEBEN ESSEN MUT
LANGEWEILE LÄRM JUDE
GEGESSEN VERRAT
GEKRATZT EINSAMKEIT MORD
GERNE
ANGST

SCHLUSS

ARBEITEN NASS
STÄRKER
NEID

ZERSTÖRT HILFLOSIGKEIT

VERLOREN
SEHNSUCHT FREMDE

LEID WEINEN

SPRECHEN AUFWACHEN

GELD EIFERSUCHT

WENN DAS 20. JAHRHUNDERT NOCH EINMAL STATTFÄNDE, WAS WÜRDEN SIE ÄNDERN?

ALLEIN VERGESSEN

Können Sie diese Frage beantworten? Dann schicken Sie Ihre Antwort direkt an uns.

Was ich ändern würde: Ich würde die beiden Weltkriege vermeiden, verhindern daß Atomversuche gestartet werden, mehr die Natur pflegen, versuchen den Zusammenhalt der Menschen zu stärken, darauf achten keine in Armut leben muß, dafür sorgen, daß immer genug zu Essen da ist,

Name: Julia Hajooze

Straße: Tommerisisch 119

PLZ/Ort: 45770 Marl

ZUSAMMEN
HERZEN
LIEBLOSIGKEIT

VERKAUFT
NIE WIEDER

TOT

UMARMT   SCHÄMEN   LACHEN

GERUCH   HEIZEN   ANGEBEN   ESSEN   MUT

LANGEWEILE   LÄRM   JUDE

GEGESSEN   GEKRATZT   VERRAT   EINSAMKEIT   MORD

GERNE

ANGST

SCHLUSS

WENN DAS 20. JAHRHUNDERT NOCH EINMAL STATTFÄNDE, WAS WÜRDEN SIE ÄNDERN?

ARBEITEN   NASS   STÄRKER

NEID   HITZE   GEHÖRT

GERUCH

NACKT   GESCHMOLZEN   FAHREN   HILFLOSIGKEIT

ZERSTÖRT

VORHER

ALKOHOL   SUPPE   GELB   KALT   FREMDE

GEORGE

VERLOREN

SEHNSUCHT   UMSONST   WEINEN

IMMER

LEID   BRANDNEU   LEIDENSCHAFT

LÜGE   AUFWACHEN

SPRECHEN   ELTERN   UMARMT   GELD

VOLL   EIFERSUCHT

GETRÄUMT   *1981*

GELD   WIEDERGEFUNDEN   FUSSBALL

ALLEIN   VERGESSEN

Können Sie diese Frage beantworten? Dann schicken Sie Ihre Antwort direkt an uns.

Was ich ändern würde: *Wenn das 20. Jahrhundert noch einmal stattfände würde ich als allererstes das Abschiebungsgesetz rückgängig machen. Gleiches Recht für alle!*

Name: *Kerstin Schulte-Kemper*

Straße: *Jahrweg 4*

PLZ/Ort: *45772 Marl*

ZUSAMMEN

LIEBLOSIGKEIT   HERZEN

VERKAUFT

NIE WIEDER

TOT

UMARMT   SCHÄMEN   LACHEN

GERUCH   HEIZEN   ANGEBEN   ESSEN   MUT

LANGEWEILE   LÄRM   JUDE

GEGESSEN   GEKRATZT   VERRAT   EINSAMKEIT   MORD

GERNE

ANGST

SCHLUSS

ARBEITEN   NASS   STÄRKER

NEID   HILFLOSIGKEIT

ZERSTÖRT

WENN DAS 20. JAHRHUNDERT NOCH EINMAL STATTFÄNDE, WAS WÜRDEN SIE ÄNDERN?

HITZE   GEHÖRT   GERUCH   NACKT   GESCHMOLZEN   FAHREN   VORHER   ALKOHOL   SUPPE   GELB   KALT   UMSONST   IMMER   LEIDENSCHAFT   BRANDNEU   LÜGE   ELTERN   UMARMT   GELD   VOLL   GETRÄUMT   WIEDERGEFUNDEN   FUSSBALL

1981

VERLOREN   SEHNSUCHT   WEINEN

LEID   AUFWACHEN

SPRECHEN   EIFERSUCHT

GELD   FREMDE

ALLEIN   VERGESSEN

Können Sie diese Frage beantworten? Dann schicken Sie Ihre Antwort direkt an uns.

Was ich ändern würde: *Ich würde allen Leuten beibringen, daß wenn es Probleme gibt, man diese nicht mit Gewalt lösen soll. Dann würden vielleicht keine Kriege entstehen, d. h. man hätte gar keine Waffen erfunden und wir würden alle in Frieden leben. Dazu würde es auch keine Hungersnöte geben.*

Name: *Sina Trelenberg*

Straße: *In den Kämpen 103*

PLZ/Ort: *45770 Marl*

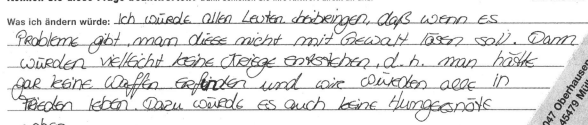

ZUSAMMEN   HERZEN

LIEBLOSIGKEIT

Möchte Sie, daß auch andere Menschen Ihre Meinung kennenlernen? Wir stellen alle Antworten in der Ausstellung ICH PHOENIX im Gasometer Oberhausen aus. Ihre Zeitungsseite erhalten Sie nach der Ausstellung von den Künstlern signiert zurück.

Das 20. Jahrhundert
© 1996 Esther und Jochen Gerz

VERKAUFT

NIE WIEDER

TOT

LACHEN

UMARMT   SCHÄMEN   ANGEBEN

HEIZEN   ESSEN   MUT

GERUCH   LÄRM   JUDE

LANGEWEILE   GEGESSEN   VERRAT   EINSAMKEIT   MORD

GEKRATZT   GERNE

ANGST

SCHLUSS

WENN DAS 20. JAHRHUNDERT NOCH EINMAL STATTFÄNDE, WAS WÜRDEN SIE ÄNDERN?

ARBEITEN   NASS   STÄRKER

NEID   HITZE   GEHÖRT

GERUCH   HILFLOSIGKEIT

NACKT   GESCHMOLZEN   FAHREN

ZERSTÖRT   VORHER

ALKOHOL   SUPPE   GELB   KALT   FREMDE

VERLOREN   UMSONST

SEHNSUCHT   IMMER   WEINEN

BRANDNEU   LEIDENSCHAFT

LEID   LÜGE   AUFWACHEN

ELTERN   UMARMT   GELD

SPRECHEN   VOLL   GETRÄUMT   EIFERSUCHT

GELD   WIEDERGEFUNDEN   FUSSBALL   *1981*

ALLEIN   VERGESSEN

Können Sie diese Frage beantworten? Dann schicken Sie Ihre Antwort direkt an uns.

Was ich ändern würde: *Ich finde, daß die Zerstörung wie z.B. Krieg endlich ein friedliches Ende nehmen sollte. Auch diejenigen die in Vergessenheit geraten sind, sollten eines Tages aufwachen können und mit Gewißheit sagen: ich bin nicht mehr alleine, an mich wird gedacht! Die Hilflosigkeit der Menschen in dritte-Welt-Ländern sollte zerstört werden!*

Name: *Michaela Wolf*   MICHAELA WOLF

Straße: *Feuerbachstr. 35*   FEUERBACHSTR 35

PLZ/Ort: *45768 Marl*   45768 MARL

Möchten Sie, daß auch andere Menschen Ihre Meinung kennenlernen? Wir stellen alle Antworten in der ICH PHOENIX im Gasometer erhalten Sie nach der Ausstellung. Ihre Zeitungsseite erhalten Sie nach der Ausstellung von den Künstlern signiert zurück.
Das 20. Jahrhundert
© 1996 Esther und Jochen Gerz

ZUSAMMEN

HERZEN

LIEBLOSIGKEIT

VERKAUFT

NIE WIEDER

TOT

An das Oberhausener Abendblatt, Im Lipperfeld 25, 46047 Oberhausen oder an das Mülheimer Abend Blatt, Reichstraße 37 - 39, 45479 Mülheim

Ja, ich habe geantwortet. Ich nehme an der Verlosung von 200 Freikarten für das Kunstereignis ICH PHOENIX im Gasometer Oberhausen und an der Verlosung einer Ballonfahrt über das Ruhrgebiet teil.

UMARMT   SCHÄMEN   LACHEN

GERUCH   HEIZEN   ANGEBEN   ESSEN   MUT

LANGEWEILE   GEGESSEN   VERRAT   LÄRM   JUDE

GEKRATZT   EINSAMKEIT   MORD   GERNE

ANGST

SCHLUSS

WENN DAS 20. JAHRHUNDERT NOCH EINMAL STATTFÄNDE, WAS WÜRDEN SIE ÄNDERN?

ARBEITEN   NASS   STÄRKER

NEID   HITZE   GEHÖRT

GERUCH

NACKT   GESCHMOLZEN   FAHREN   HILFLOSIGKEIT

ZERSTÖRT   VORHER

ALKOHOL   SUPPE   GELB   FREMDE

SORGE   KALT

VERLOREN   UMSONST

SEHNSUCHT   WEINEN

LEID   IMMER

BRANDNEU   LEIDENSCHAFT

LÜGE   AUFWACHEN

ELTERN   UMARMT   GELD

SPRECHEN   VOLL   EIFERSUCHT

GETRÄUMT

GELD   WIEDERGEFUNDEN   FUSSBALL   1981

ALLEIN   VERGESSEN

Können Sie diese Frage beantworten? Dann schicken Sie Ihre Antwort direkt an uns.

Was ich ändern würde: _Ich hätte versucht den 2. Weltkrieg zu verhindern;_
Ich hätte Hitler getötet; Tiere würden nicht mehr getötet werden;
Ich hätte das Gesetz ganz anders gestaltet; Ich hätte
Waffen verboten;

Name: _Ulisic, Claudia_
Straße: _Platz der Freiheit 1_
PLZ/Ort: _45770 Marl_

ZUSAMMEN

HERZEN

LIEBLOSIGKEIT

VERKAUFT

NIE WIEDER

TOT

UMARMT   LACHEN
                        SCHÄMEN
                                     HEIZEN   ANGEBEN   ESSEN
    GERUCH   MUT
LANGEWEILE   LÄRM   JUDE
            GEGESSEN   VERRAT
                            GEKRATZT   EINSAMKEIT   MORD
                                                                                          GERNE

ANGST

SCHLUSS

WENN DAS 20. JAHRHUNDERT NOCH EINMAL STATTFÄNDE, WAS WÜRDEN SIE ÄNDERN?

ARBEITEN   NASS
                                                                                      STÄRKER
NEID   HITZE   GEHÖRT

                                    GERUCH
                                                                                HILFLOSIGKEIT
                        NACKT   GESCHMOLZEN   FAHREN
ZERSTÖRT
                                                                 VORHER
                ALKOHOL   SUPPE
                                                           GELB   KALT   FREMDE
                                           SORGE

VERLOREN
SEHNSUCHT   UMSONST
                                                                                           WEINEN
                                                           IMMER
LEID   BRANDNEU
                    LÜGE   LEIDENSCHAFT
                                                                                      AUFWACHEN
SPRECHEN   ELTERN   UMARMT
            VOLL   GELD
                        GETRÄUMT   EIFERSUCHT
GELD   WIEDERGEFUNDEN   FUSSBALL   *1981*

                                              ALLEIN
                                                                      VERGESSEN

Können Sie diese Frage beantworten? Dann schicken Sie Ihre Antwort direkt an uns.

Was ich ändern würde: *Ich würde versuchen mich gegen Hitler und die Nazis zu wehren und versuchen offen Leuten die Augen zu öffnen. Ich würde versuchen, Katastrophen, die in der
Vergangenheit passiert sind zu verhindern (Geiseldrama, Anschläge, Brände). Ich würde
versuchen etwas gegen die Umweltverschmutzung und gegen die Abholzung der
Regenwälder zu unternehmen*

Name: *Maren Lange*

Straße: *Im Kamp 4*

PLZ/Ort: *45772 Marl*

Möchten Sie daß auch andere Menschen
Ihre Meinung kennenlernen?
Wir stellen alle Antworten in der
ICH PHOENIX im Gasometer Oberhausen aus.
Ihre Zeitungsseite erhalten Sie nach der
Ausstellung von den Künstlern zurück.

Das 20. Jahrhundert signiert zurück.
© 1996 Esther und Jochen Gerz

            ZUSAMMEN
                                                     HERZEN
        LIEBLOSIGKEIT

**An das Oberhausener Abendblatt, Im Lipperfeld 25, 46047 Oberhausen
oder an das Mülheimer Abend Blatt, Reichstraße 37 - 39, 45479 Mülheim**

Ja, ich habe geantwortet. Ich nehme an der
Verlosung von 200 Freikarten für das Kunstereignis
ICH PHOENIX im Gasometer Oberhausen und an der
Verlosung einer Ballonfahrt über das Ruhrgebiet teil.

                VERKAUFT
                            NIE WIEDER

                TOT

LACHEN

UMARMT　　　　　SCHÄMEN

　　　　　　　　　HEIZEN　　　　　　ANGEBEN
GERUCH　　　　　　　　　　　　　　　　　ESSEN　　　　　MUT
LANGEWEILE　　　　　　　　　　　　　LÄRM
　　　　GEGESSEN　　　　VERRAT　　　　　　　　　　　JUDE
　　　　　　　GEKRATZT　　　　　　EINSAMKEIT　　MORD
　　　　　　　　　　　　　　　　　　　　　　　　　GERNE

ANGST

WENN DAS 20. JAHRHUNDERT NOCH EINMAL STATTFÄNDE, WAS WÜRDEN SIE ÄNDERN?

SCHLUSS

ARBEITEN　　　　　　　　　　　　　　　　　　NASS
　　　　　　　　　　　　　　　　　　　　　　　　STÄRKER
NEID　　　　　　　　　HITZE　　　　GEHÖRT
　　　GERUCH
　　　　　　　　　　　　　　　　　　　　　HILFLOSIGKEIT
ZERSTÖRT　NACKT　　　GESCHMOLZEN　FAHREN
　　　　　　　　　　　　　　　　VORHER
ALKOHOL　　　SUPPE　　　　　　　　　　FREMDE
　　　　　　　　　　　GELB　　KALT
VERLOREN
SEHNSUCHT　　　　　　　　UMSONST　　WEINEN
LEID　　　　　　　　　　　IMMER
BRANDNEU　LÜGE　　　　LEIDENSCHAFT
　　　　　　　　　　　　　　　　　　AUFWACHEN
SPRECHEN　ELTERN　UMARMT　　GELD
VOLL　　　　　　　　　　　　EIFERSUCHT
GETRÄUMT
GELD　WIEDERGEFUNDEN　　　　FUSSBALL

1981

ALLEIN
VERGESSEN

Können Sie diese Frage beantworten? Dann schicken Sie Ihre Antwort direkt an uns.

Was ich ändern würde: *Es gab sicherlich einige Möglichkeiten, die beiden Weltkriege, die in diesem Jahrhundert stattgefunden haben, zu verhindern, auch wenn anscheinend niemandem etwas eingefallen ist, und wenn es wohl ziemlich unglaubwürdig erscheinen muß, daß ein einzelner Mensch sagt, daß er versucht hätte, diese Kriege zu verhindern. Dazu gehören schon mehrere.*

Name: *Anika Möbus*

Straße: *Freerbruchstr. 135c*

PLZ/Ort: *45770 Marl*

ZUSAMMEN
LIEBLOSIGKEIT　　　　　　HERZEN

VERKAUFT
NIE WIEDER

TOT

An das Oberhausener Abendblatt, Im Lipperfeld 25, 46047 Oberhausen oder an das Mülheimer Abend Blatt, Reichstraße 37 - 39, 45479 Mülheim

Ja, ich habe geantwortet. Ich nehme an der Verlosung von 200 Freikarten für das Kunstereignis ICH PHOENIX im Gasometer Oberhausen und an der Verlosung einer Ballonfahrt über das Ruhrgebiet teil.

UMARMT   LACHEN
        SCHÄMEN
GERUCH   HEIZEN   ANGEBEN   ESSEN   MUT
LANGEWEILE   LÄRM   JUDE
GEGESSEN   VERRAT   EINSAMKEIT   MORD
GEKRATZT   GERNE

ANGST

SCHLUSS

WENN DAS 20. JAHRHUNDERT NOCH EINMAL STATTFÄNDE, WAS WÜRDEN SIE ÄNDERN?

ARBEITEN   STÄRKER

NEID   HITZE   GEHÖRT
        GERUCH   HILFLOSIGKEIT
NACKT   GESCHMOLZEN   FAHREN
ZERSTÖRT   VORHER
        ALKOHOL   SUPPE   GELB   FREMDE
        GORGE   KALT
VERLOREN
SEHNSUCHT   UMSONST   WEINEN
        IMMER
LEID   BRANDNEU   LEIDENSCHAFT   AUFWACHEN
        LÜGE
SPRECHEN   ELTERN   UMARMT   GELD
        VOLL   EIFERSUCHT
        GETRÄUMT
        WIEDERGEFUNDEN   FUSSBALL   *1981*
GELD   ALLEIN   VERGESSEN

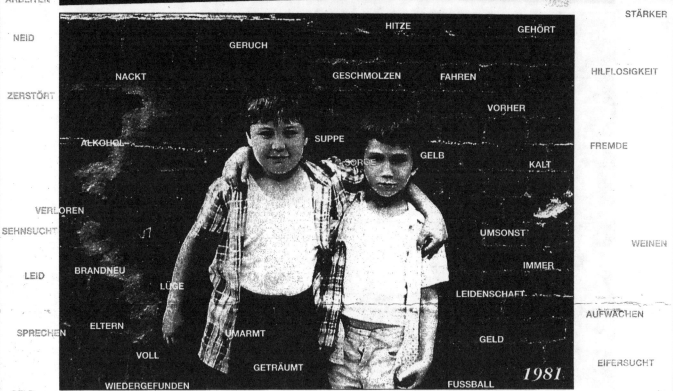

Können Sie diese Frage beantworten? Dann schicken Sie Ihre Antwort direkt an uns.

Was ich ändern würde: *Ich würde im zweiten Weltkrieg gegen Hitler und die Judenverfolgung kämpfen. Ich würde mich im Tier- und Umweltschutz engagieren und gegen Fremdenhass und die Asylpolitik demonstrieren.*

Name: *Iris Rademacher*

Straße: *Badische Str. 2*

PLZ/Ort: *45770 Marl*

Möchten Sie, daß auch andere Menschen
Ihre Meinung kennenlernen?
Wir stellen alle Antworten in der Ausstellung
ICH PHOENIX im Gasometer Oberhausen aus.
Ihre Zeitungsseite erhalten Sie nach der
Ausstellung von den Künstlern signiert zurück.
Das 20. Jahrhundert
© 1996 Esther und Jochen Gerz

ZUSAMMEN   HERZEN
LIEBLOSIGKEIT

VERKAUFT
NIE WIEDER

TOT

An das Oberhausener Abendblatt, Im Lipperfeld 25, 46047 Oberhausen
oder an das Mülheimer Abend Blatt, Reichstraße 37 - 39, 45479 Mülheim

Ja, ich habe geantwortet. Ich nehme an der
Verlosung von 200 Freikarten für das Kunstereignis
ICH PHOENIX im Gasometer Oberhausen und an der
Verlosung einer Ballonfahrt über das Ruhrgebiet teil.

UMARMT   LACHEN

SCHÄMEN

HEIZEN   ANGEBEN   ESSEN   MUT

GERUCH

LANGEWEILE   GEGESSEN   LÄRM   JUDE

VERRAT

GEKRATZT   EINSAMKEIT   MORD

GERNE

ANGST

WENN DAS 20. JAHRHUNDERT NOCH EINMAL STATTFÄNDE, WAS WÜRDEN SIE ÄNDERN?

SCHLUSS

ARBEITEN   NASS   STÄRKER

NEID   HITZE   GEHÖRT   HILFLOSIGKEIT

GERUCH

NACKT   GESCHMOLZEN   FAHREN

ZERSTÖRT   VORHER

ALKOHOL   SUPPE   GELB   KALT   FREMDE

VERLOREN   UMSONST

SEHNSUCHT   WEINEN

IMMER

LEID   BRANDNEU   LEIDENSCHAFT

LÜGE   AUFWACHEN

SPRECHEN   ELTERN   GELD   EIFERSUCHT

VOLL   UMARMT   GETRÄUMT

WIEDERGEFUNDEN   FUSSBALL   *1981*

GELD   ALLEIN   VERGESSEN

Können Sie diese Frage beantworten? Dann schicken Sie Ihre Antwort direkt an uns.

Was ich ändern würde: *Wenn das 20. Jahrhundert noch einmal stattfände würde ich versuchen einiges zu ändern. So würde ich versuchen Kriege, wie den 1. und 2. Weltkrieg zu verhindern. Zumindest würde ich mich soweit es möglich wäre gegen die Kriege äußern und gegen Intoleranz wahren. Allerdings muß man dabei die Gefahren und eingeschränkten Möglichkeiten in diese Hinsichten berücksichtigen.*

Name: *Elena Mischa*

Straße: *Schachtstraße 133*

PLZ/Ort: *45768 Mail*

Möchten Sie daß auch andere Menschen Ihre Meinung kennenlernen? Wir stellen alle Antworten in der Ausstellung ICH PHOENIX im Gasometer Oberhausen aus. Ihre Zeitungsseite erhalten Sie nach der Ausstellung von den Künstlern signiert zurück.
© 1996 Esther und Jochen Gerz
Das 20. Jahrhundert

ZUSAMMEN   HERZEN

LIEBLOSIGKEIT

VERKAUFT   NIE WIEDER

TOT

An das Oberhausener Abendblatt, Im Lipperfeld 25, 46047 Oberhausen oder an das Mülheimer Abend Blatt, Reichstraße 37 - 39, 45479 Mülheim

Ja, ich habe geantwortet. Ich nehme an der Verlosung von 200 Freikarten für das Kunstereignis ICH PHOENIX im Gasometer Oberhausen und an der Verlosung einer Ballonfahrt über das Ruhrgebiet teil.

UMARMT   SCHÄMEN   LACHEN

GERUCH   HEIZEN   ANGEBEN   ESSEN   MUT

LANGEWEILE   LÄRM   JUDE

GEGESSEN   VERRAT   EINSAMKEIT   MORD

GEKRATZT   GERNE

ANGST

SCHLUSS

WENN DAS 20. JAHRHUNDERT NOCH EINMAL STATTFÄNDE, WAS WÜRDEN SIE ÄNDERN?

ARBEITEN   NASS   STÄRKER

NEID   HITZE   GEHÖRT

GERUCH

NACKT   GESCHMOLZEN   FAHREN   HILFLOSIGKEIT

ZERSTÖRT   VORHER

ALKOHOL   SUPPE   GELB   FREMDE

KALT

VERLOREN   UMSONST

SEHNSUCHT   WEINEN

IMMER

LEID   BRANDNEU   LEIDENSCHAFT

LÜGE   AUFWACHEN

ELTERN   UMARMT   GELD

SPRECHEN   EIFERSUCHT

VOLL   GETRÄUMT   1981

GELD   WIEDERGEFUNDEN   FUSSBALL

ALLEIN   VERGESSEN

Können Sie diese Frage beantworten? Dann schicken Sie Ihre Antwort direkt an uns.

Was ich ändern würde: _Wenn ich zurückgehen könnte, würde ich versuchen die Leute darüber aufzuklären, wohin Gefahr von Hitler ausgeht, noch bevor er zu groß ist, überhaupt nicht erfolgt. Außerdem sollte man versuchen die Entstehung von AIDS dahingehend verhindern, daß man die Menschen darüber aufklärt. Freuen sollten alle berichten, daß man Kriegen aus dem Weg geht. Die Diskriminierung der Schwarzen dürfte es nicht geben. Ebenso sollte man verhindern, daß die Länder zu großen Reichtum erlangen und die „Dritte Welt" Hunger leiden muß. Insgesamt gibt es im 20. Jahrhundert viel zu verändern._

Name: _Nicole Heitkamp_

Straße: _Burgstraße 37B_

PLZ/Ort: _45766 Haye_

Möchten Sie, daß auch andere Menschen
Ihre Meinung kennenlernen?
Wir stellen alle Antworten in der
ICH PHOENIX im Gasometer Oberhausen aus.
Ihre Zeitungsseite erhalten Sie nach der
Ausstellung von den Künstlern signiert zurück.
Das 20. Jahrhundert
© 1996 Esther und Jochen Gerz

ZUSAMMEN   HERZEN

LIEBLOSIGKEIT

VERKAUFT   NIE WIEDER

TOT

LACHEN

UMARMT   SCHÄMEN

HEIZEN   ANGEBEN   ESSEN   MUT

GERUCH   LÄRM   JUDE

LANGEWEILE   GEGESSEN   VERRAT   EINSAMKEIT   MORD

GEKRATZT   GERNE

ANGST

SCHLUSS

ARBEITEN   NASS   STÄRKER

NEID

ZERSTÖRT

VERLOREN

SEHNSUCHT

LEID

SPRECHEN

GELD

WENN DAS 20. JAHRHUNDERT NOCH EINMAL STATTFÄNDE, WAS WÜRDEN SIE ÄNDERN?

HITZE   GEHÖRT   HILFLOSIGKEIT

GERUCH

NACKT   GESCHMOLZEN   FAHREN

VORHER

ALKOHOL   SUPPE   GELB   KALT   FREMDE

SORGE

UMSONST   WEINEN

IMMER

BRANDNEU   LÜGE   LEIDENSCHAFT

AUFWACHEN

ELTERN   UMARMT   GELD   EIFERSUCHT

VOLL   GETRÄUMT

WIEDERGEFUNDEN   FUSSBALL   *1981*

ALLEIN   VERGESSEN

Können Sie diese Frage beantworten? Dann schicken Sie Ihre Antwort direkt an uns.

Was ich ändern würde: _Hätte ich die Möglichkeit, das 20. Jahrhundert nach meinen Vorstellungen zu gestalten, würde ich als erstes dafür sorgen, daß es keine Kriege gibt, daß Menschen nicht leiden und in Armut leben müssen. Drogen würde es nicht geben, dafür unbedingt Gleichberechtigung. Hungersnot? Sowetvas würde man nicht kennen. Keinem Tier würde etwas angetan werden! Auch Umweltkatastrophen würden nie passieren. Krankheiten wie z.B. AIDS würde es nie geben._

Name: _Anke Seelbach_	_Schön wär's!_
Straße: _Floßwiese 12_	_P.S.: DER BVB wäre nie Meister geworden!!!_
PLZ/Ort: _45770 Marl_	

Möchten Sie, daß auch andere Menschen Ihre Meinung kennenlernen? Wir stellen alle Antworten in der Ausstellung ICH PHOENIX im Gasometer Oberhausen und Ihre Zeitungsseite erhalten Sie nach der Ausstellung von den Künstlern signiert zurück.

© 1996 Esther und Jochen Gerz

Das 20. Jahrhundert

ZUSAMMEN

LIEBLOSIGKEIT   HERZEN

VERKAUFT

NIE WIEDER

TOT

An das Oberhausener Abendblatt, Im Lipperfeld 25, 46047 Oberhausen oder an das Mülheimer Abend Blatt, Reichstraße 37 - 39, 45479 Mülheim

Ja, ich habe geantwortet. Ich nehme an der Verlosung von 200 Freikarten für das Kunstereignis ICH PHOENIX im Gasometer Oberhausen und an der Verlosung einer Ballonfahrt über das Ruhrgebiet teil.

LACHEN

UMARMT

SCHÄMEN

ANGEBEN

HEIZEN

GERUCH   ESSEN   MUT

LANGEWEILE   LÄRM   JUDE

GEGESSEN   VERRAT

GEKRATZT   EINSAMKEIT   MORD

GERNE

ANGST

SCHLUSS

WENN DAS 20. JAHRHUNDERT NOCH EINMAL STATTFÄNDE, WAS WÜRDEN SIE ÄNDERN?

ARBEITEN   NASS   STÄRKER

NEID

ZERSTÖRT

VERLOREN

SEHNSUCHT

LEID

SPRECHEN

GELD

HITZE   GEHÖRT

GERUCH

NACKT   GESCHMOLZEN   FAHREN   HILFLOSIGKEIT

VORHER

ALKOHOL   SUPPE   GELB   FREMDE

KALT

UMSONST   WEINEN

IMMER

BRANDNEU   LEIDENSCHAFT

LÜGE   AUFWACHEN

ELTERN   UMARMT   GELD

VOLL   EIFERSUCHT

GETRÄUMT

WIEDERGEFUNDEN   FUSSBALL   *1981*

ALLEIN

Können Sie diese Frage beantworten? Dann schicken Sie Ihre Antwort direkt an uns.

VERGESSEN

Was ich ändern würde: Wenn ich die Chance hätte, die Welt zu verändern, würden alle Menschen in Frieden leben, es gäbe keine Kriege und Armut. Ich hätte versucht zu verhindern, daß man Jagd auf wilde Tiere macht. Auch sollten sich nicht mehr so viele Familien zerstreiten, so daß weniger Kinder unter dem Streß leiden würden. Die Menschen sollten endlich versuchen in Frieden zu leben. Auch sollte man verhindern, daß die Menschen rücksichtsvoller werden, und es weniger Verkehrstote gibt.

Name: Jessica Zielinski

Straße: Am Wiemhof 47

PLZ/Ort: 45772 Marl

ZUSAMMEN   HERZEN

LIEBLOSIGKEIT

Möchten Sie, daß auch andere Menschen Ihre Meinung kennenlernen? Wir stellen alle Antworten in der Ausstellung ICH PHOENIX im Gasometer Oberhausen aus. Ihre Zeitungsseite erhalten Sie nach der Ausstellung von den Künstlern signiert zurück. Das 20. Jahrhundert © 1996 Esther und Jochen Gerz

VERKAUFT

NIE WIEDER

TOT

LACHEN

UMARMT   SCHÄMEN

HEIZEN   ANGEBEN   ESSEN   MUT

GERUCH   LÄRM   JUDE

LANGEWEILE   GEGESSEN   GEKRATZT   VERRAT   EINSAMKEIT   MORD

GERNE

ANGST

WENN DAS 20. JAHRHUNDERT NOCH EINMAL STATTFÄNDE, WAS WÜRDEN SIE ÄNDERN?

SCHLUSS

ARBEITEN   NASS   STÄRKER

NEID   HITZE   GEHÖRT

GERUCH

NACKT   GESCHMOLZEN   FAHREN   HILFLOSIGKEIT

ZERSTÖRT   VORHER

ALKOHOL   SUPPE   SORGE   GELB   KALT   FREMDE

VERLOREN

SEHNSUCHT   UMSONST   WEINEN

IMMER

LEID   BRANDNEU   LÜGE   LEIDENSCHAFT

AUFWACHEN

SPRECHEN   ELTERN   UMARMT   GELD

VOLL   EIFERSUCHT

GETRÄUMT

GELD   WIEDERGEFUNDEN   FUSSBALL   *1981*

ALLEIN

VERGESSEN

Können Sie diese Frage beantworten? Dann schicken Sie Ihre Antwort direkt an uns.

Was ich ändern würde: _Auf jeden Fall würde ich die Kriege (1. u. 2. Weltkrieg, Krieg im ehemaligen Jugoslawien...verhindern. Dann würden Umwelt- und Tierschutz einen höheren Rang einnehmen. Den Menschen in ärmeren Ländern würde ich noch mehr versuchen zu helfen. Die Arbeitslosigkeit würde nicht mehr so groß sein und Morde, bei denen Unbeteiligte umgekommen sind sollten rückgängig gemacht werden. Genauso die Tode von Menschen, die einem sehr nahe gestanden haben. Es würde keine Drogen mehr geben und die Menschen würden sich wieder besser verstehen._

Name: _Nina Freitag_

Straße: _Hammer Str. 67_

PLZ/Ort: _45772 Marl_

ZUSAMMEN

HERZEN

LIEBLOSIGKEIT

An das Oberhausener Abendblatt, Im Lipperfeld 25, 46047 Oberhausen oder an das Mülheimer Abend Blatt, Reichstraße 37 - 39, 45479 Mülheim

Ja, ich habe geantwortet. Ich nehme an der Verlosung von 200 Freikarten für das Kunstereignis ICH PHOENIX im Gasometer Oberhausen und an der Verlosung einer Ballonfahrt über das Ruhrgebiet teil.

VERKAUFT

NIE WIEDER

TOT

LACHEN

UMARMT   SCHÄMEN

HEIZEN   ANGEBEN   ESSEN   MUT

GERUCH   LÄRM   JUDE

LANGEWEILE   GEGESSEN   GEKRATZT   VERRAT   EINSAMKEIT   MORD   GERNE

ANGST

WENN DAS 20. JAHRHUNDERT NOCH EINMAL STATTFÄNDE, WAS WÜRDEN SIE ÄNDERN?

SCHLUSS

ARBEITEN   NASS   STÄRKER

NEID   HITZE   GEHÖRT

GERUCH

ZERSTÖRT   NACKT   GESCHMOLZEN   FAHREN   HILFLOSIGKEIT

VORHER

ALKOHOL   SUPPE   GELB   KALT   FREMDE

VERLOREN

SEHNSUCHT   UMSONST   WEINEN

LEID   BRANDNEU   IMMER

LÜGE   LEIDENSCHAFT

SPRECHEN   ELTERN   UMARMT   GELD   AUFWACHEN

VOLL   GETRÄUMT   EIFERSUCHT

GELD   WIEDERGEFUNDEN   FUSSBALL   1981

ALLEIN   VERGESSEN

Können Sie diese Frage beantworten? Dann schicken Sie Ihre Antwort direkt an uns.

Was ich ändern würde: _Ich würde der 3. Welt versuchen zu helfen. Ich würde ein Impf-mittel gegen BSE erfinden. Ich würde versuchen, die Regenwälder zu retten. Ich würde versuchen einen Weltfrieden zu machen. Ich würde alle Faschisten verbieten. Nazis auch. Ich würde Hitler stürzen. Ich hätte die Weltkriege verhindert. Das 20. Jahrhundert war ein trauriger Tiefpunkt der Weltgeschichte. Ich würde alles Negative ins Positive leiten. Ich würde es wenigstens versuchen._

Name: _Tim Schidlowski_

Straße: _Joseph-Haydn-Str. 4_

PLZ/Ort: _45772 Marl_

ZUSAMMEN

HERZEN

LIEBLOSIGKEIT

VERKAUFT

NIE WIEDER

TOT

LACHEN

UMARMT   SCHÄMEN

GERUCH   HEIZEN   ANGEBEN   ESSEN   MUT

LANGEWEILE   LÄRM   JUDE

GEGESSEN   VERRAT   GEKRATZT   EINSAMKEIT   GERNE

MORD

ANGST

SCHLUSS

WENN DAS 20. JAHRHUNDERT NOCH EINMAL STATTFÄNDE, WAS WÜRDEN SIE ÄNDERN?

ARBEITEN

NASS   STÄRKEF

NEID   HITZE   GEHÖRT

GERUCH

NACKT   GESCHMOLZEN   FAHREN   HILFLOSIGKEIT

ZERSTÖRT   VORHER

ALKOHOL   SUPPE   GELB   FREMDE

KALT

VERLOREN   UMSONST

SEHNSUCHT   WEINEN

IMMER

BRANDNEU   LEIDENSCHAFT

LEID   LÜGE   AUFWACHEN

ELTERN   UMARMT   GELD

SPRECHEN   VOLL   GETRÄUMT   EIFERSUCHT

GELD   WIEDERGEFUNDEN   FUSSBALL   **1981**

ALLEIN

VERGESSEN

Können Sie diese Frage beantworten? Dann schicken Sie Ihre Antwort direkt an uns.

Was ich ändern würde: *Ich finde, daß man das Alter ab dem man arbeiten darf auf 14 Jahre sehte sollte. Ich würde es verhindern, daß man die Mauer überhaupt gebaut wird. Ich würde versuchen, daß die neu erfundenen Steuern zumindestens gesenkt wird. Ich würde Hitler erschießen. Ich erfinde Impfmittel gegen alle Krankheiten (Bspl. AIDS - BSE). Ich würde anordnen, daß die Politiker keinen Schiß mehr haben und endlich abnehmen sollen. Doch ich glaube, daß ich sowieso nichts ändern kann.*

Name: *Sascha Zehm*

Straße: *Max-Roger-Str. 109*

PLZ/Ort: *45772 Marl*

Möchten Sie, daß sich andere Menschen Ihre Meinung kennenlernen?
Wir stellen alle Antworten in der Ausstellung ICH PHOENIX im Gasometer Oberhausen aus.
Ihre Zeitungsseite erhalten Sie nach der Ausstellung von den Künstlern signiert zurück.
Das 20. Jahrhundert
© 1996 Esther und Jochen Gerz

ZUSAMMEN

HERZEN

LIEBLOSIGKEIT

VERKAUFT

NIE WIEDER

TOT

An das Oberhausener Abendblatt, Im Lipperfeld 25, 46047 Oberhausen
oder an das Mülheimer Abend Blatt, Reichstraße 37 - 39, 45479 Mülheim

Ja, ich habe geantwortet. Ich nehme an der Verlosung von 200 Freikarten für das Kunstereignis ICH PHOENIX im Gasometer Oberhausen und an der Verlosung einer Ballonfahrt über das Ruhrgebiet teil.

UMARMT   SCHÄMEN   LACHEN

GERUCH   HEIZEN   ANGEBEN   ESSEN   MUT

LANGEWEILE   GEGESSEN   LÄRM   JUDE

GEKRATZT   VERRAT   EINSAMKEIT   MORD   GERNE

ANGST

WENN DAS 20. JAHRHUNDERT NOCH EINMAL STATTFÄNDE, WAS WÜRDEN SIE ÄNDERN?

SCHLUSS

NASS   STÄRKER

ARBEITEN   HITZE   GEHÖRT

NEID   GERUCH   HILFLOSIGKEIT

NACKT   GESCHMOLZEN   FAHREN

ZERSTÖRT   VORHER

ALKOHOL   SUPPE   SORGE   GELB   KALT   FREMDE

VERLOREN   UMSONST

SEHNSUCHT   WEINEN

IMMER

LEID   BRANDNEU   LÜGE   LEIDENSCHAFT

AUFWACHEN

SPRECHEN   ELTERN   UMARMT   GELD

VOLL   GETRÄUMT   EIFERSUCHT

GELD   WIEDERGEFUNDEN   FUSSBALL   **1981**

ALLEIN   VERGESSEN

Können Sie diese Frage beantworten? Dann schicken Sie Ihre Antwort direkt an uns.

Was ich ändern würde: *Ich würde alle CDU, CSU, FDP, Reps, FAP und NPD Wähler aufhängen. Das Verbot der PKK, KPD aufheben. Den Polizeiapparat abschaffen. Die Chaostage legalisieren und Waffen abrüsten. Arbeitslosigkeit und soziale Ungerechtigkeit vernichten. Ich hätte die Berliner Mauer stehen gelassen und somit die Groß Deutsche Beroffenheit verhindert. Ich würde Faschisten, Rassisten Nationalisten und Kapitalisten verfolgen und ermorden. Außerdem würde ich soziale Schwache Väter fördern und sozial stärken. Die Macht der Kirchen einschränken, religiöse Fanatikers verbieten, Völkermord weltweit vernichten. Also Friede in der Welt, wir sind alle Kinder dieser Erde!*

Name: *Florian Theodorbi*

Straße: *Schürenkamp 12*

PLZ/Ort: *45770 mal*

ZUSAMMEN   HERZEN

LIEBLOSIGKEIT

VERKAUFT

NIE WIEDER

TOT

LACHEN

UMARMT   SCHÄMEN

HEIZEN   ANGEBEN   ESSEN   MUT

GERUCH   LÄRM   JUDE

LANGEWEILE   GEGESSEN   VERRAT   EINSAMKEIT

GEKRATZT   MORD   GERNE

ANGST

SCHLUSS

WENN DAS 20. JAHRHUNDERT NOCH EINMAL STATTFÄNDE, WAS WÜRDEN SIE ÄNDERN?

ARBEITEN   NASS   STÄRKER

NEID   HITZE   GEHÖRT

GERUCH   HILFLOSIGKEIT

NACKT   GESCHMOLZEN   FAHREN

ZERSTÖRT   VORHER

ALKOHOL   SUPPE   GELB   FREMDE

SORGE   KALT

VERLOREN   UMSONST

SEHNSUCHT   WEINEN

IMMER

LEID   BRANDNEU   LÜGE   LEIDENSCHAFT

AUFWACHEN

SPRECHEN   ELTERN   UMARMT   GELD

VOLL   GETRÄUMT   EIFERSUCHT

GELD   WIEDERGEFUNDEN   FUSSBALL   *1981*

ALLEIN   VERGESSEN

Können Sie diese Frage beantworten? Dann schicken Sie Ihre Antwort direkt an uns.

Was ich ändern würde: _Also, hört mal Jungs, ich bin 74 Jahre_
alt, deshalb glaube ich nicht das ich etwas ändern
könnte. Denn die Leute in unserer Gesellschaft
kümmern sich einen ...... um die Jugend.
Insbesondere wenn diese Jugend auch noch eine andere
Meinung hat als die „braven Bürger". Deshalb find ich .....

Name: _Patrick ....._

Straße: _...straße 73_

PLZ/Ort: _45772 MARL_

ZUSAMMEN   HERZEN

LIEBLOSIGKEIT

VERKAUFT   NIE WIEDER

TOT

Können Sie diese Frage beantworten? Dann schicken Sie Ihre Antwort direkt an uns.

Was ich ändern würde: *Ich würde von Anfang an alles anders angehen, so daß die Weltkriege 1 und alle anderen Kriege es gar nicht passiert wären. Genauso wie die Hitlerzeit, das Leiden und der Hunger auf dieser Welt. Wenn man alles richtig anfassen würde und jeder wenigstens ein bißchen hilft, hätte man sehr viel verändern können.*

Name: KATRIN STAPPEL

Straße: FLÖßWIESE 30

PLZ/Ort: 45770 MARL

ZUSAMMEN

LIEBLOSIGKEIT

HERZEN

VERKAUFT

NIE WIEDER

TOT

An das Oberhausener Abendblatt, Im Lipperfeld 25, 46047 Oberhausen
oder an das Mülheimer Abend Blatt, Reichstraße 37 - 39, 45479 Mülheim

Ja, ich habe geantwortet. Ich nehme an der Verlosung von 200 Freikarten für das Kunstereignis ICH PHOENIX im Gasometer Oberhausen und an der Verlosung einer Ballonfahrt über das Ruhrgebiet teil.

Können Sie diese Frage beantworten? Dann schicken Sie Ihre Antwort direkt an uns.

Was ich ändern würde: Es gäbe auf der ganzen Welt nur eine Religion und nur einen Gott. Aber auch eine vernünftige Demokratie, nicht die die wir jetzt haben, auch nicht die der Amerikaner. Die Frau wäre erst ab 25 Jahre gebärfähig jedoch nur für ein Kind.

Name: Stasik, Manfred

Straße: Am Förderturm 6

PLZ/Ort: 46049 Oberhausen

ZUSAMMEN

LIEBLOSIGKEIT

HERZEN

VERKAUFT

NIE WIEDER

TOT

UMARMT   SCHÄMEN   LACHEN

GERUCH   HEIZEN   ANGEBEN   ESSEN   MUT

LANGEWEILE   GEGESSEN   LÄRM   JUDE

GEKRATZT   VERRAT   EINSAMKEIT   MORD

GERNE

ANGST

SCHLUSS

WENN DAS 20. JAHRHUNDERT NOCH EINMAL STATTFÄNDE, WAS WÜRDEN SIE ÄNDERN?

ARBEITEN

NASS   STÄRKEN

NEID   HITZE   GEHÖRT

GERUCH

NACKT   GESCHMOLZEN   FAHREN   HILFLOSIGKEIT

ZERSTÖRT   VORHER

ALKOHOL   SUPPE   GELB   FREMDE

SORGE   KALT

VERLOREN

SEHNSUCHT   UMSONST   WEINEN

BRANDNEU   IMMER

LEID   LÜGE   LEIDENSCHAFT   AUFWACHEN

FAMILIE   GELD

ELTERN   UMARMT   EIFERSUCHT

SPRECHEN   VOLL   GETRÄUMT   FUSSBALL

WIEDERGEFUNDEN   *1989*   *1984*

GELD   ALLEIN   VERGESSEN

Können Sie diese Frage beantworten? Dann schicken Sie Ihre Antwort direkt an uns.

Was ich ändern würde: _____

[handschriftlicher Text]

Name: *G. Huber*

Straße: *Ap.-Paulus 21*

PLZ/Ort: *10825 Berlin*

ZUSAMMEN   HERZEN

LIEBLOSIGKEIT

Möchten Sie, daß auch andere Menschen Ihre Meinung kennenlernen? Wir stellen alle Antworten in der Ausstellung ICH PHOENIX im Gasometer Oberhausen aus. Ihre Zeitungsseite erhalten Sie nach der Ausstellung von den Künstlern signiert zurück.
© 1996 Esther und Jochen Gerz
Das 20. Jahrhundert

VERKAUFT   NIE WIEDER

TOT

An das Mülheimer Abendblatt, Reichstraße 37, 39, 45479 Mülheim

Ja, ich habe geantwortet. Verlosung von 200 Freikarten für das Kunstereignis ICH PHOENIX im Gasometer Oberhausen und an der Verlosung einer Ballonfahrt über das Ruhrgebiet teil.

UMARMT   LACHEN   SCHÄMEN

GERUCH   HEIZEN   ANGEBEN   ESSEN   MUT

LANGEWEILE   LÄRM   JUDE

GEGESSEN   VERRAT   EINSAMKEIT   MORD

GEKRATZT   GERNE

ANGST

WENN DAS 20. JAHRHUNDERT NOCH EINMAL STATTFÄNDE, WAS WÜRDEN SIE ÄNDERN?

SCHLUSS

ARBEITEN   NASS   STÄRKER

NEID   HITZE   GEHÖRT

GERUCH

ZERSTÖRT   NACKT   GESCHMOLZEN   FAHREN   HILFLOSIGKEIT

VORHER

ALKOHOL   SUPPE   GELB   FREMDE

SORGE   KALT

VERLOREN   UMSONST

SEHNSUCHT   IMMER   WEINEN

LEID   BRANDNEU   LEIDENSCHAFT   AUFWACHEN

LÜGE   GELD

FAMILIE   EIFERSUCHT

SPRECHEN   ELTERN   UMARMT

VOLL   FUSSBALL   1984

GETRÄUMT

WIEDERGEFUNDEN

GELD   1989   ALLEIN   VERGESSEN

Können Sie diese Frage beantworten? Dann schicken Sie Ihre Antwort direkt an uns.

Was ich ändern würde: *Am liebsten würde ich dieses Jahrhundert überspringen. Da ich aber kein Zeitreisender bin, habe ich diese Möglichkeit nicht. Zumal ich aus der Geschichte weiß, ich müßte noch mehrere Jahrhunderte überspringen. Ihre Frage ist im Grunde genommen falsch. Nun - ich lebe im 20. Jahrh. Ich würde vieles ändern. Die meisten werden sagen, ich würde die Kriege abschaffen. Das war auch mein erster Gedanke. Was ich ändern würde? ... alle kleinen Kinder würde ich zur Liebe erziehen, damit sie merken, daß man nicht nur "nehmen" kann. Toleranz also - im ganzen Leben!*

Name: *Rolf Schwarz*

Straße: *Prinzeß-Luise-Str. 2*

PLZ/Ort: *45479 Mülheim*

Möchten Sie, daß auch andere Menschen Ihre Meinung kennenlernen?
Wir stellen alle Antworten in der Ausstellung ICH PHOENIX im Gasometer Oberhausen aus. Ihre Zeitungsseite erhalten Sie nach der Ausstellung von den Künstlern signiert zurück.

© 1996 Esther und Jochen Gerz
Das 20. Jahrhundert

ZUSAMMEN   HERZEN

LIEBLOSIGKEIT

VERKAUFT   NIE WIEDER

TOT

ESTHER UND JOCHEN GERZ

DAS 20. JAHRHUNDERT

Umschrift der eingesandten Fragebögen
in der Reihenfolge ihrer Wiedergabe

Die Antworten wurden mit aller Sorgfalt übertragen,
Stileigenschaften belassen und die Rechtschreibung
vereinheitlicht.

Klartext

Ich würde den Nationalismus, den Haß und die Intoleranz ächten und Faschismus wie Aberglauben durch menschliche Erziehung bekämpfen. Das Recht auf Zukunft wäre ein Grundrecht! Die Reichen, die bekannten Politiker und Prominente würden in meinem Jahrhundert keine Sonderrechte genießen, sondern sind ganz besonders der Gesellschaft gegenüber verpflichtet!

Frank-Peter Gebbers, Wilmsstr. 43, 46049 Oberhausen

Ich würde dafür sorgen, daß möglichst viele Menschen die GUTE NACHRICHT von JESUS CHRISTUS hören und verstehen. Kirchenzugehörigkeit oder irgendeine Religion reichen nicht aus. Vielmehr brauchen Menschen eine lebendige Beziehung zu dem wahren GOTT. Wenn wir mit unserer Schuld zu Jesus kommen, vergibt er jede Sünde und schenkt ein neues Leben. Auf diese Weise werden Menschen verändert (2. Korinther 5,17: Wer zu Christus gehört, ist ein neuer Mensch geworden.) – Wenn sich mehr Menschen für Jesus öffneten, würde es heller, schöner, gerechter auf dieser Erde werden!

Joachim Fock, Rombacher Str. 5e, 46049 Oberhausen

Stärkeres globales Denken der einzelen Staaten, weg vom lokalen, engstirnigen „Mir geht es gut, der Rest ist mir egal"-Denken. Daß gewisse Leute, Gruppen und was auch immer nicht so viel Macht und Einfluß bekommen. Den heranwachsenden Generationen bessere Perspektiven geben. Sensibilisieren der Menschen für Recht und Unrecht. Nicht alles machen was technisch möglich scheint, auch die Spätfolgen versuchen zu erkennen.

Karl-Heinz Thews-Kollmorgen,
Jägerstr. 21, 46149 Oberhausen

– mehr auf die Umwelt achten – Tier-/Pflanzenleben einbeziehen
– Müll vermeiden – überflüssige Verpackung weglassen
– keinen Rassismus aufkommen lassen
– Arbeitslosigkeit massiv bekämpfen
– Aktivierung der Nachbarschaftshilfe

Christina Ernesti, Girondelle 31, 46049 Oberhausen

Keinen Krieg, keine Lügen, Arbeit für jeden! Familienzusammenhalt, Liebe und Freundschaft unter den Mitmenschen. Die Jugend, das Alter zu respektieren.

Alfred Engel, Bergstr. 165, 46119 Oberhausen

Ich würde den Kolonien mehr Mut machen, ihren eigenen Lebensstil als ein Modell unter anderen Entwicklungsmodellen in einer multikulturellen Welt zu propagieren und auszuleben.

Christoph Wilmer, Nienhausenstr. 20, 45326 Essen

So im nachhinein ist es immer einfach, die gesamte Bandbreite einer Handlungsauswirkung (im einzelnen wie im allgemeinen) zu erkennen. Im gegenwärtig gelebten Augenblick ist dies nur bedingt möglich!? Wir wissen heute soviel „Allumfassendes" durch die Medien, trotzdem passiert vieles einfach weiter ... Ein 20. Jahrhundert ohne 1.u.2. Weltkrieg, Atomkernspaltung, Auschwitz, Solingen, Ozonloch, Tiertransport...

Claudia Hühnerbach-Kniep,
Bahnhofstr. 47, 46145 Oberhausen

Ich würde dafür sorgen, daß sich die Geschehnisse des 3. Reiches niemals wiederholen würden, daß die Menschheit keine Sorgen mehr hat und daß Investitionen in die 3. Welt mehr Erfolg haben. Auch würde ich dafür sorgen, daß die Umwelt nicht mehr zerstört wird und daß die Menschen in Frieden leben. Aber auch die Arbeitslosigkeit würde ich durch frühzeitige Maßnahmen zu verhindern suchen.

Axel Brinkmann, Einbleckstr. 19, 46117 Oberhausen

Ich würde in Deutschland ein generelles Alkoholverbot einführen: Begin 1909 – 1989 und die Judenvernichtung in den Konzentrationslagern und Gaskammern nicht stattfinden lassen.

Rainer Eichmann, Kleiststr. 8, 46047 Oberhausen

Die Mobilitätsentwicklung würde ich in andere Bahnen lenken wollen, nicht in die Richtung von IMMER SCHNELLER, IMMER WEITER, IMMER INDIVIDUELL hin zum automobilen Mobilitätswahn, sondern hin zur . . . . HUT!

Kai Böhmer, Dresdener Str. 41, 44137 Dortmund

Ich würde gerne gesetzlich festgelegte Mindesthaltbarkeit von Socken verordnen. Jeder Sockenfabrikant müßte demnach eine LOCHLOS-GARANTIE von 20 Jahren auf seine Socken geben.

Kerstin Schmidt, Dresdener Str. 41, 44139 Dortmund

Die beiden Weltkriege hätten nicht stattgefunden. Menschen jüdischen Glaubens wohnten gemeinsam mit uns in unseren Städten. Der Holocaust hätte nie stattgefunden. Es gäbe keinen Rechtsradikalismus, keine Fremdenfeindlichkeit, keine Asylgesetze. Toleranz, Mitmenschlichkeit und Verständnis füreinander bestimmten die Beziehungen der Menschen zueinander. Es gäbe keine Arbeitslosigkeit. Die Menschen teilten sich die Arbeit. Alle bekämen einen Mindestlohn. Hand und Kopfarbeit würde nicht unterschiedlich bezahlt. Bei Umstrukturierungen wären die entscheidenden Kriterien: Dienen sie dem Leben, allen Menschen, der Umwelt? Die Menschen lebten in überschaubaren Lebens- und Arbeitsformen. Es gäbe keine Computer und Mediengesellschaft. Die Kommunikation besteht zwischen den Menschen. Die Frauen wären an allen Prozessen in Kirche und Gesellschaft gleichberechtigt beteiligt. Männer und Frauen, Kinder und Jugendliche schaffen eine lebenswertere Welt.

Dr. J. Lessing, Wittbräuckerstr. 117, 44267 Dortmund

Ich würde ein neues Polizei- und Justizwesen aufbauen. Was wir täglich in den Medien erleben an Entführungen, Vergewaltigungen, Mord und Überfällen, das ist so schlimm, daß sich kein Mensch mehr im Straßenverkehr sicher fühlt, geschweige denn abends und nachts. Demokratie ist das beste System der Welt, doch das, was wir besitzen, stimmt vorne und hinten nicht!

Manfred Stasik, Am Förderturm 6, 46049 Oberhausen

Wenn das 20. Jahrhundert noch einmal beginnen würde, dann wünschte ich, daß es unter Umständen ohne Krieg auskommen könnte. Ich weiß natürlich nicht, wie eine ständig wachsende Bevölkerung (in der Anzahl aber auch in ihren Ansprüchen) ein geordnetes Leben auch innerhalb einer Demokratie führen kann. Die bekannten Beispiele einer Diktatur sind nicht erstrebenswert. Die sogenannte natürliche Veränderung durch Kriege kann nicht der Weisheit letzter Schluß sein. Wie aber bekommen wir das Anspruchsdenken in Griff? Ferner würde ich, auch Angesichts des entstandnen innovativen Fortschrittes (auch bedingt durch Kriege?!) keine Veränderung von Nöten halten.

Wolfgang Schulz, Ruhrstr. 113, 44869 Bochum

Keine Politik ohne die Gleichberechtigung von Frauen! Und zwar auf allen Ebenen

M. Kroll, Radhoffstr. 2, 45326 Essen

Wenn mir derartige Fragen gestellt werden, dann fällt mir spontan das Wort „Zusammenleben" ein. Die Gesellschaft des 20. Jahrhunderts und frühere zeichneten sich aber dadurch aus, daß sie zwar alle zusammen ein Gebiet bevölkerten, aber immer nur gegeneinander lebten. Die Vergangenheit ändern kann ich nicht, aber ich kann gegenwärtig und zukünftig das meine dazu tun, daß wir wirklich zusammenleben

und nicht ständig gegeneinander.
Michael Haase, Helmholtzstr. 96, 46045 Oberhausen

Wenn ich die Möglichkeit hätte, etwas in diesem Jahrhundert zu ändern, würde ich wohl die Ideen zur Atomenergie aus den Köpfen der Physiker streichen. Ich denke zwar, daß dieses etwas anderes ins Rollen bringen würde, aber den Versuch wäre es wert. Tschernobyl, Hiroshima usw. sprechen für sich und so gegen die Atomenergie.
Marion Brandt, Brassertstraße 129, 45768 Marl

Am 1. September 1941 die deutsche Schreibschrift nicht abschaffen!
G. Huber, Ap. Paulus 21, 10825 Berlin

Ich würde vor allen Dingen ändern, daß Geld, wie heutzutage leider immer mehr zu beklagen ist, im Mittelpunkt des menschlichen Lebens steht. Sollte nicht jeder, sei es „Stephie Graf, Schumacher usw." begreifen lernen, daß man sich nur satt essen kann, und daß das Leben letztendlich höchstens 70* (siebzig) Jahre währt!
* Abzüglich Kindheit und Alter doch nur eine lächerlich kurze Zeit!
Günter Janzen, Düppelstr. 18, 45476 Mülheim/R.

Die Grundlagen der Bevölkerung (im Wirtschafts- / sozialen bzw. Bildungsbereich) so zu verändern, daß jeglicher Form extremer Weltanschauungen der Nährboden entzogen wird
Hartmut Reimer, Bottenbruch 57, 45075 Mülheim a.d. Ruhr

Nichts und doch so vieles...
Nichts, weil es geschehen ist, wie es ist und ich daraus lernen kann und doch so vieles, weil die Vergangenheit anders vorstellbar ist. Ich würde meine Kindheit ändern, wünschte mir Eltern, die für mich Zeit gehabt hätten, denen ich wichtig gewesen wäre, die sich dafür interessiert hätten, wie ich fühle, was mich bedrückt, die sich mit mir gefreut und mit mir gelitten hätten. Weil die liebevolle Zuwendung und die Anerkennung fehlten, war mein Selbstbewußtsein schwach. Ich fühlte eine Leere in mir, hatte kein Ziel vor Augen. Und so ging ich auf Suche nach Anerkennung und Liebe, die mir andere Menschen geben sollten. Diese Suche war ein harter Weg, den ich mir gern erspart hätte. Ich war zu jung zu wissen, daß andere Menschen die Leere nicht füllen können. Erst mit der Zeit fand ich zu mir selbst, habe mich erst vor kurzer Zeit von dem Balast der Vergangenheit befreit und diese als einen wichtigen Teil auf dem Weg zu meiner Persönlichkeit akzeptiert.
Wir werden in die Welt geschleudert. Wer uns aufnimmt, prägt uns, bestimmt unserge ersten Lebensschritte. Irgendwann haben wir eine Vergangenheit, die unser weiteres Leben prägt, die ein Teil unseres Lebens wird. Die Vergangenheit ändern zu wollen, hat keinen Sinn. Sie anzunehmen, zu verarbeiten und aus ihr zu lernen sollte unser Ziel sein. Ich weiß, es kann ein harter Weg sein, aber ohne Vergangenheitsbewältigung verstehen wir die Gegenwart nicht und ohne zufriedenstellende Gegenwart ist die Zukunft nicht glaubbar. Ich wünsche mir für die Gegenwart und die Zukunft ein bewußt lebender Mensch zu sein, der weiß was er will und danach lebt.
Marion, 33 Jahre alt mit einem vierjährigen Sohn, den ich ins Leben begleite.
Marion Schneider, Beethovenstr. 215, 46145 Oberhausen

Betr.: „Ich Phoenix" im Gasometer Oberhausen
Sehr geehrte Damen und Herren,
Als gebürtiger „Oberhauser" (Jahrgang 1932) aber seit 42 (in Worten: zweiundvierzig), Jahren in Mülheim verheiratet, in Styrum wohnend, bin ich immer an dem „Gasometer Oberhausen" und seinem Schicksal interessiert gewesen, zumal mich hiermit eine persönliche Freundschaft verbindet. Ich darf mich wohl damit rühmen, eine der einzigsten Privatpersonen zu sein, der den Oberhauser Gasometer, allerdings, „den Alten", von außen bestiegen hat. Leider bin ich nicht so berühmt geworden wie Reinhold Messner, obwohl meine Besteigung ebenso ge-

fählich und abenteuerlich war, wie eine seiner Bergbesteigungen.
Und nun zur eigentlichen Geschichte: Im Jahre 1945 oder 46 sind mein Vetter, der in der Nähe des Gasometers wohnte, und ich im jugendlichen Leichtsinn und ohne uns der Lebensgefahr, in dir wir uns begaben, bewußt zu werden, durch Drahtzäune und über Mauern, alles war ja s.Zt. zerstört, auf das Gebiet des Gasometers geklettert. Die Außenleitern sowie der gesamte Gasometer-Körper waren durch Kriegseinwirkungen, direkten Beschuß und Splitter vollkommen durchlöchert und die Außenleitern hingen zum Teil garnicht oder nur noch lose in ihren Verankerungen, streckenweise fehlten auch die Leitern ganz. Ungeachtet der Gefahr begannen wir trotzdem den Aufstieg und wollten auf das Dach des Gasometers. Nach vielen Mühen, wobei wir immer wieder einzelne Leiterstufen überspringen mußten gelangten wir bis auf das Dach des Gasometers. Von hier aus genossen wir zum einen die herrliche Aussicht über Gesamt-Oberhausen mit seiner Umgebung und zum anderen konnten wir einen Blick in das Innere des Gasometers werfen und sahen u.a. auch die riesige Gas-Druckplatte am Boden liegen.
Unter entsprechenden Mühen begannen wir dann unseren Abstieg.
Im weiteren Verlauf, weil mich der Gasometer immer interessierte, kann ich mich daran erinnern, daß dieser Gesometer, also der „Alte" in späteren Jahren abgerissen und durch einen neuen, ca. 10 Meter höheren, ersetzt wurde.
Gerne würde ich heute, nach ca. 50 Jahren, mit meiner Frau, erneut einen Blick vom „Panorama-Dach" auf Oberhausen werfen, aber bei meiner geringen Rente (DM ca. 1.400,- ./. DM ca. 850,-Miete usw.) ist mir der Aufstiegspreis leider zu teuer und eine erneute Außenbesteigung, wenn auch heutzutage bedeutend sicherer als vor ca. 50 Jahren, würde ich mir heute mit fast 64 Jahren nicht mehr zumuten.
Vielleicht können die Künstler des Objektes „Ich Phoenix" einen Stadthonorationen weniger zur Eröffnung einladen und dafür die Karten an mich versenden. Nur ein kleiner Vorschlag von mir, den Sie als die mir nahestehende Zeitung sicherlich aufgreifen werden.
Ich hoffe von Ihnen zur gegebener Zeit zu hören und
verbleibe mit den besten Grüßen an Sie und Ihr gesamtes Team
Ihr „Gasometer-Besteiger"
Günter Janzen, Düppelstr. 18, 45476 Mülheim a.d. Ruhr

Am 3. Januar 1941 die deutschen Druckschriften Gotisch, Fraktur (!) und Schwabacher nicht als „Judenlettern" per Geheimerlaß verdammen und verbieten.

G. Huber, Ap. Paulus 21, 10825 Berlin

„Bin ich ein Träumer, dann ändere ich das Geschehen, das nicht mehr zu ändern ist." Dann hat es keine psychische und physische Gewalt gegeben. Dann würden alle Erfindungen, Forschungen und Entwicklungen zur Freude des Lebens verwendet. Dann wäre die ganze Welt eine Nation. Dann ... NEIN das ist nicht möglich, denn DANN WÄRE DIE WELT DAS PARADIES. ÄNDERN??? Wenn ich könnte, würde ich den Menschen ÄNDERN.
Cornelia Schmitz, Platanenallee 27, 45478 Mülheim a.d. Ruhr

Fast alle Probleme beseitigen mit: Eine Förderung zur Einsicht einer Geburtenkontrolle in allen Nationen. Zur Beseitigung aller Probleme der „Lebenden" und der gequälten Natur. Wir sind zu zahlreich und verursachen: Müll und Umweltverschmutzung, Ölkatastrophen, Emissionsbelastung und Ozonverlust. Rentenfinanzierung durch weniger Kinder, da Arbeitslose nichts einzahlen können und nichtmal als Panzerfahrer „gebraucht" werden, da auch die Waffentechnik weniger Menschen benötigt; ... siehe Frankreich: Abschaffung der Wehrpflicht.
„Wasserstreitigkeiten"
„Bodenüberdüngungen"
„Kinderverwahrlosungen"
Hans Riebartsch,
Kardinal Galen Str. 24, 45468 Mülheim a.d. Ruhr

STELLEN wir uns lieber die Frage „Wie könnte eine Welt, mit und nicht gegen uns Sein?" Nun sollten maximal 200 Lebewesen auf ca 20 qkm existieren. Keine Namen, die Sprache rein als MUSIK. Alles gehört allen, Pronto, Das verglaste Rad als Wohneinheit, außen Ruhe und reinigungs GLAS, innen die Narbe essen und sonstiges Glas. Die Speichen sind Pflanzenwege, die Generationen leben beieinander, Presto Nahrung würde selbst gepflanzt, keine Messer keine Waffen keine Tiere töten. Irgendein Produkt erzeugt jedes dieser Räder für das Rad der Räder. Andante, und so lebten liebten sie neue T-Räume. Das HUThaus und andere Mutationen gab es Nie mehr.

Walter Sallach, Arndtstr. 27, 45473 Mülheim a.d.Ruhr

Die rücksichtslose Industrialisierung und die Vergiftung der Flüsse.

Karlheinz Braun, Hiesfelder Str. 101, 46147 Oberhausen

Anstelle von zwei Kriegen mit allen Folgen und dem rasanten, rücksichtslosen Wachstum nach dem 2.Weltkrieg wäre eine langsame behutsame Anwendung der stets fortschreitenden Technologien angesagt, ein fairer Austausch mit den weniger entwickelten Ländern der Welt statt Ausbeutung, Schonung der Umwelt statt Ausplünderung der Ressourcen. Auf der Hut müßten wir sein vor Kräften, die uns allzu leichte und eindeutige Lösung der Probleme versprechen.

Gisela Hermann, Goethestr. 10, 45468 Mülheim a.d. Ruhr

In Europa – Nationalitäten abschaffen. Nur der Geburtsort (Stadt) ist für jeden in Dokumenten niedergeschrieben. Demokratie – aber Politiker die Unrecht tun bzw. gegen Gesetze verstoßen und gegen gute Sitten – werden unverzüglich abgelöst und wie Arbeitslose behandelt. Mißbrauch von Kindern strenger bestrafen – Arrestanten zur Arbeit verpflichten! Feiertage: Tag der Arbeit und Tag des Nachbarn. Alle anderen Feiertage = Sonntags

Franz Schmitz, Lützowstr. 55, 46147 Oberhausen

– Die zwei Weltkriege hätten sich nicht ereignet – keine Kriege mehr –
– Es müßten keine Menschen hungern –
– Es gäbe Arbeit + Lohn für jeden –
– Wir hätten mehr Zeit für unsere Kinder –
– Die Menschen würden miteinander leben, nicht gegeneinander –

Thelen, Moritzstr. 50, 45476 Mülheim

Alle kriegsgeilen Militärs, Politiker auf eine einsame Insel, wo sie ihre „Nach-Vorne-Verteidigung" u. ähnliches an sich u. nur an sich üben können. – Banken u. Versicherungen die Macht u. Möglichkeit nehmen, Menschen zu manipulieren u. Existenzen zu vernichten. – Die Diäten d. Politiker wörtlich nehmen, u. die „Diät" bei ihnen ansetzen u. nicht bei den sozial Schwächsten. Manager, die Firmen ruinieren haftbar machen anstatt mit Millionenabfindungen „wegzuloben".

Gerd Syri, Kleiner Werth 4, 42275 Wuppertal

5. März 1996

Den Urgrund aller Übel, „die menschliche Dummheit", im und als Jahrhundertwerk zu beseitigen. Für menschliche Dummheit gibt es nur zwei Gründe: 1. = Die Unwissenheit über Wahrheit und Richtigkeit 2. = Das Bewußtsein zu stärken in Gleichheit zu Rechten und Pflichten, bei Aufzeigung der Macht des Volkes gegen jede jede Art von Unterdrückung und Ausbeutung durch einzelne Menschen, Gruppen und Lobbyvereinigungen. Dem Volk muß die Wahrheit in voller Klarheit vor Augen geführt werden, denn: Alle Parteien und jede Art von Kirchen und Religionen sind die Brutstätten aller Verbrechen dieser Erde gegen das Volk. Das, oder jedes Volk besteht nur aus gleichen Menschen in gewissen ethischen, Demokratie einrichten. Ich würde das Auto abschaffen, von wegen Umwelt usw. Das Wembley-Tor würde ich nicht zählen lassen. Ich würde die Kirche reformieren, die katholische, insofern, daß diese offener wird für Verhütung und das Zölibat abschaffen. Ich würde den Menschenrechte in allen Erdteilen sehr viel mehr Bedeutung verschaffen. Ich würde den Unterschied zwischen Reich und Arm abschaffen, so daß alle Länder der Welt gleich sind, und es keine dritte Weltländer gibt. Also: Wissen ist Macht, wer das Wissen des Volkes stärkt, der dient der Gesamtheit des Volkes. Erheben wir uns und schaffen eine Demokratie, noch ist es nicht zu spät! Es lebe das Volk, es lebe eine Demokratie mit guter Zukunft! Dieses würde ich noch jetzt ändern zur Bildung einer guten Grundlage für das 21. Jahrhundert, fassen wir es an, Gemeinsamkeit ist unsere Stärke!

Norbert Stevens, Simrockstr. 40, 46149 Oberhausen

Frauen sollten gleichberechtigt sein. Keine Kinderarbeit. Keinen Hitler an die Macht lassen. Und sich immer wieder für den Frieden in der Welt stark machen. Daran täglich denken: Wir sind alle Kinder Gottes! Auf der ganzen Welt.

Ilse Stilkerig, Weselstr. 146, 46149 Oberhausen

Ich würde Wirtschaftsasylanten ohne wenn und aber ausweisen. Die Gefängnisse in Deutschland müßten abschreckend wirken und nicht umgekehrt. Wünschen würde ich mir, daß ich Abends wieder, ohne Angst auf der Straße gehen könnte. Egal wer regiert!

Rudolf Berberich, Bebelstr. 151, 46049 Oberhausen

NIE – WIEDER – VERRAT – ANGST – LEID – WEINEN –

MORD – TOT – JUDE – FREMDE – SORGE – FAMILIE – IMMER – MUT – ZUSAMMEN – SPRECHEN – LACHEN – GELD – ALLEIN – ANGEBEN – NEID – LIEBLOSIGKEITEN – EIFERSUCHT – VERGESSSEN – AUFWACHEN – SCHLUSS – EINSAMKEIT – HILFLOSIGKEIT – ZERSTÖRT

Hildegard Kösters, Frombergfeld 10, 45481 Mülheim a.d. Ruhr

weniger: Weinen, Kalt, Verloren, Neid, Verrat, Einsamkeit, Hilflosigkeit, Sorge, Leid, Zerstört, Angst, Lärm, Mord und Eifersucht.
mehr: Lachen, Mut, Umarmt, Geträumt, Familie, Leidenschaft, Vergessen, HERZ
Nie wieder LIEBLOSIGKEIT
Erst der Tod ist tot. Erst dann ist er tot, der TOD!

Peter Krüger, Lucksstr. 2, 46149 Oberhausen

nie wieder schneller fahren, sonst immer umsonst Leid + tot. zusammen sprechen + Arbeiten, Angst vergessen, Schluß mit der Hilflosigkeit, aufwachen, Mut wiedergefunden Freunde sprechen, Sorge für die Familie im Herzen

Elisabeth Olyniczak, Tersteegenstr. 29, 46045 Oberhausen

Nichts; denn wir Menschen haben nicht den Überblick über das Leben, das immer variiert. An den entstandenen Problemen müssen wir immer wieder neue Lösungen suchen. Dieser Umstand macht die „Würze" des Lebens aus und fordert immer wieder unseren Menschenverstand heraus (Fehler führen zu neuem Denken)... und die Kunst ist ein Helfer um kreativ Neues zu entdecken!

Marietta Bliss, Beckerstr. 80, 46047 Oberhausen

Die Verfolgung von Ausländern (Juden, Polen, Zigeunern). Ich finde es erschreckend, daß ich mich mit 38 Jahren frage: „Hat die Generation nach unseren Eltern nicht dazu gelernt?"

Anne Bauer, Bogenstr. 83, 46045 Oberhausen

Wenn es möglich wäre: Daß wir wieder Politiker mit Kopf und Hirn hätten, wie in den Jahren 1945-1985 und daß jeder in Deutschland, nach einem Delikt, gleich bestraft und behandelt wird.

Heinz Müller, Franzenkamp 13, 46049 Oberhausen

Awareness & HUT & boys and girls
Bernd Steinkamp, Körnerstr. 42-44, 46047 Oberhausen

Anstatt mit dem Säbel zu rasseln, hätte ich Anfang der Jahrhundertwende ein freundschaftliches Verhältnis mit allen unseren Nachbarstaaten aufgebaut. Somit wäre der 1. Weltkrieg und zwangsläufig auch der 2. Weltkrieg vermieden worden. Alle Folgen dieser unvernünftigen Außenpolitik u. die verschwendeten zig-Milliarden Beträge hätte ich dann in den Umweltschutz u. i. Forschung für ein besseres Leben der europäischen Bevölkerung investiert. Es ginge uns allen bedeutend besser!

Heinrich Vonderhagen (75 Jahre alt)
Kniestr. 50, 46117 Oberhausen

Sehr geehrtes Ehepaar Gerz, sehr geehrte Redaktion,
in den nächsten Wochen werde ich eine Arbeit zu einem
Ihrer Themen erarbeiten und Ihnen zuschicken.
Marie-Louise O'Byrne-Brandl (Malerin)
Olbersholz 19, 46147 Oberhausen

Wenn das 20. Jahrhundert nochmal stattfände, würde ich mir wünschen, daß der Nationalsozialismus in diesem neuen Jahrhundert nicht existieren sollte. (1933-45) Die wissenschaftlichen, technischen Fortschritte sollten nicht so rapide extrem vorankommen, da sie Probleme „mitbringen" (z. B. Autos – CO_2 Ausstoß) und Atombomben, Hiroshima und Nagasaki. Keine Kriege sollten in diesem Jahrhundert stattfinden, ausbrechen (heute: in 50 Ländern der Erde herrscht Krieg) In diesem völlig neuen Jahhundert sollte es außer Frieden, ..., Liebe, kein

Alltagsstreß (Arbeit, Schule), keine Kapitalismus sowie keine Schule sondern self-education, nichts geben.
Ali Özdede, Friesenstr. 25, 46149 Oberhausen

Alleine könnte ich nur mein eigenes Leben ändern, bzw. anders gelebt haben. Aber das ist, unser Weltbild retrospektiv gesehen, sehr wenig. Nach der 2. Hälfte des Jahrhunderts geboren, kann ich auch nur für diese Zeit sprechen. Ich würde Gesetzesgrundlagen stabiler gestalten, und daß die Ausübung dieser konsequent durchdacht wäre, daß nicht letztendlich „die kleinen Leute" nur die Folgen tragen. Ich würde das Baföggesetz konsolidieren. Aber letztendlich müssen sich die Denkweisen bei uns Menschen ändern für mehr Miteinander u. Fairness statt gegeneinander.
Rut Frintrop, Danziger Str. 57, 46045 Oberhausen

Daß jeder eine Arbeit haben sollte! Daß alle, die gearbeitet haben, eine gleiche Rente beziehen! Daß Armut auf der ganzen Welt gestopt wird. Daß Politiker + Fabrikbesitzer im Rahmen gehalten werden, sie brauchen keine Millionen! Daß mehr für die Umwelt getan würde auf der ganzen Welt. Danke!
Friedrich Sachon, Gertrudstr. 30, 46049 Oberhausen

Gar nichts!
Denn alle Leiden, alle Freuden gehören zum Leben. Wer sich diesen verschließt, sagt auch „Nein" zum Leben: Leben heißt Nichtwissen und immer wieder die Entscheidung für eine von unzähligen Möglichkeiten.

Bertram Werand, Köperstr. 37, 46149 Oberhausen-Sterkrade

6. März 1996

Ich würde gegen die Wiederbewaffnung Deutschlands nach dem Zweiten Weltkrieg eintreten und keine Rüstungsexporte gestatten. Darüberhinaus würde ich für einen Vorrang von umweltfreundlichen Verkehrsmitteln gegenüber dem PKW sorgen. Das wäre ein Beitrag für weniger Flächenversiegelung, weniger Schadstoffe und Verkehrstote und mehr Spielraum für Kinder. Ich würde überall Hospize einrichten für ein menschenwürdiges Sterben.
Joachim Schulte, Vereinstr. 20, 45468 Mülheim a. d. Ruhr

– das Zahlungsmittel Geld verbieten
– einen Weltmarkt schaffen
– gleiche Chancen für alle Menschen der Erde (Gleichheit)
– das Familienleben erhalten
– Kinder sollten bei politischen Entscheidungen mitwirken
– Hanf als Rohstoff der Industrie fördern
Lutz Unkelbach, Natland 19, 45478 Mülheim a.d. Ruhr

Deutschland und Österreich-Ungarn gewinnen den Ersten Weltkrieg, der Vertrag von Brest-Litowsk behält Gültigkeit. Die Monarchie überschätzt ihren militärischen Sieg maßlos und scheitert schnell an den wachsenden sozialen Aufgaben. Die Arbeiter revoltieren im Verbund mit den Angehörigen der im riesigen Römischen Reich unterworfenen Nationalitäten und errichten auf dem Reichsgebiet eine multinationale Union von Räterepubliken unter der Präsidentschaft von Kurt Eisner. England und Frankreich werden entschädigt und schließen sich dankbar und unter Druck der eigenen Arbeiterbewegungen der paneuropäischen Sowjetunion an.
Die USA werden vom glücklichen Europa isoliert und als das Land geldbesessener Spießbürger ausgelacht. Der Dollar ist in Europa wertlos. So nehmen die Amerikaner Handelsbeziehungen zu den längst unabhängigen ehemaligen Kolonien Europas auf und sorgen für den Aufbau eines totalen und verantwortungslosen Kapitalismus in allen nichteuropäischen Ländern der Erde.
Die industrielle Entwicklung in Europa stagniert bald, die Union ver-

kommt zu einem dekadenten Paradies sozialer Sicherheit, in dem die gewaltigen Kosten nicht mehr durch wirtschaftliche Erträge gedeckt werden können. Viele Europäer werden neidisch auf den Wohlstand und technischen Fortschritt in Amerika und Japan, und der Kontinent erlebt um 1960 eine gewaltige Konterrevolution, in dessen Folge Europa zum Billiglohnland der US-Wirtschaft degradiert wird.
Nur in England wird die rote Fahne noch hochgehalten, Massen von sozialistischen Arbeitern wandern auf die Insel aus und sorgen für den Bestand eines anspruchslosen Kommunismus, der den kontinentalen Modernisierungstrend nicht mitmacht. In London treffen sich die Führer der revolutionären Bewegungen der dritten Welt, die die jahrzehntelange Ausbeutung durch den Dollar rächen wollen. Während die wieder leistungsorientierten Europäer alles tun, um den gleichen Wohlstand wie die Amerikaner zu erreichen, formiert sich in Asien und Afrika ein riesiges Heer von Armen und Ausgebeuteten, das nach einem Krieg gegen die USA schreit. Nach sozialistischen Revolutionen in Indien und China wird dort mit britischer Hilfe eine gigantische Rüstungsindustrie aufgebaut. Eine Kriegserklärung an die USA in den 70er Jahren wird von Washington mit der nuklearen Verwüstung weiter Teile Indiens und Chinas beantwortet.
Amerika wird nunmehr von der empörten Welt völlig isoliert, überall wird die Dollar-Wirtschaft abgeschafft. Durch seine geographische Lage ist das einst reiche Land noch sicher, zumal keine andere Weltmacht über Atomwaffen verfügt. Doch die ohne die Ausbeutung der dritten Welt lebensunfähigen USA verarmen und die sozialen Spannungen werden unerträglich. Das Weiße Haus kann die bevorstehende Niederlage der amerikanischen Idee nicht verschmerzen und richtet voller Wut in der übrigen Welt einen nuklearen Holocaust an.
Nordamerika ist nun der einzige Platz auf der Erde, auf dem noch halbwegs Leben möglich ist. Bald wird es von einem Treck der Überlebenden der alten Welt heimgesucht, die mit Flößen von Sibirien nach Alaska übergesetzt sind. Die folgenden Jahre sollen die letzten der Menschheit sein. In Amerika findet bei Eiseskälte unter einem von Staubpartikeln verdunkelten Himmel ein grotesker Bürgerkrieg statt,

bis auch dort radioaktive Verstrahlung das letzte menschliche Leben endlich auslöscht.

Markus Strauch, Mühlenfeld 70, 45472 Mülheim a.d. Ruhr

Jegliche Verschuldung von Staat und Gemeinden per Grundgesetz für unzulässig erklären!

G. Huber, Ap. Paulus 21, 10825 Berlin

(1) Die Erfindung und Erprobung von Atom-Waffen!
(2) Den Kapitalismus und den Faschismus endgültig abschaffen!
(3) Alle Steuern, die in Rüstung und Großtechnologien fließen, sofort in den ökologischen Umbau der Gesellschaft stecken.

Hans-Georg Hötger, Schippersheide 35
45475 Mülheim a. d. Ruhr

Juden waren nicht unser Verhängnis, aber die atheistische Gesellschaft, die den Arbeiter bevormundete. Das ist meine Meinung.
Ich würde eine Adelsregierung wollen, Anscheinend haben sich die Nazis hinter unseren Wirtschaftssystemen versteckt und sind die Drahtzieher der Arbeitslosigkeit. Was manchen Modernen nicht aufgeht, ist uns die wir den 2. Weltkrieg mitmachten sonnenklar. Massenarbeitslosig-

keit unbekämpft führt zwangsweise zur Diktatur. Man hört nur von neuen Gesetzen, aber nicht von Arbeit.

Rosemarie Prömper, Friedrichstr. 64c, Mülheim a.d. Ruhr

Das biblische „Ertraget einander" zum Schulfach machen –
Als Voraussetzung für jedweden Schulabschluß jeden Schulabgänger 1 Jahr ins Ausland schicken
Als politisches Programm verkünden: „Tue etwas, worin Du Sinn erkennst und – tue es für andere!" (Chass. Weisheit)
Den Menschen klar machen, daß sie nicht im Sinne vermeintlich höherer Ordnungen, so sie denn Machtansprüche kaschieren, funktionieren dürfen, sondern daß sie sich kraft eigener Einsicht begeistern und erheben lassen! Nationalismus abschaffen! Die Vaterländerei abschaffen! Die nationalen Grenzen abschaffen! Einheit in der Vielfalt suchen! Produktion von Kriegswaffen verbieten! Hunger, Vertreibung, Krankheit, Kinderarbeit, Verweigerung von Schulbildung ächten, Solidarität entwickeln – Globale Verantwortung fördern! Umwelt als integrativen Teil des Ganzen bewahren! Betroffenheit für das Glück anderer entwickeln!

Klaus-Peter Hüldner, Vorstadtstraße 16, 44866 Wattenscheidt

12. März 1996

Nichts. Oder vielleicht doch noch eins. Ich selber persönlich? Am 19. Mai 1819 ritt Mustafa Kemal Atatürk mit seinen Kriegern von Samsun aus in den Krieg. Seitdem ist der 19. Mai auch heute ein nationaler Feiertag. Anstatt mit einem Panzer sind sie geritten und dadurch viele Menschen ums Leben gekommen. Ich würde das auf 100% umstellen. Keine Pferde, keine Kriege, keine Opfer. Nur Frieden.

Olgar Metin, Klein-Hülskath 19, 46149 Oberhausen

Es ist sinnlos darüber nachzudenken, was man ändern würde, wenn das 20. Jahrhundert noch einmal statttfände. Wahrscheinlich würden die gleichen Ereignisse sich nur wiederholen. Viel wichtiger ist es zu fragen, was haben wir daraus gelernt und wie können wir dieses für die Zukunft nutzbringend anwenden.

Sandra Hartwig, Cäcilienstr. 24, 46147 Oberhausen

Den Kapitalismus abschaffen, gerechte Aufteilung der Arbeit, Wohngettos (Betonbauten, Hochhäuser abschaffen), Wohnsiedlungen errichten, damit die Menschen kommunizieren können. Die Bundeswehr abschaffen, den sozialen Wohnungsbau fördern, soziale Einrichtungen für ältere, kranke Menschen fördern; Ausbildungsplätze für Jugendliche fördern, die rechten Parteien verbieten. Also mehr Menschlichkeit und Brüderlichkeit.

Karl-Heinz Olbers, Hochstr. 29a, 46117 Oberhausen

Ich würde einen Beruf wählen, wo ich möglichst vielen Menschen vermitteln könnte, daß Respekt, Freundlichkeit, Höflichkeit und Liebe nicht nur ethische „Begriffe" sondern feste Bausteine, u.a. für ein glückliches zufriedenes Leben sind. Ich würde mich viel eher auf der gesellschaftspolitischen Ebene bewegen. Vielleicht hätte ich gute Ideen, die etwas zum Positiven ändern würden.

text by Daggi
Dagmar Scheithauer, Sternstr. 21, 46147 Oberhausen

Den Krieg brauchte ich „Gott sei Dank" nicht zu erleben.
Doch besser es hätt ihn gar nicht erst gegeben. Ich wünschte, daß jedem Kind eine liebevolle Kindheit gegeben, so wie ich es konnte erleben. Ein Deutschland gleich von Anfang an, hätte gespart so manchen „Geld-Tauzieh-Kampf". Ich wünschte mir: Kein Geiz, keine Gier, kein ewiges Bestreben nur nach Macht und wenig „wir". Länder weltweit ohne Grenzen, Menschen alle gleich gesinnt. Keine Kinder die mehr weinen, ob vor Hunger oder Leid, Verständnis zwischen Jung und Alt. Woran liegt es, was ist falsch? Weshalb ist es um uns nur so kalt? Jedem Arbeit, wenig Angst, keinen Haß auf Sonst-Jemand, auch ein bißchen Herz für Tiere und auch in der Ehe Liebe. Viele Wünsche sind gesnnnt, doch einiges liegt auch in Deiner Hand.

Jutta Kaschull (Fernfahrerin, 46 Jahre)

Ich möchte mehr Spielplätze.
Ich möchte, daß weniger Autos fahren.

Inga-Maria Scheithauer, Sternstr. 21, 46147 Oberhausen

1966 das Tor im WM-Fußball-Finale Deutschland-England das zum 2 zu 3 führte!

Andreas Kress, Inselstr. 5, 46149 Oberhausen

Wenn wir in einem anderen Jahrhundert leben würden, dann würden wir unser Leben mit anderen Menschen teilen. Jetzt können wir nur nicken und lachen und Tausenden von Zeitgenossen guten Tag sagen.

Anonym!

13. März 1996

Den Computer und Fernseher „Glotze" auf den Müllhaufen der Geschichte werfen! Der Grund: Beide verhindern echte personale Kommunikation; sie verurteilen die Menschen zu stummen Fischen! (Glotz mich nicht so blöd an!)

Hans-Georg Hötger, Schippersheide 35,
45475 Mülheim a.d. Ruhr

Meiner Meinung nach, ist es sehr schwierig für mich, diese Frage zu

beantworten, denn die Idee oder die Grundeinstellung eines einzigen Menschen kann nicht die Dinge, die im 20. Jahrhundert stattgefunden haben, rückgängig machen. Sicherlich würden viele sagen, daß sie versuchen werden, Krieg, Haß, Armut usw. zu verhindern, doch man sollte auch dabei die Menschen bedenken, die diese Ereignisse zum Vorschein bringen, die für uns alle negative Voraussetzungen darstellen. Deshalb meine ich, daß ich die Einstellung des „Menschen" ändern würde. Denn der „Mensch" steht im Mittelpunkt. Er ist derjenige, der die Dinge veranlassen, aber auch nicht zum Vorschein kommen lassen kann.

Suheyla Tehgue, Josefstr. 97, 45772 Marl

Als 1. „Amalgan" aus dem Verkehr ziehen! Sünde an der „Menschheit" auf alle Gifte achten, Politiker werdet wach! Denkt auch an unsere Kinder, sie sind die „Zukunft" von morgen. Giftopfer sind „alleine" Familien in Not. Horror in einem durch Schädigung der Organe. Das 20. Jahrhundert ein Giftskandal!!! Politiker schauen weg! Amalgan und andere Gifte machen lahm – aber nicht mundtot!!!

Annette Hamm, Bahnstraße 17-19, 45468 Mülheim/Ruhr

Da bin ICH. Normal. Neutral. Stolz meiner Eltern.
„Das ist ein guter Kumpel." (Er hat Dread-Lock's)
„Der ist schmuddelig, dreckig, arbeitslos. Mit DEM gibst Du dich nicht mehr ab."
„Das ist mein Freund." (Er ist schwarz)
„Neger, Du verstehen Deutsch? Ja? Hände weg von meiner Tochter!"
„Das ist meine beste Freundin." (Sie trägt Hippie-Klamotten)
„Ach, eine Drogen-Konsumentin; sie betritt von nun an nicht mehr dieses Haus!"
Das bin Ich. Ohne meine bisherigen Freunde. Versuche stets, meinen Eltern alles recht zu machen.
„Das ist mein neuer Freund." (Bank-Angestellter, Anzug, Krawatte, langweilig, spießig, beurteilt Menschen nach ihren materiellen Äußerlichkeiten, kann „Polaken", „Itaker", „Dönerfresser" und „Nigger" nicht leiden)
„Komm doch herein, bleib zum Abendessen!" Und leise zu mir:
„Einen wirklich guten Fang hast Du da gemacht!"
Die wichtigste Veränderung, die im 20. Jahrhundert eintreten müßte, wäre die Beseitigung von INTOLERANZ, RASSISMUS und VORURTEILEN!!!

Jenny Makowski, Georg-Herweghstr. 39, 45772 Marl

Zunächst einmal möchte ich feststellen, daß ich nichts von dem ändern würde, was mit meinen persönlichen Erlebnissen und/oder Entscheidungen zu tun hat, da jede meiner Erfahrungen für mich eine wertvolle Erfahrung war, egal ob sie in der betreffenden Situation positiv oder negativ war.
Vielmehr würde ich in so Sachen wie z.B. der Umweltverschmutzung Änderungen vornehmen, so daß diese möglichst gering bleibt bzw. so-

gar überhaupt nicht auftritt. Ansätze hierfür wären z.B. die frühzeitige Nutzung von Sonnen-, Wind- und Wasserenergie oder das Aufkommen der FCKW-Treibmittel von vornherein zu unterbinden.

Paul Sengalski, Bonifatiusstr. 24, 45768 Marl

Ich hätte, wenn ich könnte, die Gesetze sofort zum Beginn des Jahrhunderts geändert, die Kriege wären vermieden worden, die Frauen hätten eher das Wahlrecht, die Neo-Nazis heute hätten dann kein Vorbild und diese gesamten Auswüchse hätten verhindert werden, die Wirtschaft hätte so gemanagt werden müssen, daß es keine Arbeitslosen, Verschuldung des Staates und Einsparung im Sozialwesen und Bildungswesen geben würde, ich hätte die Aufklärung früher viel intensiver betrieben, ebenso auch die Forschung für die Umwelt, Verhütung, Energie-Technik, Medizin, Abwasserentsorgung, Düngemittel sowie allgemein Alternativen zu chemischen Mitteln, die sich als schädlich herausgestellt haben und Alternativen, die den Raubbau an der Natur verhindert hätten.

Corinna Mackiewicz, Rappaportstr. 12, 45678 Marl

Mehr als 25.230 Tage habe ich glücklich überstanden, ohne Reichtum und Armut, mit Freude und Leid, Gesundheit und Krankheit, mit Gottvertrauen. Ich habe nicht das Rad der Geschichte zurückdrehen können, ich wollte es auch nicht! Wenn morgen für mich wieder ein Tag beginnt, und wenn es das 20. J.H. nochmals wäre, ich würde nichts ändern wollen. Take it easy – laissez passer, vielleicht ein wenig mehr Humor!

Alfred Theile, Lothringer Weg 4, 45481 Mülheim a. d. Ruhr

Nach 1945 von den kulturverantwortlichen Politikern die Wiedereinführung der deutschen Schreibschrift fordern!

G. Huber, Ap. Paulus 21, 10825 Berlin

Die Herzen der Regierenden

Franz Firla, Lindenhof 23 B, 45481 Mülheim a. d. Ruhr

Global keine Kriege, somit kein Wettrüsten, keine Nuklearversuche, keine Umweltzerstörung, keine Vertreibung, keine Verfolgung, keine Folterung, keine Vergewaltigung, kein Hunger, keine Not, keine Intrigen, kein Fremdenhass, keine Massenmorde... Dafür aber sinnvoller und behutsamer Umgang mit allen Resourcen!

Christa Blödorn, Lothringer Str. 139, 46045 Oberhausen

19. März 1996

Ich denke das 20. Jhdt. ist wie seine Menschen, so wie jedes Jhdt., jeder Monat... durch die Menschen, die diesen Planeten bewohnen, geprägt wird. Also würde ich die Menschen ändern. Vor allem sollte die Devise für alles lauten „erst denken, dann handeln". Viele Dinge lassen sich wohl auch nur ändern, wenn nicht das GELD sondern das „LEBEN" im Vordergrund stünde! Außerdem müßte der Mensch von seinen Grundveranlagungen her sozialer und pazifistischer sein. Das werden wir wohl nicht mehr erleben.

Rana Avenduk, Alleestr. 94, 46049 Oberhausen

Es ärgert mich, daß in unserer deutschen Sprache vermehrt englische Wörter aufgenommen werden. So ist zum Beispiel Kids anstelle von Kinder immer häufiger im Sprachgebrauch. Wenn jeder auf seine Wortwahl achten würde, könnten wir das verändern.

Angelika Bischof, Schützenstraße 7, 46119 Oberhausen

1900 allen Kolonien Freiheit geben. 1914 Krieg verhindern. Anschließend Deutschland nicht knechten, in Folge Hitler u. den 2. Weltkrieg verhindern. 1946 Die Entrechtung der Palästinenser verhindern. (Fehler der Alliierten) Israel wegen seiner Expansionspolitik ver-

urteilen und bremsen. Verbrechen in aller Welt mehr bekämpfen. In Deutschland das Grundgesetz endlich beachten vor allem vom Staat. Anständige Bürger schützen. Todesstrafe beibehalten. Politiker und Beamte bei Unfähigkeit ohne Bezüge entlassen.

Siegfried Gluth, Kastellstr. 41, 42147 Oberhausen

Ändern alleine könnte ich nichts, denn die falschen Leute waren an der Macht. Oberhausen hat im Kriegsjahr 1915 – 100.000 Einwohner gehabt, die allein haben genug geändert. Und es wurde wieder zerstört, und wieder haben sie es aufgebaut. Sonst würden wir heute nicht dastehen wo wir mit unserer Stadt stehen. Allen vielen Dank allen Bürgern die sich so stark gemacht haben und zusammen gehalten haben.

Frank Hohmann, Tannenbergstr. 44, 46045 Oberhausen

Die Einstellung der Menschen gegenüber der Umwelt, den Mitmenschen und sich selbst. Der Wohlstand hat den Menschen am meisten geschadet. Wenn man selbst vergessen hat, wie es ist nichts zu haben und den Augenblick nicht mehr genießen kann ist es fast zu spät. Der Egoismus hat die Welt zu dem geführt was sie jetzt ist.

O. Torries, Bergstr. 57, 46117 Oberhausen

1) Abschaffung des erblichen Adels (vielleicht wären dann der Erste Weltkrieg und in der Folge die Notzeit und – last but not least – Adolf Hitler und der Zweite Weltkrieg vermieden worden.)

2) Mehr Wissenschaft und mehr Forschung und in der Folge mehr Weitergabe der wissenschaftlichen Ergebnisse in vereinfachter und allgemein verständlicher Form, vielleicht erheiternd und somit interessant.

3) Volkseigene Dünkelhaftigkeit bei allen Völkern vermindern.

4) Internationale Schulungs- und Ferienläger für Schüler und Studenten in verschiedenen Ländern.

5) Verbindliche Mindest- und Höchstlöhne (ob das möglich ist/wäre??)

6) In allen Ländern und bei allen Völkern müßte zwingend eine Mutter-/Landessprache und eine gemeinsame weitere Sprache (für alle gleich: Englisch?) gelehrt werden.

7) Parlamentarische Demokratie und allgemeine und freie und geheime Wahlen in allen Ländern; andernfalls Ausschluß von Handel und Wandel.

8) Unentschieden beim Tennis, wenn es am Ende des fünften Satzes „sechs beide" heißt.

Heribert Wolf, Hochstr. 13, 45472 Mülheim an der Ruhr

Die Staatsquote der gesamten öffentlichen Ausgaben auf höchstens 30 vom Hundert des Bruttoinlandsprodukts grundsätzlich begrenzen!

G. Huber, Ap. Paulus 21, 10825 Berlin

Ich würde gar nichts ändern, denn alles hat seinen Sinn ob positiv oder negativ. Meine Meinung ist, man muß aus allem das beste machen und damit umgehen können und viel nachdenken bevor man sagt, daß vieles nicht richtig oder richtig ist und was man ändern würde. Denn jeder meint von sich, man wäre ja so weise und könnte alles ändern oder richtig machen.

Rita Pettineo, Königsberger Str. 32, 46047 Oberhausen

Unsere Umwelt! – Das ist schließlich unsere Existenzgrundlage – ohne geht es nicht. Vieles hätte man von vornherein besser machen können, wenn einige Leute ihren Kopf besser gebraucht hätten.

Kathrin Parol, Vikariestr. 1, 46117 Oberhausen

Zu Beginn des 20. Jahrhunderts würde ich ändern, daß Wilhelm II. König des Deutschen Reiches sein würde, denn er wollte mit aller Macht seine Ideen verwirklichen und trägt Schuld am 1. Weltkrieg. Außerdem würde ich ändern, daß Adolf Hitler nicht so schnell aus dem Gefängnis entlassen worden wäre nach dem mißglückten Putsch in den 20ern. Dann wäre er wahrscheinlich nicht an die Macht gekommen. Wäre er trotz allem an die Macht gekommen, hätte ich zumindest das Attentat auf ihn von Stauffenberg glücken lassen. In der 2. Hälfte dieses Jahrhunderts würde ich die Ermordung von Kennedy und Martin Luther King verhindern und auch auf alle Fälle die Atombombenabwürfe auf Hiroshima und Nagasaki und den grausamen Vietnamkrieg. In den 90ern würde ich die Ermordung Rabins rückgängig machen und der weltweiten Wirtschaft einen ordentlichen Aufschwung verpassen.

Nina Schulze, Lavendelweg 31, 45770 Marl

Nur bezogen auf die BRD: Ich würde versuchen, alle Schäden der industriellen Revolution zu minimalisieren, um die Umwelt für die nachfolgenden Generationen zu sichern. Außerdem würde ich primär dafür sorgen, daß weder der Erste noch der Zweite Weltkrieg ausbrechen würde. Auf politischer Basis würde ich von Anfang des 20. Jh. an dafür sorgen, daß es ein geordnetes, demokratisches, emanzipiertes und von allen anerkanntes Regierungsmodell gibt, das auch Minderheiten (Farbige etc.) schützt.

Markus Buchholz, Dormagener Straße 36, 45772 Marl

Meiner Meinung nach hätten sowohl der II. Weltkrieg als auch die anderen Kriege, niemals stattfinden dürfen, da diese auf der ganzen Welt zu viele Menschenleben gefordert haben und fordern. Außerdem sollten die ökologischen Verhältnisse der Welt verändert werden, indem man z.B. alternative Energien (Wind- und Solartechnik) einsetzt. Zusätzlich sollten mehr Arbeitsplätze geschaffen werden, um auch den jungen Menschen eine gesicherte Zukunft und ein Leben in Wohlstand zu garantieren.

Auch der Kolonialismus hat in Afrika schwerwiegende Folgen hinterlassen, denn durch die Apartheid wurde dem schwarzen Mann durch Landenteignung, um große Plantagen für europäische Bedürfnisse zu errichten, die Existenzgrundlage genommen.

Kirsten Fratte, Münsterlandstraße 26, 45770 Marl

Ich würde all meine Kräfte aufbringen, um meine großen, noch offen gebliebenen Träume zu realisieren. Ich würde in bestimmten Situationen spontaner handeln und mehr Mut aufbringen, meine Ängste bekämpfen.

Klaudia Jurek, Brüderstr. 40, 45768 Marl

Ich würde viel stärker auf den Frieden in der Welt hinarbeiten, würde alle großen und kleinen Kriege zwischen Ländern und Bevölkerung ausradieren bzw. gar nicht entstehen lassen.

Viel mehr Gewicht würde ich auf Vertrauen und Liebe zwischen den Menschen setzen, so daß Gedanken und Gier nach Reichtum, Macht und Waffen erst keine Chance bekommen aufzutreten. Gedankenfreiheit und Meinungsfreiheit würden GROSS GESCHRIEBEN; niemand diskriminiert.

Miriam Heising, Alte Brüderstr. 12, 45768 Marl

So eigenartig es sich auch anhören mag, ich würde nichts ändern. Trotz der vielen grausamen und unmenschlichen Ereignisse und Verbrechen des 20. Jahrhunderts glaube ich, daß eine Änderung der Geschichte keine glücklichere oder bessere Welt hervorbringen würde. Es macht in meinen Augen keinerlei Sinn, sich zu überlegen, welche Dinge man ändern müßte, da man das Geschehene nicht mehr ändern kann. Vielmehr sollte man sich Gedanken machen, wie man aus den Fehlern Nutzen erzielen kann, um diese in Zukunft zu vermeiden.

Peter Teitz, Hagerstr. 6, 45768 Marl

Ich hätte Hitler nicht die Macht gegeben, so viele unschuldige Menschen zu töten ... ich hätte versucht, die Kernspaltung für positive Dinge einzusetzen und den Bau der Atombombe verhindert ... den Naturvölkern im Regenwald hätte ich ihren Lebensraum gelassen, so daß es nicht zu einer so starken Abholzung gekommen wäre ... in allen Ländern würde ich die Demokratie einführen und Unterdrückung und Ausbeutung würde es nicht geben ... ich würde Autos bauen, die die Umwelt nicht zerstören ...

Andrea Neumann, Leunaerstr. 2, 45772 Marl

Nazis nie an die Macht kommen lassen; Johannes Paul nie Papst werden lassen; Kirchensteuer abschaffen; keine Atomkraftwerke erbauen bzw. Waffen; Pelze tragen und Fleisch essen strafbar machen; Todesstrafe für Rassisten, Sexisten, Kindermißhandler; Modeindustrie nie entstehen lassen; Menschenhandel und Sextourismus hoch strafbar machen; Wirtschaft verändern: Lebensmittelvernichtung etc. sollte nicht nötig sein, gerechte „Güterverteilung" z.B.; nie zu Kriegen, bes. zu Religionskriegen kommen lassen; Gesetz für „Bevölkerungszuwachskontrolle" (z.B. teilweise nicht mehr als ein Kind pro Familie); andere Antriebsstoffe austüfteln (Wasserstoff?); Abschaffung der Ehe.

Katharina Schrammek, Trogemannstr. 2, 45772 Marl

Versuchen, den Leuten die Augen zu öffnen darüber, WAS Hitler gesagt hat, nicht WIE er es gesagt hat, dann hätte man vielleicht bemerkt, daß er nur Unsinn redete! Härtere Bestrafungen: für Lebenslänglich auch wirklich Lebenslänglich geben ohne Bewährung! Keine Zigaretten- und keine Alkoholwerbung, mehr Arbeitsplätze, besser auf unsere Umwelt Acht geben, keine Atombomben!

Carmen Preuß, Bachackerweg 115, 45772 Marl

Die beiden Weltkriege hätten nicht passieren dürfen. Atomtests dürften nicht mehr stattfinden. Umwelt gegen Verschmutzung besser schützen – keine alten Ölschiffe und Rohre verwenden. Die Menschen, die auf der Straße leben und keine Arbeit haben, müßten eine Wohnung und eine Arbeit bekommen. Ein paar Sachen in der Politik müßten geändert werden.

Sonja Friedrich, An der Burg 42, 45770 Marl

Man hätte Tierkämpfe von Anfang an verbieten sollen und für Tierquälerei eine schwerere Strafe verhängen sollen (außer für medizinische Versuche); ich würde mir wünschen, daß Gesetze gerechter sein würden (z.B. in Bezug auf Drogen, Kindermißbrauch und mehrfachen Mord) etc.

Melanie Hermoos, Silvertstr. 37, 45772 Marl

Keine Armut in den 3.-Welt-Ländern, keine Kriege, daß nicht so viele Leute mit dem Auto fahren, keine Abwässer in Meere/Flüsse/Seen, keine Tierversuche, daß die Wäldern nicht abgeholzt werden, daß nicht so viele rauchen und Alkohol trinken, daß keiner ermordet wird, daß nicht alles so teuer wird, daß es keine Industrie mehr gibt.

Alexandra Scotti, Elbinger Str. 5, 45770 Marl

Die Kriege, die in diesem Jahrhundert stattgefunden haben, würde ich versuchen vorzubeugen oder wenn möglich auch nicht entstehen lassen. Aber als erste würde ich mich um die Armut auf der Welt kümmern; und wenn möglich das Geld bzw. die Macht des Geldes abschaffen, so daß es den Menschen an materiellen Dingen nicht mehr mangelt.

Claudia Held, Erper Feld 15, 45768 Marl

Wenn ich könnte, würde ich als erstes versuchen, jede Art der Waffen abzuschaffen, damit alle Grausamkeiten wie Krieg, Mord etc. eingeschränkt würden. Außerdem würde ich versuchen, den habgierigen und geldsüchtigen Menschen, die wahren Werte des Lebens zu vermitteln, da ich der Meinung bin, daß ein großer Teil des Leidens auf der Erde letztendlich durch solche Menschen verursacht wird. Eigentlich gibt es so vieles, das im 20. Jahrhundert falsch gelaufen ist, viel zu viel, um alles (hier) aufzuschreiben.

Sonja Ranft, Ricarda-Huch-Str. 13, 45772 Marl

Ich würde mir wünschen, bereits am Anfang dieses Jahrhunderts in Deutschland geboren worden zu sein, um die Industrialisierung mit ihren technischen Erfindungen mitzuerleben. Ich wäre damals schon gerne eine bedeutende Politikerin geworden, um Gesetze zu erlassen, daß keine Waffen mehr gebaut und benutzt werden dürfen. Ich würde den Bau von Atomkraftwerken zur Energiegewinnung verbieten. Ich hätte strengere Gesetze zum Schutz der Umwelt erlassen. Ich glaube nicht, als einzige Person die Weltkriege verhindern zu können. Doch würde ich diese Geschehnisse am liebsten ungeschehen machen.

Julia Wörsdorfer, Ahornweg 19, 45772 Marl

Kein Krieg, mehr Rücksicht auf die Umwelt (weniger Verschmutzung und Zerstörung), Menschenrechte achten, daß nie wieder jemand hungern muß, Tierversuche und -quälerei abschaffen, keine Atombomben,

nie wieder Hinrichtung weil jmd. eine andere Religion oder Hautfarbe hat, weniger Gewalt untereinander, mehr gefährliche Krankheiten geheilt werden können, keine Unterdrückung, mehr Zufriedenheit.

Ines Just, Schumannstr. 4, 45772 Marl

Keine Atombomben abschmeißen (Hiroshima, Nagasaki), die Massenvernichtung von Menschen, Hunger und Elend, unnötige Abschlachtung von Tieren (insbesondere bedrohte Arten), Erschießung von Martin Luther King und Rabin, Naturkatastrophen, die Menschen, Umwelt und Existenzen zerstören, Vietnamkrieg und jegliche Art von Krieg, Morde und Vergewaltigungen von Kindern und Frauen, Ausbeutung und Gewalt gegen Kinder.

Elisabeth Nierlich, Vikariestr. 16, 45768 Marl

Ich würde alle Arten von Gewalt verhindern. Das heißt z.B. Waffen, um Kriege zu verhindern (1. + 2. Weltkrieg) und Tierversuche. Außerdem müßte die ganze Umweltverschmutzung verhindert werden, z.B. die Abholzung des Regenwaldes und die enorme Luftverschmutzung durch Autos. Ich würde die Atomkraft verhindern. So wäre die Atombombe nicht erfunden worden und das Kernkraftwerk in Tschernobyl nicht explodiert. Außerdem hätte ich irgendwie versucht, zu verhindern, daß so schlimme Krankheiten wie Aids ausbrechen. Ich hätte vewrhindert, daß es so viele Arbeitslose gibt. Ich hätte noch mehr verändert. Denn es gibt so viel Negatives, was man aber leider nicht mehr ändern kann.

Katrin Steinau, Georg-Herwegh-Str. 47, 45772 Marl

Ich würde, wenn ich's könnte, die Entwicklung der Industrie dahingehend beeinflussen, daß sie umweltfreundlicher produzieren und gleichzeitig weniger produzieren. Ich würde dem Bau von Autos vorbeugen und ein vernünftiges öffentliches Verkehrssystem schaffen. Natürlich würde ich auch versuchen, die Weltkriege zu verhindern, die Atombombe, Atomreaktoren usw.

Frank Lange, Birkenbusch 9, 45770 Marl

In meinem 20. Jahrhundert sollte Frieden in und zwischen allen Ländern jederzeit das oberste Ziel sein. Die Menschen sollten sich ständig darüber Gedanken machen, wie sie am besten in Harmonie und Zufriedenheit mit Rücksicht auf die Umwelt miteinander leben können. Dazu gehört mehr Toleranz und Hilfsbereitschaft untereinander, Förderung, Verständnis und Akzeptanz gegenüber den sogenannten Randgruppen.

Birgit Beckmann, Pommernstr. 48, 45770 Marl

Wenn ich das 20. Jahrhundert neu schreiben könnte, würde ich als erstes sämtliche Waffen und Waffenfabriken verschwinden lassen. Dann würden all die schrecklichen Kriege, die z.Zt. toben oder unter deren Auswirkungen die Menschen jetzt noch leiden, nie stattfinden. Dann würde ich die Kolonialherrschaft sofort beenden und die ehemaligen Herrscher zu Aufbauhilfen verpflichten. Vielleicht gäbe es dann heute keine „3. Welt"-Länder, in denen die Kinder verhungern.
Als nächstes würde ich alle Schulbücher der Welt umschreiben in solche, die mit wahren Informationen die Kinder zu Toleranz gegenüber fremden Kulturen erziehen.
Um das Ausmaß der Umweltverschmutzung zu verhindern, würde ich sämtliche Erfindungen wie Solarenergie, Recycling ... an den Anfang des Jahrhunderts setzen. Doch all das würde wahrscheinlich gar nichts bringen. Der Menschheit ist nicht zu helfen!

Rebecca Jacob, Sandweg 19, 45772 Marl

Keine Machtergreifung der Nationalsozialisten, keine Entstehung der Techno-Szene, fortwährendes Lebensgefühl und Ideale der 60/70er Jahre, keine Entwicklung von Atomwaffen, keine Volksverdummung des Fernsehprogrammes (bes. d. Übermittlung von Gewalt auch in „Kindersendungen") bzw. ist TV eine unnütze Erfindung, Abschaffung von unnützen Tierversuchen bzw. das Sterben/Morden von Tieren um sich mit Pelzen zu schmücken.

A. Malejka, Tauberstr. 7, 45772 Marl

Die 60er-70er Jahre hätten in die 90er verlegt werden müssen. Das Bauernhof-Festival in Marl hätte nicht abgeschafft werden dürfen. Die Techno-Szene hätte nicht entstehen dürfen, viel mehr Liebe, Toleranz, Verständnis und Humanität hätten die ganzen Kriege und Gewalttätigkeiten verhindern sollen, der Größenwahn der „Menschen" hätte nicht so überhand nehmen dürfen, dann würde es unserer Umwelt (Flora, Fauna) wohl besser gehen und das Klima hätte sich auch nicht so drastisch verschoben, es hätte nicht soweit kommen dürfen, daß das Geld die Welt regiert und daß Menschen weniger angesehen sind in unserer Gesellschaft, das Fernsehprogramm sollte ein bißchen anspruchsvoller sein, es hätte nicht so viel Fläche verbaut werden dürfen, der Papst

bzw. Vatikan mit dessen konservativen Einstellung dürfte nicht mehr akzeptieren, keine synthetischen Drogen, nicht soviel Einschränkung vom Staat, Egalité, Pelzträger strafbar machen, für Walfänger Todesstrafe, Rassisten und Menschenmißhandler – ihr ganzes Leben Haft, etc. etc. etc.

Nadine Stiller, Langehegge 327, 45770 Marl

Ich würde versuchen, den Zweiten Weltkrieg zu verhindern. Ich würde auch mein Verhalten gegenüber anderen Menschen verändern, bevor ich Niederlagen erlebe. Ich würde meine Eltern zwingen, sich mehr um ihre Gesundheit zu kümmern, damit ich auch nicht miterlebe wie sie leiden. Ich würde auch unseren Autounfall verhindern, damit ich nie mehr Angst haben muß, wenn ich im Auto sitze und mein Vater mal ganz plötzlich bremst.

Birgul Bas, Brunhildestr. 14, 45770 Marl

27. März 1996

Ich würde das Obrigkeitsdenken abschaffen, dafür mehr Mitmenschlichkeit, Nächstenliebe und Freude an Gottes Schöpfung einsetzen wollen. Rassenwahn, Mord, Erniedrigung und viele Krankheiten würden uns erspart sein!

Alfred Theile, Lothringer Str. 45491 Mülheim a. d. Ruhr

Die jeweilige Anzahl der „Volksvertreter" in Gemeinderäten, Stadtverordnetenversammlungen, Landesparlamenten sowie im Bundestag für jeden Wahlkreis entsprechend der Wahlbeteiligungsquote reduzieren!

G. Huber, Ap.-Paulus 21, 10825 Berlin

Politiker sollen was tun mehr Arbeitsplätze schaffen und weniger Reden und Qwatzen, zu beispiel die SPD hat gefeiert 5 mall in Müheim bei Cite-Center Draußen dort wurden Sonnenschärme SPD-Mitglieder haben Bier – Wein gesauft – getanzt bei laute Musik gezwatzt geredet und gelacht, ales wurde das vom Hass auf Union auf CDU und auf dem Herrn Bundeskanzler Dr. Helmuth Kohl mit Unrecht haben gemacht auf Konto Bundesregierung.
„Miet Vielle Grüße"
Hoch Achtung Voll Czornik

Czornik-Wawryzniec-Lorenz
Wiescherweg 57, 45472 Mülheim-Ruhr 1

2. April 1996

Rot = liebe Mitmenschen
Grün = glückliche Mitmenschen
Andreas Krebs, Postfach 110329, 46123 Oberhausen

Zuerst einmal würde ich unsere viel zu humane Gesetzgebung ändern. Festgenommene Straftäter lachen sich doch und derer Anwälte eins ins Fäustchen, weil sie wissen, daß sie schnell wieder auf freien Fuß kommen. Ferner sollte man Völkermörder schnellstmöglich vor ein Welt-Gericht stellen, und aburteilen. Was unsere Bundeswehr betrifft, so schlage ich hier ein freiwilliges Dienen vor. Wehrdienstverweigerern sollte man das Recht einräumen, frei zu entscheiden ob sie viel lieber Zivildienst oder Dienst an der Waffe ausüben möchten. Da ich schon immer die Meinung vertrat „Auge um Auge – Zahn um Zahn" plädiere ich für die Wiedereinschaffung der Todesstrafe, bei Mord. Was Diebstahl betrifft, so schlage ich das Abhacken erst der einen, später der anderen Hand vor. Unter Strafe stellen würde ich beispielsweise auch das Werben an der Haustüre sogenannter Drücker-Kolonnen. Abschaffen würde ich auch den Beamtenstatus. Als letztes schlage ich vor, mit aller Härte des Gesetzes gegen kleine und große Steuerbetrüger vorzugehen.
P.S. Auf diesem Wege wünsche ich Esther und Jochen Gerz viel Erfolg mit Ihrer Aktion.

Reinhold Hoffjahn, Falkensteinstr. 301, 46047 Oberhausen

Den Menschen das Bewußtsein näher bringen, daß diese Welt nur einmal existiert und wir mit ihr wesentlich umweltbewußter umgehen müssen. Außerdem finde ich es nicht gut, wie die Menschlichkeit, die Nähe zum anderen, mit immer neuen Technologien immer mehr auf der Strecke bleibt. Wir leben in immer mehr Unfrieden zum anderen, dabei brauchen ihn immer mehr um in dieser Welt überleben zu können. Also mehr Nächstenliebe, dann haben wir auch bessere Chancen, gemeinsam etwas mehr für die Umwelt, für unser aller Zukunft zu tun,

denn diese Welt gibt es nur einmal und wir haben die Verantwortung dafür.

Sabine Winter, Schleifmühlenstr. 19, 46119 Oberhausen

An jeder Fabrik, in jedem Unternehmen, in jeder Werkstatt, soll der Unternehmer/die Unternehmensleitung, der Besitzer, für die Arbeiter-Belegschaft einen großen Gebetsraum errichten mit einem großen Kreuz, mit Corpus und die Inschrift: INRI, mit Weihwasserbecken und dort drin „Weihwasser", was vom r.-k. Priester gesegnet ist und Kniebänke mit Sitzbänke, mit Muttergottesbildern, mit einer blauen Madonna mit Jesuskind die vom r.-k. Priester gesegnet ist aufstellen und die Arbeiterbelegschaft während der Arbeitszeit davor beten sollen. Zu bestimmten Zeiten. Die hl. Mutter Gottes Maria spricht: „Nichts geschieht ohne Gebet und ohne Opfern, mit Gebet und Opfern aber alles, was Gott auch will und wir wollen!"

Werner Janzen, Häherstr. 12, 46145 Oberhausen

Die Diktatur über die Frauen in Deutschland. Von allen Seiten wird den Frauen diktatorisch eingetrichtert wie sie zu sein haben. So geht es schon im Elternhaus los. Später übernimmt der Freund oder Ehemann die Diktatur, aber auch Politik und Umwelt nimmt sich die Freiheit dazu. Männer haben ihre Kneipen und Frauen fast nichts für sich alleine.
Es fehlen Treffs für Frauen ab 40 bis 60 Jahre – junggebliebene. Ruhr-Schmitz ist zu klein. Druckluft nicht schön genug.

Sabine Singh-Tatta, Taunusstr. 103, 46119 Oberhausen

Ich wünsche mir Adolf Hitler wäre von der Wiener Kunstschule als Schüler aufgenommen worden.

Matthias Thomes, Flockenfeld 92, 46049 Oberhausen

*20.04.1889   in Braunau (Österreich)
ab 1903   Lehre als Anstreicher in Braunau
ab 1906   Anstreichergeselle in Braunau
ab 1915   Malermeister in Braunau
ab 1923   Malermeister mit Angestellten und einem Malergeschäft in Braunau
†1950   als Altmeister in Braunau
Gerhard Krohn, Salamander Weg 16, 45475 Mülheim a.d. Ruhr

Die Bildungssysteme der Welt so aufbauen und allen Menschen zugänglich machen, daß auf dieser Welt keine Waffen mehr produziert werden und demzufolge auch keine Kriege mehr stattfinden. Daß alle Glaubensrichtungen so aufgebaut werden, daß Verständnis und Toleranz so stark verinnerlicht werden, daß Haß und Unterdrückung aus unserem Denken verschwinden würden.
Jürgen Polnar, Klan-Becker-Str. 10, 45476 Mülheim a.d. Ruhr

Ich würde weniger Häuser bauen. Die Natur mehr kommen lassen. Es wird nur überall geklaut und keiner denkt an der Natur. Da draußen leben auch Tiere. Vor allem sollten man mehr für die Kinder machen. Damit die von den Straßen kommen. Man sollte die Kinder viel beschäftigen zum Beispiel mit einem selbstgebauten Spielplatz. Und es müßte weniger Autos geben. Jeder Deutsche hat schon einen Führerschein. es gibt viel zu viele Autos auf unseren deutschen Straßen. Es gibt auch viele Unfälle mit Todesfällen – das muß nicht sein!
Monika Janßen, Häherstraße 12a, 46145 Oberhausen

Der Frank Broderek vom Stattverwaltung Mülheim a.d. Ruhr muß wek vom diese Stelle weil ist Er ein Schmugler und Välscher mit Deutsche Stattsangehörigkeit, hat gegeben auf Schwarz 3 Familie Kruszczynski – Sobanski und Frau Schultz 70 Km vor Warschau dort wurde Hans Schultz Rechtsanwalt verheiratet also das ist mit Unrecht so ein Frau wurde niemals Deutsche Bürgerin gewesen auf keinen Fall muß abgelehnt werden.
Nie wieder: Die Mauer vom Stalin, Bursche Erich Honeker das war der Resim vom Eiserne Kurtine Aber das Deutsche Volk hat so schnel das Vergessen, das der Herrn Bundeskanzler Dr. Helmuth Kohl hat Menschen befreit, die Mauer hat abgerißen und Deutschland vereinigt für gute Zukunft und Frieden.
Franck Broderek ist aus Gleiwitz mein Landsmann mir wollte abschieben nach Oberschlesien im Jahre 1983 aber hat nicht geklappt weil mein Vater wurde Deutscher Bürger gewesen, also das war eine Schekaniere vom die SPD.
Czornik Wawrzyniec-Lorenz
Wiescherweg 57, 45472 Mülheim-Ruhr 1

Ich bin Jahrgang 1938. Zu Beginn meiner Schulzeit 1944 wurde gleich das Schulhaus zerbombt; Ausweichmöglichkeiten waren das Pfarrheim der Kirchengemeinde und das Forsthaus. Oft war Fliegeralarm während der Schulstunden und „Luftgefahr 15". Dann raus aus dem Unterricht und rein in den Luftschutzbunker oder nach Hause rennen in den Luftschutzkeller des Wohnhauses. Am 17. Dez. 1944 war wieder Luftangriff, die Decke des Wohnzimmers fiel runter, wir waren noch beim Abendbrot und hatten das Heulen der Sirenen überhört. Im Luftschutzkeller dann beteten die Leute verzweifelt; meine Mutter nahm hereingefallene Stabbrandbomben mit der Hand, um sie wieder nach draußen zu legen. Mit Tieffliegern, Sirenengeheul, Bombengeschwader, am Himmel verband ich noch lange die Mittagszeit, wenn es Griessuppe mit Bratkartoffeln (ohne Fett) gab: Diese Mahlzeit bleibt mir noch heute im Halse stecken. Daran sind auch die Erinnerungen geknüpft: brennende Wohnhäuser in der Nachbarschaft, Schuttberge und unsagbare Angst. Das Jahr 1945: Einmarsch der Amerikaner, kein Krieg mehr und unfaßbar: Vater kam zu meinem 7. Geburtstag aus der französischen Gefangenschaft zurück, zu Mutter, mir und zwei jüngeren Geschwistern. Nach Schulabschluß, Lehrzeit und ersten Berufsjahren begann mein „Wanderleben". Zuerst ging ich nach Trier, dann zur Ausbildung nach Holmwood und London in England, von dort weitere Studien in Kipalapala, Tabora und Mpanola in Tanzania/Ostafrika. Dann wieder in Deutschland: Ausbildung in Paderborn, weiterhin Stuttgart, Köln, Duisburg. Das weitere Berufsleben führte mich nach Sindelfingen, Mühlacker, Wiesensteig, Hannover, Pulheim, Mülheim, Bottrop, Du-Hamborn und zuletzt Oberhausen. Neben der Berufstätigkeit lernte ich Englisch, Französisch, Kiswahili, Rußisch, Spanisch, Italienisch und machte u.a. auch Urlaubsreisen in fremde Länder.

Ich wünschte, ich hätte ein gediegeneres, ruhigeres, gleichmäßiges Leben führen können, hätte nicht die Ängste und Nöte, nicht das Wanderleben mit den schmerzlichen Abschieden und Neuanfängen, nicht die Heimatlosigkeit und Fremdheit ertragen müssen, mit den Unsicherheiten und Bedrohungen und den traurigen Verlusten. Ich wünschte, mich als Teil des 20. Jahrhunderts ändern zu können, um gütig, verständnisvoll, hilfsbereit, treu, ehrlich, liebevoll, freigiebig, geduldig sein zu können und auf meine Umgebung auszustrahlen.
Maria Keller, Hamburgerstr. 23, 45481 Mülheim a.d. Ruhr

Den Steuerzahlern bei jeder Wahl Gelegenheit geben, selbst über die Verwendung über Steuermittel zu befinden; z.B. eine System zur Vergabe von insgesamt 100 Punkten (etwa 20 Pkte für soziales, 10 Pkte für Verkehr, 5 Pkte für Kultur, 15 Pkte für Landesverteidigung usw.).
G. Huber, Ap.-Paulus 21, 10825 Berlin

Wenn man wie ich, kurz vor dem Berufsstart steht und die Höhe der Arbeitslosigkeit sieht, dann fällt einem nur eines ein: Ich hätte den technischen Fortschritt aufgehalten. es werden heutzutage „rund-um-die-Uhr" arbeitende Maschinen menschlichen Arbeitskräften vorgezogen. Die Unternehmer übersehen jedoch, daß Maschinen nicht zu Konsumenten werden können. Sie zerstören den Wirtschaftskreislauf und erleiden selbst Nachteile. Was wird mit der Zukunft der Kinder?
Selma Halici, Lassallestr. 2, 45770 Marl

Ich würde den Kaktus gießen, der jetzt eingegangen ist. Ich würde den Unfall an der Straßenecke verhindern. Ich würde mich als Wahrsager absetzen und vor allem würde ich die Auflösung von Take-that verhindern (Ha-Ha-Ha).
Ahi Sema Issever, Adolf-Grimme-Str. 8, 45768 Marl

Ich würde erneuerbare Energien (Wind, Wasserkraft etc.) und Atomenergie (Kernfusion) weiterentwickeln. Die Entwicklung von ABC-Waffen müßte weltweit unter Strafe gestellt werden. Jedes zweite Jahrzehnt müßte dem Liberalismus gewidmet werden (Volksabstimmung etc.), es sei denn, er versagt vollends und es entsteht ein totalitäres Regime. Das Auto muß sofort umweltschonend und sicher sein. Der öffentliche Nahverkehr muß mehr gefördert werden, allerdings nicht dadurch, daß man Autofahrer schikaniert. Pop-Gruppen wie Take That müßten wegen Körperverletzung Grünflächen sauberhalten. Religion wird abgeschafft.
Thorsten Leineweber, Wacholderstr. 3, 45770 Marl

Irgendwann im Juli 1942: Dr. Janusz Korczak und seine Waisenkinder entkommen dem Naziterror, so daß Korczak noch persönlich den Friedenspreis des dt. Buchhandels (1972) überreicht bekommt.
Nadja Klopsch, Heinrich-Heine-Str. 77, 45768 Marl

Friedliche Trennung von Jugoslawien – mehr Verständnis für Kinder, Straßenkinder, etc. – weniger Arbeitslosigkeit – mehr Hilfe für Drogensüchtige – keine Tierversuche, keine Tierquälerei – Abrüstung aller Atomwaffen – keine Angst, Unterdrückung mehr – alle sollen mehr an die Umwelt denken, denn irgendwann haben wir keine mehr, wenn wir so weitermachen.

Melanie Königsbüscher, Bebelstr. 4, 45770 Marl

Für eine stabile Weltwirtschaft sorgen (keine Wirtschaftskrise möglich). Alle Staaten müssen den ABC-Vertrag unterschreiben; Umwelt zu 100 % schützen, keine umweltschädigenden Mittel produzieren (Abgase, TCKW, etc.). Die Energieversorgung komplett auf natürlicher Basis betreiben. Alleinherrschaftsverbot in allen Staaten. Alle Staaten müssen einen verbindlichen Friedensvertrag unterzeichnen. Arbeitslosigkeit vermeiden. Viel mehr Liebe.

Jennifer Querfurth, Im Beisen 35 d, 45768 Marl
Sebastian Binner, Rudolf-Virchow-Str. 22a, 45768 Marl

„Alle Menschen sind gleich!" Dieses Motto sollten sich einige Menschen mal zu Herzen nehmen!
Eines der schrecklichsten Ereignissen in diesem Jahrhundert ist ganz klar die Entdeckung, die Otto Hahn 1938 machte. Er war der erste Wissenschaftler, dem es gelang, den Kern eines Uran-Atoms zu spalten. Otto Hahn machte eine Entdeckung, die, wie sich später ja herausgestellt hat, verheerende Folgen hatte. Durch ihn gelang es, Atombomben und andere atomare Waffen herzustellen und damit Tausende von Menschen zu töten! In Hiroshima waren es 1945 260.000 Tote, viele Verletzte. Auch heute werden noch atomare Waffen hergestellt, aber warum? Reicht es nicht, daß schon so viele Menschen sterben mußten? Muß Jacques Chirac dieses gefährliche Spiel mit dem Tod weiterführen? Ich halte es für sinnlos. Die Staaten dieser Erde haben alle nur ein Ziel: Unser Land muß das für den Notfall am besten ausgerüstete Land auf der Erde sein! An andere Menschliche Probleme, z.B. an die Menschen der 3. Welt, an die Opfer von Tschernobyl, an die zahlreichen Kriegsopfer Bosniens und anderer Kriege denken viele Menschen überhaupt nicht!!! Erstmal sollte man sich um die wichtigsten Probleme kümmern, bevor die Staaten mit dem Wettrüsten beginnen!!!!! Die gesamte Menschheit muß sich ändern!

Raphaela Sobisak, Bitterfelder Str. 16, 45772 Marl

Wir würden mehr für die Verständigung der Menschen untereinander tun, jeglicher Religion und Nationalität, damit Fremdenhaß und Glaubenskriege verhindert werden können; die Menschen einander näher bringen, da viel Unheil aus Mißverständnissen und Unwissenheit entsteht, z.B. im Geschichtsunterricht an deutschen Schulen nicht nur deutsche Geschichte, sondern auch die anderer Länder lernen; viel zum Schutz der Natur tun, z.B. der Ausweitung des Ozonloches bzw. der Entstehung des Ozonloches vorzubeugen; die Atomkraft nicht für Waffen mißbrauchen.

Marina Burkowski, Lisztstr. 29, 45657 Recklinghausen
Sophie Köhler, Uranusweg 30, 45770 Marl

Was wir ändern würden, wären folgende Dinge: den Krieg in den osteuropäischen Ländern, die Atombomben-Versuche der Franzosen im Mururoa-Atoll würde ich versuchen zu stoppen, den Bau von „Little Boy", der furchtbaren Hiroshima-Kernwaffe, Greenpeace und andere Protestorganisationen würde ich mehr unterstützen, Katalysatoren an Autos oder ähnlichen Fahrzeugen sollten vorgeschrieben werden, damit man mal wieder freier durchatmen kann. FCKW's und anderes abschaffen, keine Tierquälereien mehr, die Umwelt zu 100 % schützen, Kriege verhindern (weltweite Friedensvorträge), der Aids-Forschung Gelder zukommen lassen. Ich hätte es nicht zu der „Rinder-Wahnsinns"-Katastrophe kommen lassen. Die Werte der Menschen wieder versuchen zu schützen (nicht so viele Scheidungen), Toleranz gegenüber Ausländern, Menschenhandel völlig unterdrücken, Schiff/Flug-

zeug zu 100 % sichern, im Grunde kann man sagen, daß wir alles anders gemacht hätten. Unsere Beispiele waren ja nur ein paar von Millionen. Man sagt: „Aus Fehlern lernt man!" So sollten wir als eine Einheit uns zusammenschließen und im Jahr 2000 versuchen, die Welt zu schützen!

Vivien Krämer, Friedhofstr. 65, 45768 Marl 6
Sandra Wefels, Rennbaumstr. 38, 45768 Marl 6

Ich würde mir wünschen, niemand würde voreingenommen gegen Personen fremder Nationalitäten, Religionen etc. sein. Es sollten Hitler und die Nationalsozialisten nicht an die Macht gekommen sein, viele Naturkatastrophen nicht stattgefunden haben. Ich selbst hätte gerne noch meinen Urgroßvater gekannt und hätte gerne Geschwister. Vieles, was ich Freunden, Eltern usw. gesagt habe, möchte ich ungesagt machen.

Stefanie Zorica, Heidbruch 113, 46286 Dorsten

Ich würde versuchen, früh genug zu verhindern, daß wir durch FCKW oder andere Abgase die Ozonschicht so zerstören. Dann könnte man sich nämlich im Sommer ohne Sorge in die Sonne trauen.

Verena Schlagheck, Forststr. 81, 45768 Marl

Ich würde Adolf Hitler zu einem Realschulabschluß verhelfen, damit er seine „künstlerische Ader" mit Farbe und Pinsel befriedigen kann, anstatt Millionen von Menschen in Angst und Schrecken zu versetzen.

Marcel Scholz, Westfalenstr. 48, 45770 Marl

Verhinderung der beiden Weltkriege, keine Atombombe mehr erfinden und entwickeln, größeren Widerstand gegen die Gewalt von Rechten als auch Linken entgegenbringen, nicht noch einmal die Machtergreifung der Nazis 1933 zulassen, kein Krieg in Vietnam, mehr Unterstützungshilfe für Entwicklungsländer leisten (Beispiel: Äthiopien), Ablehnung aller nuklearen Kräfte (Atomkraftwerke usw.)

Marc Pappert, Merveldtstr. 11, 45772 Marl

Wenn das 20. Jahrhundert noch einmal stattfände, würde ich nichts ändern. Erstens, weil ich als einzelne Person ohne besondere Fähigkeiten nicht die Möglichkeit besäße, etwas gravierend zu ändern, zweitens, weil wir die Erfahrung von der Wirkung (Schädlichkeit) der Atom-, biologischen und chemischen Waffen, die Gefahr einer Diktatur, das Elend von Weltkriegen, Müll, Tropenwaldbedrohung brauchen, um es erst einmal ändern zu wollen – heute, in unseren Köpfen.

Alexander Klatte, Gersdorffstr. 10, 45772 Marl,

Opel GS wird bis zum Jahre 2000 gebaut, Erich Honnecker stirbt mit 8 Jahren an Lebensmittelvergiftung, Papst Johannes Paul II. wird wegen Gotteslästerung auf die neurologische Intensivstation verlegt, Kennedy löst die CIA auf, Heintje wird nicht kastriert, Dänemark ist per Transrapid in 20 min erreichbar, Deutschland eröffnet 1995 seinen ersten Atomversuch in der Pariser Innenstadt, Nordamerika. Elchkühe werden in der Haard angesiedelt und erhalten volles Wahlrecht. Mein Vater fährt seinen VW nicht zu Schrott, Deutsche kaufen nur deutsche Bananen, alle Heidi-Kabel-Filme werden unter Todesstrafe verboten, Außerirdische verschaffen Helmut Kohl einen Job.

Martin-Andreas Kremski, Bergstr. 222, 45768 Marl

Das dritte Reich hätte niemals existieren dürfen. Somit würden Millionen von Juden am Leben bleiben und Deutschland hätte wahrscheinlich nie einen schlechten Ruf gehabt. Außerdem hätten die Deutschen zu keiner Zeit einen so schlechten Lebensstandard gehabt, wie es direkt nach dem Krieg der Fall war.

Björn Bartnick, Am Pastorat 17, 45768 Marl

Die Kirche oder besser der Papst sollte seine veralteten Ansichten ändern. Jimmy Hendrix und Jim Morrison hätten nicht sterben dürfen.

Es müßte ein Heilmittel gegen Aids und Krebs geben. Der Sozialismus müßte durchführbar sein.

Thomas Lenfers, Am Alten Sportplatz 17a, 45770 Marl

Mordanschlag auf John F. Kennedy verhindern! – Bau und Nutzung der Atombomben! – Aufteilung Deutschlands nach dem 2. Weltkrieg in BRD und DDR! – Verhinderung des „Kalten Krieges"! – Erschießung der „Kelly-Family" – Legalisierung von „harten" Drogen (keine Beschaffungskriminalität) – Vereinfachung der Steuergesetze und Senkung der Steuern.

Dennis Delloch, Ringstr. 32B, 45768 Marl

Die NSDAP und Hitler hätten nie an die Macht kommen dürfen. Die USA hätten sich nicht in Korea und Vietnam einmischen sollen. Die Atombombe, chemische und biologische Waffen hätten nie erfunden werden sollen. Umwelt- und menschenschädigende Stoffe (FCKW, Contergan) hätten nicht freigegeben werden sollen. Aids hätte viel früher bekämpft werden müssen. Der Regenwald hätte nicht so zerstört werden sollen.

Daniel Witza, Schmielenfeldstr. 86, 45772 Marl

Natürlich würde ich, wie viele andere bestimmt auch, die Kriege aus dem 20. Jhdt. verschwinden lassen. Allen voran den 2. Weltkrieg. Wahrscheinlich würde ich auch die Schulreform ändern und statt an Lehrern zu sparen, lieber sehr viel mehr Geld den Schulen zur Verfügung stellen. Außerdem würde ich den Politikern eine neue Chance geben, den Haushalt besser zu machen und die riesigen Schulden tilgen.

Laura Milling, Widukindstr. 25, 45770 Marl

Ich glaube nicht, daß man heute sagen kann: „Das hätte man anders machen müssen." Denn niemand weiß, wie es sich von diesem Zeitpunkt weiterentwickelt hätte und wie wir jetzt leben würden. Es könnte natürlich besser sein, aber auch viel schlechter.
Eigentlich geht es mir heute gut und ich bin froh, daß ich am Ende des 20. Jhdts. lebe.

Maike Dupont, Lehmbecker Pfad 54, 45770 Marl

Politiker sollen so wenig Geld kriegen, daß sie sich um den Staat kümmern und sich nicht auf ihrem Geld ausruhen. Sämtliche Armeen sollten abgeschafft werden. Atombomben und ähnliches sollten abgeschafft werden. Steuern sollten drastisch gesenkt werden. Gesetze in Bezug auf Drogen sollten liberaler sein. Nichts gegen die Kellys, aber die hätten nicht sein müssen.

Malte Tadda, Genthofenerstr. 11, 45772 Marl

Das Kennedy-Attentat hätte nicht stattfinden sollen – Sicherung des Friedens und bessere Auswirkung auf Weltpolitik – Die Kongo-Expedition 79 hätte gelingen müssen – Industriediamanten Typ 11b und neue Gorilla-Art – Papst-Attentat auf Johannes Paul II. hätte gelingen sollen – Reformierung der römisch-katholischen Kirche – Jim Morrison hätte älter werden sollen – Fortbestehen der Doors – Ausbleiben des Holocaust – Verhältnis der Juden in Deutschland & wirtschaftl. technische Entwicklung.

Stefan Golbog, Lehmbecker Pfad 50, 45770 Marl

Ich würde die beiden Weltkriege nicht stattfinden lassen, in Deutschland aber trotzdem eine Demokratie einrichten. Ich würde das Auto abschaffen, von wegen Umwelt usw. Das Wembley-Tor würde ich nicht zählen lassen. Ich würde die Kirche reformieren, die katholische, insofern, daß diese offener wird für Verhütung und das Zölibat abschaffen. Ich würde den Menschenrechte in allen Erdteilen sehr viel mehr Bedeutung verschaffen. Ich würde den Unterschied zwischen Reich und Arm abschaffen, so daß alle Länder der Welt gleich sind, und es keine dritte Weltländer gibt. Ich würde die Nutzung von sauberen Energien (Solar-, Windenergie) weiter entdecken und flächen-

deckender einsetzen.

Andreas Göckert, Gustav-Mahler-Str. 47, 45772 Marl

Ich würde mir wünschen, daß die Atomenergie nicht solche Ausmaße annehmen würde. Vor allem, daß die Katastrophe von Tschernobyl nicht passiert wäre. Diese Katastrophe hat zu viele Menschenleben gekostet und kostet noch immer viele Menschen das Leben. Viele Menschen leiden noch immer an den Nachwirkungen, da sie z.B. verkrüppelt geboren wurden oder Krebs haben. Viele Kinder haben ihre Eltern oder Geschwister verloren und müssen sich allein durchkämpfen.

Christina Hesterkamp, Jöingskamp 11, 45768 Marl

Ich glaube zwar nicht, daß ich alleine viel ändern könnte, aber da wären schon ein paar Sachen, die ich gerne ungeschehen machen würde: Holocauste jeder Art, besonders der, der am jüdischen Volk begangen wurde, die NS-Zeit im allgemeinen, Atom- und Gen-Forschung, viele Kriege und Naturkatastrophen. Andere Dinge, die ich ändern würde: Ich würde die Drogenpolitik „liberalisieren", die Kirche für Verhütung und Frauen offener machen, die Kommunisten nicht an die Macht kommen lassen und die USA von ihrer Weltmachtposition runterbringen. Es gäbe noch vieles im Detail zu ändern, aber der Platz reicht ja leider nicht aus.

Martin Nelskamp, Bauernweg 8, 45701 Herten

Die Gründung der DDR 1949/Attentate auf Karl Liebknecht und Rosa Luxemburg. Ich würde HANF legalisieren lassen. AIDS-Virus hätte sich nicht ausbreiten dürfen. Der Springer-Verlag hätte 1968 zerstört werden müssen. Bob Marley hätte 1981 nicht sterben dürfen/Kohl hätte '82 nicht an die Macht kommen dürfen/Wo ist die RAF?

Hjalmen Rehberg, Mörikestr. 6, 45768 Marl

Also, als erstes würde ich versuchen, alle Menschen von der Straße zu holen. Keiner würde mehr an Armut, Krankheit oder Hunger leiden müssen. Umweltschmutz und Jagd auf Tiere wäre verboten. Und Kriege sowie Rassismus würde es nicht geben, genauso, wie sinnlose Drogen und des weiteren. Ebenfalls würde es keine Arbeitslosigkeit mehr geben. Die Menschen, die gestorben sind, wären wieder unter uns und alle Menschen würden einander lieben und verstehen.

Dana Röhl, Försterbusch 5, 45768 Marl

Ich finde, daß die Mauer hätte stehenbleiben sollen. Außerdem hätte es nicht soweit kommen sollen, daß das 3. Reich so mächtig wurde. Man hätte den Menschen in der 3. Welt schon früher helfen sollen. Die Regenwaldabholzung hätte auch verboten werden sollen.

Jens Trautmann, Breddenkampstr. 112, 45770 Marl

Keine Kriege, Zusammenhalten aller Menschen, keine Ausländerfeindlichkeiten, Arbeitslosigkeit verhindern, Terroristen abschaffen, Tierversuche verbieten, Hilfsbedürftigen Menschen mehr helfen und sich um sie kümmern, das Abholzen der Regenwälder verhindern.

Elif Görür, Westfalenstr. 34, 45770 Marl-Drewer

Ich würde versuchen, den 2. Weltkrieg zu verhindern und Hitler erst gar nicht an die Macht lassen, damit die unsinnigen Massenmorde in Auschwitz usw. erst gar nicht passiert wären. Auch den Ersten Weltkrieg würde ich verhindern. Ich würde verbieten: den Bau von Atomwaffen, Abschlachtung der Tiere wegen des Fells usw., ich würde Ölkatastrophen verhindern, die Explosion des Elektrowerks in Tschernobyl, die Kriege in Ex-Jugoslawien usw. ...

Klaudia F.

Ich hätte versucht, etwas gegen die beiden Weltkriege zu unternehmen, z.B. Hitler einen Job als Künstler gesucht, dann wäre er nicht Politiker geworden. Außerdem hätte ich etwas dafür getan, daß die Kirche abgeschafft würde, da diese viel Streit um die Religionen der Menschen erzeugt hat. Ich hätte die Krankheiten Krebs und AIDS nie entstehen lassen. Es wäre auch besser, wenn es mehr Fairness zwischen Reichen und Armen geben würde und man nicht mehr für alles bezahlen müßte.

Diana Lohoff, Alte Str. 47, 45772 Marl

Ich würde die beiden Weltkriege vermeiden, verhindern, daß Atomversuche gestartet werden, mehr die Natur pflegen, versuchen, den Zusammenhalt der Menschen zu stärken, darauf achten, daß keiner in Armut leben muß, dafür sorgen, daß immer genug zu essen da ist.

Julia Hajooze, Tannenbusch 119, 45770 Marl

Wenn das 20. Jahrhundert noch einmal stattfände, würde ich als allererstes das Abschiebungsgesetz rückgängig machen. Gleiches Recht für alle!

Kerstin Schulte-Kemper, Fährweg 4, 45772 Marl

Ich würde allen Leuten beibringen, daß wenn es Problme gibt, man diese nicht mit Gewalt lösen soll. Dann würden vielleicht keine Kriege entstehen, d.h. man hätte gar keine Waffen erfunden und wir würden alle in Frieden leben. Dazu würde es auch keine Hungersnöte geben.

Sina Tretenberg, In den Kämpen 103, 45770 Marl

Ich finde, daß die Zerstörung, wie z.B. Krieg endlich ein friedliches Ende nehmen sollte. Auch diejenigen, die in Vergessenheit geraten sind, sollten eines Tages aufwachen können und mit Gewißheit sagen: ich bin nicht mehr alleine, an mich wird gedacht! Die Hilflosigkeit der Menschen in Dritte-Welt-Ländern sollte zerstört werden.

Michaela Wolf, Feuerbachstr. 35, 45768 Marl

Ich hätte versucht, den 2. Weltkrieg zu verhindern. Ich hätte Hitler getötet. Tiere würden nicht mehr getötet werden. Ich hätte das Gesetz ganz anders gestaltet. Ich hätte Waffen verboten.

Klaudia Uisic, Platz der Freiheit 1, 45770 Marl

Ich würde versuchen, mich gegen Hitler und die Nazis zu wehren und versuchen, allen Leuten die Augen zu öffnen. Ich würde versuchen, Katastrophen, die in der Vergangenheit passiert sind, zu verhindern (Geiseldrama, Anschläge, Brände). Ich würde versuchen, etwas gegen die Umweltverschmutzung und gegen die Abholzung der Regenwälder zu unternehmen.

Maren Lange, Im Kamp 4, 45772 Marl

Es gab sicherlich einige Möglichkeiten, die beiden Weltkriege, die in diesem Jahrhundert stattgefunden haben, zu verhindern, auch wenn anscheinend niemandem etwas eingefallen ist, und wenn es wohl ziemlich unglaubwürdig erscheinen muß, daß ein einzelner Mensch sagt, daß er versucht hätte, diese Kriege zu verhindern. Dazu gehören schon mehrere.

Anika Möbus, Freerbruchstr. 135 a, 45770 Marl

Ich würde im Zweiten Weltkrieg gegen Hitler und die Judenverfolgung kämpfen. Ich würde mich im Tier- und Umweltschutz engagieren und gegen Fremdenhass und die Asylpolitik demonstrieren.

Iris Rademacher, Badische Str. 2, 45770 Marl

Wenn das 20. Jahrhundert noch einmal stattfände, würde ich versuchen, einiges zu ändern. So würde ich versuchen, Kriege, wie den 1. und 2. Weltkrieg zu verhindern. Zumindest würde ich mich soweit es möglich wäre, gegen die Kriege äußern und gegen Intoleranz wehren. Allerdings muß man dabei die Gefahren und eingeschränkten Möglichkeiten in diesen Hinsichten berücksichtigen.

Elena Mucha, Schachtstraße 132, 45768 Marl

Wenn ich zurückgehen könnte, würde ich versuchen, die Leute dar-

über aufzuklären, welche Gefahr von Hitler ausgeht, noch bevor er zu große bzw. überhaupt Macht erlangt. Außerdem sollte man versuchen, die Entstehung von AIDS dahingehend zu verhindern, daß man die Menschen darüber aufklärt. Lernen sollten alle Menschen, daß man Kriegen aus dem Weg geht. Die Diskriminierung der Schwarzen dürfte es nicht geben. Ebenso sollte man verhindern, daß die Länder zu großen Reichtum erlangen und die „Dritte Welt" Hunger leiden muß. Insgesamt gibt es im 20. Jahrhundert viel zu verändern.

Nick Heitkamp, Zugstraße 37B, 45768 Marl

Hätte ich die Möglichkeit, das 20. Jahrhundert nach meinen Vorstellungen zu gestalten, würde ich als erstes dafür sorgen, daß es keine Kriege gibt, daß Menschen nicht leiden und in Armut leben müssen. Drogen würde es nicht geben, dafür unbedingt Gleichberechtigung. Hungersnot? So etwas würde man nicht kennen. Keinem Tier würde etwas angetan werden! Auch Umweltkatastrophen würden nie passieren. Krankheiten wie z.B. AIDS würde es nie geben. Schön wär's! PS.: Der BVB wäre nie Meister geworden!!!

Anke Seelbach, Flößwiese 12, 45770 Marl

Wenn ich die Chance hätte, die Welt zu verändern, würden alle Menschen in Frieden leben, es gäbe keine Kriege und Armut. Ich hätte versucht zu verhindern, daß man Jagd auf wilde Tiere macht. Auch sollten sich nicht mehr so viele Familien zerstreiten, so daß weniger Kinder unter dem Streß leiden würden. Die Menschen sollten endlich versuchen, in Frieden zu leben. Auch sollte man verhindern, daß die Menschen rücksichtsvoller werden, und es weniger Verkehrstote gibt.

Jessica Zielinski, Am Wienhof 47, 45772 Marl

Auf jeden Fall würde ich die Kriege (1. u. 2. Weltkrieg, Krieg im ehemaligen Jugoslawien) verhindern. Dann würden Umwelt- und Tierschutz einen höheren Rang einnehmen. Den Menschen in ärmeren Ländern würde ich noch mehr versuchen zu helfen. Die Arbeitslosigkeit würde nicht mehr so groß sein, und Morde, bei denen Unbeteiligte umgekommen sind, sollten rückgängig gemacht werden. Genauso die Tode von Menschen, die einem sehr nahe gestanden haben. Es würde keine Drogen mehr geben und die Menschen würden sich wieder besser verstehen.

Nina Freitag, Hammer Str. 67, 45772 Marl

Ich würde der 3. Welt versuchen zu helfen. Ich würde ein Impfmittel gegen BSE erfinden. Ich würde versuchen, die Regenwälder zu retten. Ich würde versuchen, einen Weltfrieden zu machen. Ich würde alle Faschisten verbieten. Nazis auch. Ich würde Hitler stürzen. Ich hätte die Weltkriege verhindert. Das Negative ins Positive leiten. Ich würde es wenigstens versuchen.

Tim Schidlowski, Joseph-Haydn-Str. 4, 45772 Marl

Ich finde, daß man das Alter, ab dem man arbeiten darf, auf 14 Jahre setzen sollte. Ich würde es verhindern, daß man die Mauer überhaupt baut. Ich würde versuchen, daß die neu erfundenen Steuern zumindest gesenkt werden. Ich würde Hitler erschießen. Ich erfinde Impfmittel gegen alle Krankheiten (Bsp. AIDS, BSE). Ich würde anordnen, daß die Politiker keinen Scheiß mehr labern und endlich abnehmen sollen. Doch ich glaube, daß ich sowieso nichts ändern kann.

Sascha Zahn, Max-Reger-Str. 109, 45772 Marl

Ich würde alle CDU, CSU, FDP, Reps, FAP und NPD-Wähler aufhängen. Das Verbot der PKK, KPD aufheben, den Polizeiapparat abschaffen. Die Chaostage legalisieren und Waffen abrüsten, Arbeitslosigkeit und soziale Ungerechtigkeit vernichten. Ich hätte die Berliner Mauer stehen gelassen und somit die großdeutsche Besoffenheit verhindert. Ich würde Faschisten, Rassisten, Nationalisten und Kapitalisten verfolgen und ermorden. Außerdem würde ich sozial schwache Völker fördern und sozial stärken. Die Macht der Kirchen einschränken, religiöse Fanatisten verbieten, Völkermord weltweit vernichten. Also Friede in der Welt, wir sind alle Kinder dieser Erde!

Florian Chudalla, Schürenkamp II, 45770 Marl

Also, hört mal Jungs, ich bin 14 Jahre alt. Deshalb glaube ich nicht, daß ich etwas ändern könnte. Denn die Leute in unserer Gesellschaft kümmern sich einen scheiß Dreck um die Jugend. Insbesondere wenn diese Jugend auch noch eine andere Meinung hat als die „braven Bürger". Deshalb finde ich diese Aktion überflüssig!

Patrick Siegel, Schubertstr. 13, 45772 Marl

Ich würde von Anfang an alles anders angehen, so daß die Weltkriege und alle anderen Kriege es gar nicht passiert wären. Genauso wie die Hitlerzeit, das Leiden und der Hunger auf dieser Welt. Wenn man alles richtig anfassen würde und jeder wenigstens ein bißchen hilft, hätte man sehr viel verändern können.

Katrin Stoppel, Floßwiese 30, 45770 Marl

17. April 1996

Es gäbe auf der ganzen Welt nur eine Religion und nur einen Gott. Aber auch eine vernünftige Demokratie, nicht die die wir jetzt haben, auch nicht die der Amerikaner. Die Frau wäre erst ab 25 Jähre gebärfähig jedoch nur für ein Kind.

Manfred Stasik, Am Förderturm 6, 46049 Oberhausen

Keine staatlichen Subventionen mehr gewähren und sämtliche Möglichkeiten zur Steuerabschreibung wieder beseitigen. Letzteres wäre obsolet, würde die direkte Besteuerung von Einkommen, Pensionen und Vermögen enthüllen (wie noch im 19. Jhd.).

G. Huber, Ap.-Paulus 21, 10825 Berlin

Am liebsten würde ich dieses Jahrhundert überspringen. Da ich aber kein Zeitreisender bin, habe ich diese Möglichkeit nicht. Zumal ich aus der Geschichte ewiß, ich müßte noch mehrere Jahrhunderte überspringen. Ihre Frage ist im Grunde genommen falsch. Nun – ich lebe im 20. Jahrhundert. Ich würde vieles ändern. Die meisten werden sagen, ich würde die Kriege abschaffen. Das war auch mein erste Gedanke. Was ich ändern würde ... alle keinen Kinder würde ich zur Liebe erziehen, damit sie merken, daß man nicht nur „nehmen" kann. Toleranz also – im ganzen Leben!

Rolf Schwarz, Prinzeß-Luise-Str. 2, 45479 Mülheim a.d. Ruhr

Kurz vor Drucklegung gingen die folgenden, nicht mehr abgebildeten Antworten ein

Nicht nur das Recht, alle Jahre zu wählen, ansonsten haben wir kein Recht mehr mitzureden. Das machen dann unsere gut verdienenden Beamten unter sich aus. Millionen nur bei der Straßenbahn vermasselt (Raus-Rein). Jetzt wird für die Neue Str.bahn wieder zu viel Geld vermasselt. Nur Haltestellen-Überdachung (Siehe MH-Str./Danziger Str.). Wo wird denn mal der Bürger gefragt. Zur BRD Politiker. Soviel Betrug verschaukelt (auf gut Deutsch) verarscht sind wir noch nicht von Politiker in diesem Jahrhundert.

Gerhard + Hildeg. Jansen, Handbachstr. 66, 46147 Oberhausen

Unsere Politiker haben uns durch ihre Unfähigkeit soweit in den Morast gewirtschaftet. Nun wissen sie nicht mehr weiter. Durch Rundumschläge wollen sie nun raffen, was noch zu raffen ist. Natürlich nur bei den Normalbürgern. Die Gutverdienenden Firmen, Banken, Schieber, Gauner, Steuerdiebe usw. usw. kommen ungeschoren davon, werden noch belohnt??? Wohin geht die Fahrt. Wann ist unsere Geduld am Ende? Wann bricht das Feuer aus? Nicht auszudenken, was dann geschieht.

Gerhard Jansen, Handbachstr. 66, 46147 Oberhausen

Was ich nur in Oberhausen ändern würde, Rathaus. Gründlich durchforsten. Alle unfähigen Beamten rausschmeißen. Zu viele Beamte verderben mehr als was sie zu irgend was nützlich sind. Wir als Bürger von OB sind nur zu den Wahlen gefragt (Recht + Pflicht) danach haben wir die Schnauze zu halten. OB Wohin??? Warum lag das Hüttengelände so lange brach? So tief hätte OB nicht fallen brauchen. Unfähigkeit der Stadtführung.

Gerhard Jansen, Handbachstr. 66, 46147 Oberhausen

Ich würde die Gestaltung von Schulbüchern ändern. Ich würde folgenden Satz in jedes Schulbuch drucken lassen: „Der Ernst des Lebens besteht darin, sein (das) Leben ernstzunehmen!" Die Frage, was den Ernst des Lebens ausmacht, wäre Diskussionsstoff, den Lehrer und Schüler in gleichberechtigter Weise bearbeiten müßten. Die entstehenden Gedanken und Ideen könnten dann im täglichen Leben zu einer besseren Zukunft führen. Antwort in Zukunft?

Ralf Schaar, Beckerstr. 80, 46047 Oberhausen

„Legastheniker" müssen endlich die Möglichkeit bekommen, ein rein mündliches Abitur ablegen zu dürfen oder ihre Abiturarbeiten einem ihnen „unbekannten Lehrer zu diktieren. Ich würde so ein „Neues Abitur" gerne machen und dann Geschichte studieren wollen. In der Republik Irland gibt es diese Möglichkeit bereits.

Christoph O'Byrne, Olbergsholz 19, 46147 Oberhausen

Den Völker- und Rassenhaß ächten, Kriegswaffen verbieten.

R. Kania, Kiebitzmühlenstr. 11, 47169 Duisburg

Es ist eigentlich ganz einfach, wie es so schön heißt. Viele Köche verderben den Brei, und genau das ist eines der Probleme in der Politik. Außerdem darf es nicht sein, daß es möglich ist, in so einem Staat wie unserem die Sozialhilfe zu mißbrauchen. Zudem müssen härtere Gesetze her und es müssen schärfere Kontrollen gemacht werden. Vielleicht sollte für manche extreme Vergehen wie z.B. Mord, Vergewaltigung, Kindesmißbrauch, wirklich die Todesstrafe eingeführt werden. Mit welchem Recht fallen diese Leute dem Steuerzahler zur Last. Ein Mensch, der so etwas imstande ist zu tun, der hat meiner Meinung nach nicht das Recht, auf dieser Welt zu sein. Nur mit Härte kann man dieses Problem lösen. Gefängnisstrafen schrecken nicht ab, das ist doch bewiesen. Wenn man aber diese Leute öffentlich z.B. hinrichtet, schreckt das bestimmt ab. Es ist traurig aber wahr.
Es wird zu viel geredet, es muß gehandelt werden. Sofort. Sollen wir demnächst 60 % Steuern bezahlen für weniger Leistung?

Michael Langner, Uhland Str. 43, 46047 Oberhausen

Ich würde für das Auto eine Technikfolgenabschätzung durchführen lassen und eine Strategie entwickeln, um das zu verhindern, was jetzt jeden Tag um uns herum stattfindet (Lärmbelästigung, Abgase, Einschränkung insbesondere des innerstädtischen Lebensraumes, verletzte und getötete Menschen, insbesondere Kinder).

Joachim Danzig, Hermann-Albertz-Str. 159, 46045 Oberhausen

Wenn das 20. Jahrhundert nochmal stattfände, würde ich zunächst die beiden Weltkriege, aber auch alle anderen Konflikte nicht zulassen. Dadurch gäbe es keine DDR, keine Wiedervereinigung und ihre Folgen. Keinem Forscher wäre es möglich, das Geheimnis der Radioaktivität zu erforschen. Katastrophen wie Tschernobyl hätten unsere Umwelt nicht zerstört. Die 3. Welt gäbe es nicht, und kein Mensch müßte an Hunger oder Durst sterben. Wenn das 20. Jahrhundert nochmal stattfände, würde ich Leute wie Hitler nicht auf die Welt kommen lassen und Gandhi, Martin L. King, John Lennon und Elvis wären immer noch am Leben!

Arek Kwasniewski, Bebelstr. 67, 46049 Oberhausen

Nichts. Auch Bekenntnisse – den Judenmord durch das Naziregime hätte ich gerne geändert – ändern nichts am Lauf der Geschichte. Geschehen ist geschehen und läßt sich nicht nachträglich wünschend ändern. Sie hat uns geprägt, uns die 68er Generation, diese Geschichte des Judenmordes. Ich habe gelernt, zu fragen und frage auch heute noch täglich, warum was geschieht in der Welt. Hintergründe möchte ich kennenlernen. Aber ändern, das geht nur bei mir und auch nur beschwerlich.

Brigitte Röttger-Mühlmeyer,
Waldbleeke 5, 45481 Mülheim a.d. Ruhr

Ich würde in diesem Jahrhundert – Jede Träne in ein Lachen entflammen/Trauer durch Freude verdammen/allen Hunger durch Wohlstand vermindern/und Leid mit Herzlichkeit verhindern//Jede Angst in Mut verwandeln/menschlich statt grausam handeln/alle Hilflosigkeit durch Hoffnung ersetzen/und gegen den Haß die Liebe hetzen!//

Eva Hambruch, Justus-von-Liebigstr. 13, 45768 Marl

Ich würde als erstes alle Kriege ungeschehen machen und ich hätte die Erfindung der Atombombe abgeschafft. Außerdem wäre es für die gesamte Umwelt besser gewesen, wenn keine Autos gefahren wären, die soviel Abgas produzieren. Oder daß Plastik nicht in dem Maße entdeckt worden wäre, da denn das Müllproblem gar nicht erst aufgetreten wäre. Das FCKW hätte ich verboten und nicht mehr herstellen lassen, dann gäbe es jetzt kein Ozonloch. Ich würde meinen Onkel als Baby nicht sterben lassen und ändern, daß so viele Menschen nur aufgrund ihres Hungers sterben. Bei manchen Menschen wäre es sicher von Vorteil sie zu ändern, weil sie einigen mir nahestehenden Menschen und auch sehr vielen anderen Leuten sehr weh getan haben. Den Regenwald hätte ich auch nicht abholzen lassen, so wäre die Klimakatastrophe nicht gekommen.

Carolin Runge, Riegestraße 134, 45768 Marl

1. und 2. Weltkrieg; Irak-Krieg (Kuwait); Atomerfindung; Vietnamkrieg.

Maik Giannoccaro, Leiblstr. 11, 45768 Marl

Die Blüte des Nationalsozialismus verhindern. Vermeidung des 1. und 2. Weltkrieges durch Friedensabkommen mit anderen Staaten. Weniger Verkehrsaufkommen durch mehr öffentliche Verkehrsmittel und -wege fördern. Negative Folgen der Atomkraft vermeiden durch rechtzeitige Erschließung anderer Energiequellen. Förderung des menschlichen Miteinanders auch gegenüber ausländischen Mitbürgern.

Tobias Honacker (13 J.), Marktstraße 19, 45711 Datteln

Mir wäre wichtig, daß überall auf der Erde, auch hier bei uns, sich Menschen finden, die sich für Frieden in Gerechtigkeit einsetzen und sich somit dem konziliaren Prozeß anschließen.

Birga Kindel, Holsteiner Str. 9, 45770 Marl

Kein geteiltes Deutschland, bessere Aids-Bekämpfung, keine Finanzprobleme, öfters auf Gladbach gehen, irgendwelche Kriege abschaffen.

Marco Winkler, Bitterfelderstr. 9a, 45772 Marl

Ich würde versuchen, den 1. bzw. 2. Weltkrieg und Vietnam ungeschehen zu machen.

Bosman Gechleba, Grünbergstr. 2, 45768 Marl

Wir sind der Meinung, daß während der Weltkriege zu viele Menschen ermordet wurden und zu wenige Menschen, wie auch politische und allgemeinnützige Organisationen sich für diese Menschen, speziell für die Juden eingesetzt haben. Weiterhin spielt das Geld in unserer Gesellschaft eine zu große Rolle und die Menschlichkeit kommt oft zu kurz. Auch gibt es Regelungen in unserer Verfassung, die realitätsfern sind und oft mehr schaden als nützen. Dies sollte so nicht weiter geschehen.

Gesa Niesen, Ehrenmal 15, Gelsenkirchen-Buer
Sandra Hennig, Bussardstr. 33, 45772 Marl
Thomas Hecht, Lilienstr. 14, 45772 Marl

Verbot der Gentechnik, Verbot von Atomtests, uneingeschränktes Verbot von FCKW, Bezahlung der Politiker nach Leistung, Robbie wieder nach Take That, Denise zu Just Friends schicken, Kelly Family eine Jahresration an Seife zukommen lassen.

Andreas Meßner, Otto-Haarmann-Str. 53, 45768 Marl

Die Entwicklung und der Bau von A-, B- und C-Waffen hätte verhindert werden müssen. Jeder Mensch müßte das Recht haben, dort zu wohnen, wo er will, unabhängig von Land, Stadt oder Staat, außerdem hätte ein multinationaler Friedensvertrag geschaffen werden müssen.

Christian Rothe, Bergstr. 211, 45770 Marl

Hitler hätte nicht an die Macht kommen dürfen. Schule hätte später anfangen sollen, z.B. 10 Uhr etc. Kriege hätten verhindert werden können. Liebeskummer.

Sandra Silvers, Haus-Thoma-Str. 19, 45768 Marl

Gleiche und gute Bildungsmöglichkeiten für alle. Verbot jeglicher Waffenproduktion. Weltweite Deckung des Grundnahrungsbedarfs aller Menschen.

Klaus Dingemann,
Ludwig-Richter-Str. 47, 45657 Recklinghausen

Die Entwicklung in der Raumfahrt hätte viel schneller stattgefunden, so daß ich nun am Ende des 20. Jahrhunderts auf eine Mond-Uni gehen könnte. Jede Nacht könnte ich die Erde aufgehen sehen. Meinen Urlaub verbrächte ich dann auf dem Mars oder der Venus. Wir hätten auch schon Kontakt zu Außerirdischen. Mein bester Freund heißt E.T.

Björn Glebocki, Schkopauer Str. 1, 45772 Marl

Kein Individualverkehr. Verbot jeglichen Waffenexports. Investition in regenerierbare Energien statt in Kernenergie.

Kurt Langer, Mispelweg 25, 45770 Marl

1. Soviel Geld für den Frieden ausgeben wie für den Krieg!
2. Vorrang der Ökologie in der Politik
3. Mehr Menschlichkeit walten lassen – „kindgerechte Welt"
4. Mehr Geld für Schule und Bildung ausgeben

Christine Schrieverhoff, Westerwaldweg 8, 42686 Dorsten

Keine Arbeitslosen, keine Armut in der Welt, mehr Rücksicht auf die Natur, keine Rassentrennung, Diskriminierung, keine Grenzen, mehr Unterstützung für die armen Länder, keine Möglichkeiten für Kriege, bessere medizinische Versorgung, keine Atomversuche.

Korkmaz Volkan Cem, Dr. Klausenerstr. 45, 45772 Marl

Erhaltung der Ozonschicht. „Diaten" sollten anders festgelegt werden. Verbot von Atomtests. Ausschluß von radikalen Fußballfans. Mauer hätte bleiben sollen. Verbot von Boygroups (Take That etc.) zur Erhaltung einer vernünftigen Mädchenjugend.

André Kaluta, Schüttfeldstr. 31, 45768 Marl

Die Entwicklung der Waffenindustrie vermeiden. Das Zerstören der Umwelt stoppen. Die beiden Weltkriege vermeiden. Den Unterschied zwischen den Ländern der 3. und der 1. Welt verringern.

Julia Dechevejkh, Lavesumerstr. 1a, 45721 Haltern

Wenn ich den Mut gefunden hätte, hätte ich im Widerstand gegen die Nazis mitgekämpft, doch dies ist leicht gesagt, da man sich nicht in die Situation der Leute damals versetzen kann. Mit dem Wissen von heute könnte man das gesamte Jahrhundert sicherlich unendlich besser und friedlicher „umgestalten".

Miguel Mayer, Von-Menzel-Str. 31, 45768 Marl

Ich würde die Atombombe nie erfinden lassen, Hitler nie an die Macht kommen lassen, die Ressourcen der Erde nicht einfach so vergeuden lassen, Deutschland nie in so eine Finanzkrise rutschen lassen, den Ersten und Zweiten Weltkrieg nie beginnen lassen, den Treibhauseffekt nie entstehen lassen, den Regenwald nie niederbrennen lassen, keine Kernkraftwerke bauen lassen; und jedem von uns die Gabe geben, mit 100 % seines Gehirns anstatt mit 10 % zu denken.

Nina Hambruch, Justus-von-Liebigstr. 13, 45768 Marl

Ich würde nichts ändern, denn man weiß nicht, was anstatt des 2. Weltkrieges gekommen wäre. Wenn ich z.B. sagen würde, daß der 2. Weltkrieg nicht stattfinden soll, wäre vielleicht was anderes gekommen. Man soll meiner Meinung nach nicht zurückblicken, sondern erstmal in eine sichere Zukunft schauen, denn das ist sehr wichtig für uns alle!

René Büttermann, Herzlia Allee 8, 45770 Marl

– Weltfrieden statt Krieg
– alle Staaten müssen den ABC-Vertrag unterschreiben
– stabile Weltwirtschaft
– mehr Liebe
– Hitler nicht an die Macht.

Britta Rajewicz, Goethestr. 55, 45768 Marl

Weltkriege hätten nie zustande kommen dürfen, Ausländerfeindlichkeit, kein geteiltes Deutschland, 3. Welt-Probleme, Atombomben, Atomkraftwerke, weniger Krankheiten (AIDS usw.).

Marcel Demandt, Matthias-Claudius-Str. 16, 45768 Marl

Als erstes würde ich die beiden Weltkriege (1. u. 2.) ändern. Weiterhin würde ich die Ausländerfeindlichkeit (Rassismus, speziell in Deutschland) ändern. Außerdem müßten eigentlich alle Kriege (Vietnam, Jugoslawien usw.) nie stattfinden dürfen, und daß es keine Ungerechtigkeit auf der Welt gibt. Weiterhin sollten auch soweit wie möglich die Krankheiten (wie Aids) eingeschränkt werden.

Dennis Kaiser, Rheinstahlstr. 67, 45768 Marl

Ich würde mir wünschen, daß es weniger bzw. keine Kriege und statt dessen mehr Völkerverständigung und FRIEDEN gegeben hätte. Es sollte grundsätzlich mehr Wert auf ein friedliches Miteinander und gegenseitigen Respekt und Achtung gelegt werden. Z.Zt. sehe ich die größten Probleme bei der hohen Arbeitslosigkeit; Diskriminierung von Farbigen oder Minderheiten und den Konflikten auf dem Balkan u.ä.

Kirsten Gerhard, Kardenstr. 85, 45768 Marl-Polsum

Wir würden alle Staatsgrenzen nichtig machen, um somit eine größere Harmonie unter der Weltbevölkerung zu ermöglichen. Diese Freiheit würde auch beinhalten, daß es eine einheitliche Weltwährung gäbe. Es gäbe einen Weltrat, der aus demokratisch gewählten Vertretern der ganzen Welt bestände. Das Verwaltungssystem würde weitgehend auf dem Föderalismus aufgebaut sein. Wir würden versuchen, nach dem Motto: „GEMEINSAM SIND WIR STARK" in Frieden, Freiheit und Fortschritt zu leben.

Daniel Wehmann (12 J.), Haardstr. 18 a, 45768 Marl

Stephanie Kober (12 J.), Joh.-Brahms-Str. 45, 45772 Marl
Corinna Sczyrba (12 J.), Dormagener Str. 32, 45772 Marl

Ich würde mir wünschen, daß viele Politiker ihre Entscheidungen noch einmal widerrufen könnten. Weiterhin würde ich viele Umweltkatastrophen rückgängig machen wollen und dafür sorgen, daß der Gedanke des Rassismus im 20. Jahrhundert nie so entstanden wäre. Weiterhin hätte ich Atomtests verboten und Atomkraftwerke abgeschaltet. Ich hätte vielen Politikern etwas mehr Verstand geschenkt. Ich hätte ? [unleserlich] verboten.

Michael Küper, Recklinghauserstr. 84, 45770 Marl

Arbeit für alle, Abschaffung der Armut, keine Rassentrennung, Rücksicht auf die Umwelt nehmen, Stoppen der Atompolitik, totale Abrüstung, mehr Toleranz, stärkere Bekämpfung der Kriminalität, bessere Gestaltung des Regierungssystems, mehr Rücksicht auf Kinder, mehr Zeit und Verständnis für Kinder.

Christian Röttlingsberger, Langenbochumer Str. 79, 45770 Marl

– Daß es die Weltkriege nie wieder gibt bzw. nie gab
– Weltfrieden statt Krieg
– mehr Liebe und Freundschaft anstatt grenzenlosen Haß
– nicht mehr so viele Streitereien
– daß nicht mehr so viele junge Menschen sterben.

Jessica Walter, Matthias-Claudius-Str. 15, 45768 Marl

Hitler dürfte 1933 nicht an die Macht kommen und Reichskanzler werden. Krieg am Golf hätte verhindert werden müssen. Menschen sollten umweltbewußter sein.

Thomas Jochmann, Glatzerstr. 1b, 45768 Marl

Keine Kindesmißhandlung mehr – mehr Zusammenhalt in den Familien (Scheidung) – Beachtung der Menschenrechte – keine Umweltbelastung (z.B. durch FCKW, etc.) – kein Fremdenhaß – Akzeptanz allen Menschen gegenüber, egal ob behindert, etc. – keine Arbeitslosigkeit durch Ersatz von Maschinen – keine Krankheiten wie Aids, Tripper etc. – keine Drogentote (-abhängige) – keine Tierquälerei (Tierversuche, Pelzmäntel etc.) – keine Atomwaffen!!!

Maren Gromatka, Friedhofstr. 101, 45768 Marl

Keine Weltkriege, keine Armut in der 3. Welt, kein Rassismus, keine Kriege, keine Atomwaffen, mehr Arbeitsplätze schaffen, mehr auf die Umwelt achten, keine Umweltverschmutzung, Diktaturen abschaffen, die Autos sofort umweltfreundlich bauen.

Markus Sand, Am Wetterschacht 4, 45770 Marl

Ich würde als erstes den 1. und 2. Weltkrieg verhindern, denn beide waren unnütz. Der 2. Weltkrieg hat nur bewirkt, daß Deutschland sich zum „Feind" und zur „Zielscheibe" anderer Länder gemacht hat. Darüber hinaus würde ich mehr auf die Umwelt achten und auch schon am Anfang des 20. Jahrhunderts die Menschen über die Gefahr aufklären. Außerdem hätte ich die Hiroshima-Bombe verhindert und auch die Tschernobyl-Katastrophe, da die Schäden der Bevölkerung ja Langzeitwirkung haben. Ich hätte auch den Mord am US-Präsidenten J.F. Kennedy verhindert, denn Kennedy war ein guter Präsident.

Simone Quittek, Leiblstr. 13, 45768 Marl

Die Ideale, die von der Gesellschaft aufgestellt werden, sollten abgeschafft werden/Techno hätte man sich sparen können/Ermäßigung des Leistungsdruckes/FCKW-freie Zone/1., 2. Weltkrieg ungeschehen machen/Italien hätte 1994 Weltmeister werden sollen!!/Stoppt den Rinderwahn/die Schweinepest, Salmonellenvergiftungen + Würmer in den Fischen/auf Atombombe hätte man sehr gut verzichten können FUCK CHIRAC!/kein haß mehr (Völker, Rassen etc.)/Aids + Krebs dem Erdboden gleichmachen. Nazis raus! Man sollte dringendst damit aufhören, wehrlose Tiere grausamst für Pelzmäntel abzuschlachten!!! Abschaffung von popeligen Anmachen!/Habgierige Leute, Egoisten (Megaegoisten), Weihnachtsstreß, lange Warteschlangen, falsche Freunde, Schleimer, Heuchler, Lügner, Zuhälter, Mafia, Hornbrillen, Protzerei, Leute ohne Eigeninitiative/eigene Meinung, Aufdringlichkeit, Leute, die zu viel Scheiße labern, Neid, Rachsucht, unnötige Tierversuche, Stierkämpfe, Todesstrafe in manchen Bundesstaaten, in Menschlichkeit allgemein ...

Anja Weichert, Siebenteiche 3, 45768 Marl

Erst einmal würde ich alle nationalistischen Parteien verbieten. Dann würde ich mit aller Kraft die Armut in den „3. Welt-Ländern" bekämpfen, mit Spenden, mit Agrarhilfe usw. Danach würde ich alle Oxide verbieten und alles, was die Umwelt noch zerstören würde. Und eine riesige Anti-AIDS-Aktion starten. Die Geschichte würde ich auch sehr stark verändern; den Nationalismus verbieten, den Bau der Berliner Mauer, also auch die Teilung Deutschlands hätte ich verhindert und sehr viel mehr, aber das würde gar nicht alles hier drauf passen.

Jennifer Sperling, Langehegge 331, 45770 Marl

1) Menschen wie Hitler dürften nie wieder an die Macht kommen.
2) Menschen in der 3. Welt dürften nicht so arm sein.
3) Weltkriege hätten verhindert werden müssen.
4) Zufriedenheit, Frieden und „schönes Wetter" auf Erden.

Linda Nienhaus, Sibeliusstr. 20, 45772 Marl

OK, das mit den Kriegen und auch das mit Hitler ist, bzw. war nicht in Ordnung, aber ich würde trotzdem nichts ändern, da ich oder jemand anders dann möglicherweise nicht hier wäre. Alles hat seinen Sinn, auch wenn wir den nicht wissen, oder ihn nicht verstehen. Deswegen würde ich nichts ändern!!!

Cornelia Kamper, Leiblstr. 15a, 45768 Marl

Die Teilung Deutschlands hätte verhindert werden sollen. Statt dem Gebiet der DDR hätte Bayern von Rest-Deutschland getrennt werden sollen. Die Wiedervereinigung mit Bayern hätte dann auch nicht oberstes Verfassungsziel sein müssen. Man würde dem Freistaat quasi entgegenkommen, da Bayern sich in vielen Bereichen sowieso als einen anderen Staat ansieht (Gültigkeit des Verfassungsgerichts, Kennzeichnung der Bundesgrenze zuerst mit Freistaat Bayern, etc.).

Martin Jandt, Jgst. 12, GSG-Marl
Barkenberger Allee 156, 46286 Dorsten

Man sollte die Gesellschaftsideale abschaffen. Mehr Toleranz! Weniger Leistungsdruck, Techno kann man vergessen. Kein Ozonloch. Die vielen Völkermorde sollen ungeschehen sein. Schafft den Papst ab. Stoppt den Rinderwahn, die Schweinepest und die Würmer in den Fischen. Der Regenwald sollte nicht abgeholzt werden. Die Atombombe hätte nie erfunden werden dürfen. Fuck Chirac! Nazis raus! Es sollten keine Pelzmäntel produziert werden. Es sollte keine Leute geben, die denken, alles für Geld kaufen zu können. Große Egoisten, Spießer, lange Warteschlangen, Weihnachtsstreß, verlogene Famienidylle, falsche Freunde, Schleimer, Lügner, Zuhälter, Größenwahn, Leute ohne eigene Meinung (Ja-Sager), Mobbing, Rache, Gier, Tierquälerei, tödliche Krankheit (Aids, Krebs usw.), Diktatur in einigen Ländern.

Jessica Wiggen, Kapellenweg 15, 45768 Marl

Der 1. und 2. Weltkrieg hätte nicht stattgefunden, besonders der 2. Weltkrieg nicht; Martin Luther King hätte nicht ermordet werden dür-

fen, die Umweltverschmutzung hätte nicht so extrem sein dürfen, es würde keine atomaren Waffen geben, es müßte sich mehr um die hungernden Menschen in der 3. Welt gekümmert werden, der Krieg in Bosnien hätte nicht stattgefunden, der Vietnamkrieg wäre nicht gewesen.

Eveline Strucksberg, Von-Schwind-Str. 2, 45768 Marl

Ich würde den 2. Weltkrieg verhindern und eine Partei wie die NSDAP erst gar nicht entstehen lassen, so daß auch heute noch keine Fremden- und Ausländerfeindlichkeit herrschen würde. Dann würde ich alle Atom-Tests stoppen und die Atombombe verschwinden lassen, so daß niemand Gebrauch von ihr machen kann. Der Regenwald sollte nicht abgeholzt werden und man sollte mehr auf die Umwelt achten.

Agnes Mendyka, Schüttfeldstr. 35, 45768 Marl

– Nie wieder Krieg
– Kein Geld für Rüstung, statt dessen mehr gegen den Hunger in der Welt
– mehr Umweltschutz etc.

Barbara Müller, Am Diekkamp 10, 45768 Marl-Polsum

Zuerst würde ich die Menschen selbst ändern, so daß sie nicht mehr wie mit Scheuklappen vor den Augen umherlaufen würden. Sie müßten mehr auf ihre Umwelt und Mitmenschen achten. Hitler dürfte nicht mehr an die Macht gelangen, und alle Kriege, insbesondere der Weltkrieg würde nicht noch einmal stattfinden. Ich würde die Kultur nicht so weit fortschreiten lassen wie sie jetzt ist. Denn mit unserer Kultur sind auch die Atomkraftwerke, Gen-Technologie, das Ozonloch und der Rinderwahnsinn entstanden.

Sandra Wicke, Rosenstr. 13, 45772 Marl

Fluchtursachen
Überfluß – Sattheit – Langeweile – Sinnlosigkeit. Viele wollen da aussteigen. Flucht! Hunger, Krieg, zerstörte Umwelt. Viele müssen ihre Heimat verlassen. Flucht! wie wäre es, wenn die einen sich dafür einsetzen, daß die anderen bleiben können. Die einen hätten wieder einen Sinn, die anderen eine Heimat. Vielleicht gäbe es dann weniger Fluchtursachen.

Annika Jansen, Am Kanal 335, 45768 Marl

Als ich geboren wurde, war ich schwarz.
Als ich aufwuchs – schwarz.
Wenn ich in die Sonne gehe, bin ich schwarz.
Auch bei Kälte schwarz, wenn ich mich
fürchte, bin ich schwarz, und wenn ich einmal
sterbe, werde ich auch noch schwarz sein.
DU, mein weißer Freund, als Du geboren wurdest,
warst Du rosa, als Du älter wurdest – weiß.
In der Sonne wirst Du rot, in der Kälte blau,
wenn Du Angst hast – gelb! Ist Dir übel,
siehst Du grün aus, und wenn Du einmal
stirbst – grau.
Und Du hast die Stirn,
mich einen Farbigen zu nennen?
Aggressivität
aus: Friedenskalender

Sarah Plesser, Wieskämper Weg 3, 45768 Marl